RENÉ GOMES DUTRA

GESTÃO PATRIMONIAL

Ativo Imobilizado
como Foco Principal

Freitas Bastos Editora

Copyright © 2023 by René Gomes Dutra.
Todos os direitos reservados e protegidos pela Lei 9.610, de 19.2.1998.
É proibida a reprodução total ou parcial, por quaisquer meios,
bem como a produção de apostilas, sem autorização prévia,
por escrito, da Editora.

Direitos exclusivos da edição e distribuição em língua portuguesa:

Maria Augusta Delgado Livraria, Distribuidora e Editora

Direção Editorial: *Isaac D. Abulafia*
Gerência Editorial: *Marisol Soto*
Diagramação e Capa: *Julianne P. Costa*

Dados Internacionais de Catalogação na Publicação (CIP) de acordo com ISBD

```
D586g    Dutra, René Gomes
            Gestão Patrimonial: ativo imobilizado como foco prin-
         cipal / René Gomes Dutra. - Rio de Janeiro : Freitas
         Bastos, 2023.
            300 p.; 15,5cm x 23cm.

            Inclui bibliografia.
            ISBN: 978-65-5675-271-6

            1. Gestão patrimonial. 2. Ativo imobilizado. 3. Con-
         trole patrimonial. I. Título
2023-454                                              CDD 658
                                                      CDU 65
```

Elaborado por Odilio Hilario Moreira Junior - CRB-8/9949

Índices para catálogo sistemático:
1. Gestão patrimonial 658
2. Gestão patrimonial 65

Freitas Bastos Editora
atendimento@freitasbastos.com
www.freitasbastos.com

Apresentação

Falar de uma obra de René Dutra, por si só, já me deixaria lisonjeado pela acurada qualidade dos seus trabalhos acadêmicos e profissionais na área contábil, mas não poderia deixar de falar aqui do amigo e companheiro de trabalho, além do ser humano sensível e coerente com seus princípios. Portanto, sinto-me à vontade para fazer a apresentação da obra ***Gestão Patrimonial: Ativo imobilizado como foco principal***, pela certeza da contribuição desta obra para a literatura contábil.

A obra faz uma conceituação bastante objetiva dos itens em que se subdivide o ativo não circulante das empresas, com ênfase nas definições e diferenças entre os quatro componentes do grupo, a saber: Realizável a longo prazo, Investimentos, Imobilizado e Intangível. É evidenciada ainda a importância da distinção entre o patrimônio bruto e o patrimônio líquido da entidade.

Aborda as condições em que a imobilização é obrigatória, tanto sob o aspecto estritamente contábil quanto sob o fiscal, relevando a materialidade sob cada um dos aspectos. Diferencia a ação de reparo que agrega melhoria ao bem daquela que apenas o conserva, além de estabelecer o procedimento contábil na reposição de partes de um bem e no momento de sua baixa.

O livro descreve os diversos métodos de depreciação e sugere formas para maximizar o benefício do uso de cada um deles, mantendo a representação mais fiel da situação patrimonial das empresas. Apesar de o imobilizado não sofrer amortização e exaustão, tais práticas são semelhantes à depreciação, tendo-se optado então por indicar os tipos de ativos que utilizam cada uma delas.

Um dos capítulos é dedicado à avaliação de bens não só para o teste de recuperabilidade, mas também para definir o valor real do patrimônio, independentemente do valor contábil.

São detalhadas as condições necessárias ao aproveitamento dos benefícios fiscais, com recuperação de impostos incidentes na aquisição de bens aplicados na elaboração e comercialização de outros bens e serviços.

O controle físico é tratado sob uma abordagem essencialmente prática, com ênfase nas diversas etapas de aquisição, identificação, baixa e transferência de bens. São listadas as responsabilidades de cada órgão pelos bens imobilizados, fixando as obrigações de cada um deles no processo.

A execução do inventário físico é amplamente explicada, sua frequência é definida, e procedimentos a serem seguidos durante a sua realização são sugeridos. São descritas as fases para a realização do cotejamento da existência física inventariada com os registros contábeis, sugerindo as diretrizes a serem adotadas para as sobras e faltas verificadas.

Para facilitar a fixação dos conceitos, *Gestão Patrimonial: Ativo imobilizado como foco principal* apresenta vários exercícios resolvidos ao longo dos capítulos. Ao final de cada capítulo, apresenta-se uma bateria de exercícios com solução para que o leitor possa avaliar o grau de absorção dos conhecimentos adquiridos.

Pela abrangência e simplicidade com que cada assunto é tratado, tenho a convicção de que esta obra estará presente na mesa de trabalho dos profissionais de contabilidade para consulta constante.

Nelson Rocha

Prefácio

A gestão patrimonial é um assunto que a literatura contábil aborda de forma bastante reduzida — podendo-se afirmar reduzidíssima — quando se trata do ativo imobilizado. O que existe está esparso em obras diversas. Embora seja muito importante para os profissionais da contabilidade, a gestão patrimonial não se constitui em uma disciplina específica dos cursos de graduação, sendo tratada em algumas delas sem a abrangência necessária.

Além da sua importância para os contadores, as particularidades que envolvem este grupo patrimonial despertam muito interesse nas áreas de engenharia, administração e economia. É muito útil nos trabalhos de avaliação dos bens que integram o grupo. Possibilita a maximização de benefícios, tornando mais seguras as análises para decidir sobre a concessão de crédito e realização de investimentos, e auxiliando nas decisões entre substituir ou manter determinado bem. Assim, esta obra poderia ser recomendada como objeto de leitura compulsória nos cursos de graduação em Contabilidade, leitura complementar nos de Administração e Economia, e leitura básica em cursos profissionalizantes. Será muito útil para o contabilista, constituindo-se em uma obra de consulta frequente, pois, além de indicar as circunstâncias em que diferentes contas podem ser utilizadas para registrar cada fato, trata do aproveitamento dos créditos de tributos nas aquisições e da despesa de depreciação durante a utilização dos bens. A gestão do imobilizado torna-se um facilitador dessas ações.

Este livro alia os conceitos gerenciais, contábeis e fiscais aos aspectos práticos adquiridos pelo autor em trabalhos de inventário, avaliação e gestão do imobilizado em instituições de diversos portes atuantes em diferentes atividades. Esclarece dúvidas comuns, definindo o procedimento mais adequado em casos controversos, tais como:

i) depreciação de conjunto de bens cujas partes apresentam níveis de desgaste diferentes e, portanto, vida útil e taxa de depreciação desiguais,
ii) depreciação acelerada por uso do bem em mais de um turno de trabalho,
iii) valor residual modificado de acordo com o comportamento do mercado e com a mudança no ciclo de vida do bem,
iv) limite de valor a ser depreciado,
v) parcela a ser recuperada no final da vida útil,
vi) previsão de gastos para remoção do bem que ultrapasse o seu valor de realização.

Os trabalhos de inventário e avaliação de bens desenvolvidos pelo autor envolveram as várias etapas necessárias à atividade, desde o planejamento e a execução das próprias tarefas até a supervisão e a elaboração de relatórios, sendo cada fase vivenciada em uma verdadeira operação "mão na massa". A essa experiência deve-se adicionar a elaboração de manuais e implantação de sistemas de gestão, sem contar aulas e palestras ministradas em cursos profissionalizantes e de pós-graduação.

Se a literatura sobre o assunto é escassa, reunimos nossa experiência no livro a fim de disponibilizá-la para um público maior. Esse foi o impulso que incentivou a realização desta empreitada, esperando que seja muito útil não apenas para a formação dos futuros profissionais, mas também para aqueles que, mesmo já formados, procuram maior aprimoramento e segurança nas tomadas de decisão.

Uma vez que estamos em constante aprendizado, as sugestões e críticas serão recebidas com antecipados agradecimentos e analisadas com muito carinho para inclusão em próximas edições.

O autor

Agradecimentos

Muitas pessoas colaboram para a edição de uma obra, e não foi diferente neste caso. Todavia, sempre fiquei reticente em citar nomes para não cometer a injustiça do esquecimento de alguns, o que fatalmente acontece. Na reedição de 2003 do meu livro *Custos: uma abordagem prática*, quebrei esse tabu, tornando público o meu agradecimento a uma pessoa muito especial que teve participação decisiva não só na edição do livro, mas também em meu desenvolvimento e sucesso profissionais.

As colaborações surgem das mais variadas maneiras. No caso deste livro, foram as indicações para a execução de trabalhos correlatos; as discussões técnicas, as dúvidas em sala de aula ou as contestações durante a execução de serviços; a participação na elaboração e implantação de normas e rotinas ou a pesquisa sobre a legislação pertinente; a elaboração de formulários e planilhas de controle ou a contestação de um conceito; a consulta sobre a interpretação e aplicação de normas ou o levantamento de dados amostrais nos trabalhos de campo; sem esquecer as indispensáveis revisões ortográfica e de concordância e até sugestões de modificações para maior clareza do texto; além da confiança no sucesso da edição.

Perdi o temor das críticas e cobranças pelo esquecimento de colaboradores, na expectativa de ser desculpado por aqueles que colaboraram e não tiveram seus nomes citados. Assim, nomeio aqueles de quem me lembro sem, no entanto, obedecer a qualquer ordem, pois todos foram muito importantes para os objetivos alcançados.

Nelson Rocha é o apresentador do material editado, a quem agradeço por ter aceitado esse encargo e pela paciência e gentileza, dedicando seu precioso tempo na leitura prévia do material para produzir o texto da apresentação.

Luciana Dutra, que é a responsável não só pela revisão ortográfica e de concordância, mas também por sugerir melhorias na redação, dando-lhe maior clareza com o objetivo de facilitar a leitura por parte de iniciantes no assunto. Não quero pensar no tempo despendido porque não teria como pagá-lo.

Antonio Viterbino (*in memoriam*), Francisco Brito e Sipriano Batalha pelos questionamentos sobre a melhor maneira da execução de levantamentos físicos e identificação de bens.

Evandro Varela, René Júnior e Vinícius Medeiros, tanto pelo envolvimento nas tarefas acima como na padronização de descrições, elaboração de planilhas de controle e realização de pesquisas de mercado para avaliação dos bens. Pela participação em discussões e interpretações da legislação, agradeço a Elias Gonçalves, Luis Reis e mais uma vez a Vinícius Medeiros.

Claudia Figueiredo, Telma Araújo e Fátima Andrade pelo empenho na divulgação e promoção dos treinamentos realizados pelo Ibracon/RJ, CRC/RJ e Business School (Salvador), apostando sempre no sucesso do evento, agradecimentos que devem ser estendidos às instituições promotoras, que acolheram o projeto acreditando no aprimoramento técnico dos participantes.

Jacqueline Bayer que, além da dedicação e empenho em todas as fases que envolvem a realização dos treinamentos, disponibilizou a estrutura da Business School para edição do material didático e de divulgação, em conjunto com o trabalho de Cláudia Portela, empenhada na elaboração das artes finais e na divulgação dos cursos e artigos.

Parceiros que participaram das turmas de treinamento representando empresas de todos os portes e dos mais diferentes tipos de atividades, pelas dúvidas levantadas, contestações e lembranças de omissões no material didático. Além de transferirem a experiência prática da sua área específica de atuação para todos nós, possibilitaram uma intensa troca de informações entre o professor e os participantes, agregando conhecimento para ambos — ao final da jornada, saíamos mais preparados do que ao iniciá-la.

Gestores das empresas que nos confiaram a tarefa de realizar inventários com identificação e avaliação dos bens constantes de seu acervo.

Agradecimentos

Lopes Machado Auditores, através do sócio Mário Vieira Lopes, que, nos idos de 1992 (30 anos, quanto tempo!!!), nos confiou a liderança do primeiro trabalho de inventário e gerenciamento de imobilizado de um cliente instituição financeira de grande porte com mais de 200 mil itens em seu acervo, e do sócio Paulo Sérgio Machado, que, além de aprovar a nossa indicação para liderar tal projeto, foi o parceiro com quem tive longas e arraigadas discussões sobre conceituação e interpretação de normas, em alguns casos ao vivo nos seminários ministrados em parceria.

Veritae Orientador Empresarial, cuja sócia Sofia Kaczurowski sempre disponibilizou espaço para divulgação de cursos e artigos de nossa autoria.

Freitas Bastos editora, na pessoa do seu sócio Isaac Abulafia, que confiou e acreditou no sucesso do projeto, assumindo a edição do livro, e da sua gerente editorial, Marisol Soto, pela permanente cobrança do material e, ao mesmo tempo, pela gentileza e paciência em aceitar os diversos adiamentos para a sua entrega.

Este livro tem a participação de cada um de vocês, com os questionamentos e discussões nos treinamentos e na execução de tarefas, aliados à confiança, colaboração e ajuda dos parceiros a quem renovo os agradecimentos, pedindo desculpas, mais uma vez, aos colaboradores não citados.

O autor

Sumário

Apresentação 3
Prefácio 5
Agradecimentos 7

1 – ATIVOS **15**
1.1 Objetivo 16
1.2 Conceituação de patrimônio 17
1.3 Estrutura do balanço patrimonial 18
1.4 Ativo não circulante 20
    1.4.1 Composição 20
    1.4.2 Realizável a longo prazo 21
    1.4.3 Investimentos 23
    1.4.4 Imobilizado 30
    1.4.5 Intangível 33
    1.4.6 Considerações gerais 35
1.5 Plano de contas 36
1.6 Exercícios de fixação 54

2 – OBRIGATORIEDADE DA IMOBILIZAÇÃO **61**
2.1 Conceituação 61
2.2 Aspectos legais da imobilização 66
2.3 Conceito de valor unitário 69
2.4 Custo de aquisição 71
2.5 Aquisições através de arrendamento 78
2.6 Conservação, reparo e melhoria de bens 86
2.7 Bens de reposição 88
2.8 Baixa de bens 92
2.9 Exercícios de fixação 93

3 – DEPRECIAÇÃO **101**
3.1 Conceituação 101

3.2 Vida útil 112
3.3 Valor residual 114
3.4 Métodos de depreciação 121
3.5 Períodos de ocorrência 134
3.6 Taxas definidas pelo órgão fiscal 136
3.7 Depreciação acelerada 140
3.8 Exercícios de fixação 144

4 – AVALIAÇÃO DE BENS 152
4.1 Considerações iniciais 152
4.2 Métodos de avaliação 157
4.3 Laudo de Avaliação 172
4.4 Exercícios de fixação 175

5 – CONTROLE FÍSICO 179
5.1 Conceituação 180
5.2 Aquisição 181
5.3 Baixa 187
5.4 Transferência 189
5.5 Termo de Responsabilidade 191
5.6 Identificação 192
5.7 Instrumento gerencial 198
5.8 Responsabilidade no processo 204
    5.8.1 Empregado em geral 204
    5.8.2 Chefia de dependências usuárias 205
    5.8.3 Segurança patrimonial 205
    5.8.4 Órgão responsável pelo transporte 206
    5.8.5 Órgão de compras 206
    5.8.6 Almoxarifado 206
    5.8.7 Engenharia 211
    5.8.8 Manutenção e obras 212
    5.8.9 Controle patrimonial 212
    5.8.10 Contabilidade 213
    5.8.11 Contas a pagar 213
    5.8.12 Contas a receber 214
    5.8.13 Comitê do ativo imobilizado 214

5.9 Inventário físico 214
    5.9.1 Cronograma das etapas do inventário físico 219
    5.9.2 Cronograma do levantamento físico 219
    5.9.3 Relatório de Contagem Física de Bens
    Patrimoniais (RCFBP) 224
    5.9.4 Digitação de dados 231
5.10 Exercícios de fixação 232

6 – COTEJAMENTO **236**
6.1 Considerações preliminares 236
6.2 Seleção da documentação 238
    6.2.1 Nota Fiscal 239
    6.2.2 Razão contábil da conta 241
    6.2.3 Demais documentos 242
6.3 Etapas do cotejamento 242
6.4 Exercícios de fixação 249

7 – BENEFÍCIOS FISCAIS **251**
7.1 Considerações iniciais 251
7.2 Compensação de impostos 255
    7.2.1 ICMS 255
    7.2.2 PIS/ PASEP e COFINS 259
7.3 Proporcionalidade das saídas 264
7.4 Período de compensação dos créditos 267
7.5 Livro de Controle 268
7.6 Exercícios de fixação 270

8 – PATRIMÔNIO LÍQUIDO **273**
8.1 Conceituação 273
8.2 Capital social 274
8.3 Diferença entre reservas e provisões 276
8.4 Reservas de capital 278
8.5 Reservas de lucros 278
    8.5.1 Reserva legal 279
    8.5.2 Reserva estatutária 279
    8.5.3 Reserva para contingências 280

8.5.4 Reserva de lucros a realizar 280
8.5.5 Reserva de lucros para expansão 281
8.5.6 Reserva especial para dividendo obrigatório
não distribuído 281
8.5.7 Considerações gerais sobre as reservas 281
8.6 Prejuízos Acumulados 282
8.7 Exercícios de fixação 282

ANEXOS **288**

BIBLIOGRAFIA **298**

1
Ativos

Resumo

Este capítulo trata dos ativos de modo geral e mais superficialmente do circulante, uma vez que o foco é o imobilizado, que pertence ao segundo subgrupo dos ativos. Elenca os benefícios proporcionados por um controle eficiente dos bens do ativo imobilizado. Conceitua patrimônio, enfatizando a diferenciação entre os valores bruto e líquido. Evidencia a importância deste último em relação ao primeiro, já que ele expressa efetivamente a riqueza da entidade, enquanto o valor bruto pode expressar uma falsa riqueza se as obrigações atingirem um valor tão alto quanto o dos bens e direitos, sendo essa situação agravada ainda mais quando o valor das obrigações ultrapassa tal valor. Alerta para a sutileza das condições para classificação de uma operação em uma ou em outra conta e até em um ou em outro grupo contábil. Conceitua cada um dos componentes do ativo não circulante, estabelecendo as diferenças entre investimentos, imobilizado e intangível, bem como as características que são comuns aos três. Todos são obviamente de caráter permanente, porém os investimentos não se destinam aos objetivos sociais da entidade. Define mais-valia e menos-valia, ágio e compra vantajosa, exemplificando com números. Apresenta os métodos de avaliação e as formas para definir a relevância da participação do investimento em outra sociedade. Sugere um modelo de Plano de Contas do Imobilizado, com os diversos níveis de quebra, ordenando os níveis hierárquicos para obtenção de totais por cada grupamento das contas e recomendando o número de dígitos a ser usado em cada nível. Destaca a importância da sua adoção, descrevendo a função, o funcionamento e a natureza do saldo de cada conta. Finda com diversos exercícios propostos para fixação do entendimento, apresentando a solução para confirmação.

1.1 Objetivo

A gestão e o controle dos componentes do ativo imobilizado visam atender não só as determinações legais e contábeis, mas também, proporcionar benefícios para a entidade que os detém. Tais benefícios podem ser exemplificados por:

a) *preservação e integridade*, evitando desvio, uso inadequado e ociosidade dos bens;

b) *alocação adequada de custos e despesas*, propiciando a apuração do resultado por cada unidade de negócios;

c) *melhora da estrutura fiscal*, evitando perdas de dedutibilidade de despesas/ custos, autuação fiscal, ingresso de receitas tributáveis e perda de aproveitamento de crédito de impostos;

d) *constituição de valores segurados atualizados*, possibilitando a redução de prêmios e facilitando a liquidação de sinistros;

e) *sucesso nas concorrências*, pela apresentação de listas organizadas das máquinas e equipamentos a serem disponibilizados pelo contratante em casos emergenciais;

f) *identificação da necessidade de avaliação*, facilitando a elaboração do laudo que determinará o valor justo dos elementos deste grupo do ativo para atestar a sua capacidade de recuperação (*impairment*);

g) *controle do montante imobilizado*, permitindo estabelecer os limites de imobilização pelos analistas de mercado;

h) *controle individualizado dos bens*, gerando os arquivos que atendam às exigências das Receitas Federal e Estaduais para controle dos créditos dos tributos;

i) decisão de investimento, possibilitando optar, com segurança, entre manter ou substituir bens;
j) aproveitamento de crédito de tributos, definindo os valores a recuperar, bem como o controle dos saldos;
k) localização dos bens, facilitando a sua mobilização para utilização em outras dependências, evitando aquisições desnecessárias.

1.2 Conceituação de patrimônio

Patrimônio é o conjunto de bens e direitos pertencente a uma entidade e suscetível de apreciação econômica. Sob esse conceito, ele é designado por patrimônio bruto, tendo em vista não considerar as obrigações assumidas pela entidade.

Uma das formas de se avaliar a verdadeira riqueza de uma entidade (empresa, pessoa física, família) é comparando o seu patrimônio com as suas obrigações, sendo a diferença entre eles denominada patrimônio líquido. Isso significa que não é saudável uma entidade manter um enorme patrimônio em imóveis, veículos, mobiliários, direitos a receber, bens numerários em caixa e em bancos, se a soma das suas obrigações, representadas pelas dívidas com terceiros, for muito elevada. O resultado será um patrimônio líquido bastante reduzido — ou mesmo negativo, se tais obrigações superarem os respectivos bens e direitos.

O exemplo a seguir ilustra a diferença entre um patrimônio bruto muito elevado, mas negativo quando concluída a apuração do patrimônio líquido, e um patrimônio bruto modesto, porém com resultado líquido positivo. O primeiro grupo possui cinco apartamentos, três automóveis, quatro empresas e cinco fazendas, além de depósitos bancários, no total de R$500 milhões, o que representa um patrimônio bastante considerável, podendo classificar o grupo detentor desse patrimônio como milionário e de elevada posição social. Porém, se suas obrigações (dívidas) com terceiros somarem R$800 milhões, sua situação líquida será negativa em R$300 milhões. Em contrapartida, o segundo grupo possui apenas um apartamento e um automóvel, mais uma pequena poupança, totalizando R$500 mil, que o posiciona na classe média. Porém, se não tiver qualquer obrigação, sua situação líquida é positiva em R$500 mil. Como pode ser observado, a aparência de riqueza e poder do primeiro grupo é falsa, transformando o aparente milionário em verdadeiro paupérrimo e até em situação de falência se o resultado líquido for apurado naquele momento; por outro lado, a situação patrimonial do segundo grupo, apesar de modesta, é verdadeira e representa efetivamente sua riqueza.

Transferindo o exemplo citado para duas empresas, pode-se afirmar que a primeira tem um patrimônio líquido negativo de R$300 milhões (também denominado passivo a descoberto de R$300 milhões), enquanto a segunda empresa tem um patrimônio líquido de R$500 mil, que, embora modesto, é positivo.

1.3 Estrutura do balanço patrimonial

O balanço patrimonial é constituído pelo conjunto de bens e direitos (valores a receber) de uma entidade, conjugado com suas contrapartidas, que constituem as respectivas obrigações (valores a pagar), inclusive aquelas contraídas com os seus proprietários e classificadas no grupo do patrimônio líquido.

Sinteticamente, sua estrutura poderia ser apresentada como segue:

Ativo	Passivo + Patrimônio líquido
(1) Bens	**(3) Obrigações**
Dinheiro	Empréstimos
Estoques	Salários a pagar
Máquinas e equipamentos	Fornecedores
Veículos	Impostos a recolher
Móveis e utensílios	Financiamentos

Ativo	Passivo + Patrimônio líquido
(2) Direitos	**(4) Patrimônio líquido**
Títulos mobiliários	Capital social
Contas a receber	Reservas
Sistemas de informática	Ajustes de avaliação patrimonial
	(–) Prejuízos acumulados
(1) + (2) = PATRIMÔNIO BRUTO	
(3) = OBRIGAÇÕES	
(1) + (2) – (3) = PATRIMÔNIO LÍQUIDO	

A legislação societária (Lei 6.404/76), após as alterações introduzidas pela Lei 11.941/09, estruturou o balanço patrimonial da forma seguinte:

Ativo	Passivo e Patrimônio líquido
Ativo	**Passivo**
Circulante	**Circulante**
Não circulante	**Não circulante**
Realizável a longo prazo	Exigível a longo prazo
Investimentos	**Patrimônio líquido**
Imobilizado	**Capital social**
Intangível	**Reservas de capital**
	Reservas de lucros
	(Ações em tesouraria)
	Ajustes de avaliação patrimonial
	(Prejuízos acumulados)

Para fins desta obra, trataremos em mais detalhes dos componentes do ativo não circulante, que é onde se enquadra o ativo imobilizado.

1.4 Ativo não circulante

1.4.1 Composição

De acordo com a Lei 6.404/76, o ativo de uma empresa é constituído pelas parcelas circulante e não circulante. O primeiro grupo engloba as disponibilidades, os direitos realizáveis no curso do exercício social subsequente e as aplicações de recursos em despesas do exercício seguinte; o segundo grupo, os direitos realizáveis após o término do exercício seguinte, assim como os derivados de vendas, adiantamentos ou empréstimos a sociedades coligadas ou controladas, diretores, acionistas ou participantes no lucro da companhia, que não constituírem negócios usuais na exploração do objeto da companhia.

Segundo o CPC 26 – Apresentação das Demonstrações Contábeis, o ativo deve ser classificado como circulante quando satisfizer qualquer dos seguintes critérios:
a) espera-se que seja realizado, ou pretende-se que seja vendido ou consumido no decurso normal do ciclo operacional da entidade;
b) está mantido essencialmente com o propósito de ser negociado;
c) espera-se que seja realizado até doze meses após a data do balanço; ou
d) é caixa ou equivalente de caixa.

Todos os demais ativos devem ser classificados como não circulantes.

Assim, são classificados no ativo circulante os bens e direitos de realização imediata e os realizáveis dentro do período de um ano, ou dentro do prazo normal do ciclo operacional da empresa, se este for maior. Já o ativo não circulante constitui a parcela mais significativa do patrimônio da maioria das empresas, em valor, e abrange os bens e direitos não enquadrados no circulante, dividindo-se em realizável a longo prazo, investimentos, imobilizado e intangível. Ele é representado pelos itens que têm prazo de realização superior a um ano, acrescidos dos que têm caráter de permanência. Em princípio, estes últimos não são constituídos com o objetivo de realização, apesar de seus componentes, em sua maioria, serem realizados contabilmente, período após período, através de depreciação, amortização e exaustão. A intenção de permanência deve ser manifestada no momento da aquisição do bem ou direito.

Deve-se destacar que, em função da peculiaridade das atividades financeiras, as entidades que atuam nesse setor necessitam que uma parcela maior dos seus recursos esteja disponível, ou seja, de fácil realização a fim de garantir a liquidação das aplicações efetuadas pelos seus clientes. Assim, os recursos próprios (ou seja, os dos proprietários), representados pelo patrimônio líquido, não podem estar acentuadamente comprometidos com ativos de longa permanência e de difícil realização. Em razão disso, o limite de comprometimento do patrimônio líquido com o ativo permanente (denominação não alterada pela Resolução Bacen e que corresponde ao atual ativo não circulante sem considerar o realizável a longo prazo) está fixado em até 50%[1]. Por essa razão, o imobilizado de instituições financeiras e de demais instituições autorizadas a funcionar pelo Banco Central não é tão significativo quanto o das empresas dedicadas às demais atividades.

1.4.2 Realizável a longo prazo

O termo 'realizável' é definido genericamente como algo que se pode realizar ou aquilo que é conversível em dinheiro.

O item II do art. 179 da Lei 6.404 define realizável a longo prazo por "direitos realizáveis após o término do exercício seguinte, assim como os derivados de vendas, adiantamentos ou empréstimos a sociedades coligadas ou controladas, diretores, acionistas ou participantes no lucro da companhia, que não constituírem negócios usuais na exploração do objeto da companhia". Significa que transações efetua-

---

[1] Art. 4º, item III, da Resolução 2.283 do Bacen, alterada pela Resolução 2.669 do Bacen, de 25/11/99.

das com pessoas ligadas diretamente têm de ser classificadas no longo prazo, independente do prazo legalmente pactuado, uma vez que elas podem influenciar o rigor da cobrança das suas próprias obrigações.

Sob o aspecto contábil, o realizável a longo prazo é constituído pela maioria dos itens que fazem parte do ativo circulante, porém a sua expectativa de realização é superior a 360 dias ou ao ciclo operacional da empresa se este for maior. Entre outros títulos, pode ser subdividido em:

a) Adiantamentos a sócios e acionistas;
b) Quotas e ações de outras empresas, sem intenção de permanência;
c) Imobilizações fora de uso e destinados à venda;
d) Aquisições ou construções por concessionária indenizáveis pelo poder concedente;
e) Contas a receber em geral etc.

Normalmente, os prazos de pagamento concedidos aos clientes nas vendas não excedem 360 dias, bem como as mercadorias e os materiais adquiridos não ultrapassam esse prazo para venda ou aplicação na produção, sendo recomendado, assim, o registro contábil dessas operações no curto prazo, isto é, no ativo circulante. Entretanto, a administração pode adotar uma política mais agressiva e conceder prazo de recebimento maior do que um ano na venda de algumas mercadorias ou adquirir mercadorias e materiais em volume muito acima da capacidade anual de venda e produção, que é o ciclo operacional normal. Nessas circunstâncias, o realizável a longo prazo do grupo não circulante deve incluir as contas estoques de mercadorias, estoques de matérias-primas e contas a receber de clientes para registrar essas operações, quando, tradicional e automaticamente, o contabilista classifica tais rubricas no ativo circulante.

1.4.3 Investimentos

Existem vocábulos que apresentam significados diferentes, dependendo da área de atividade de quem os está usando, sendo investimento um deles. Em função disso, requer daquele que lê ou ouve o termo uma interpretação sobre o sentido com que foi empregado.

Como conceito geral, os investimentos são recursos aplicados na aquisição de bens e direitos, visando benefícios futuros. Para o público comum, eles se referem ao dispêndio efetuado para aquisição de qualquer bem ou direito, provocando afirmações do tipo: "investe tal valor na aquisição de um veículo ou de um lote de ações", "investe tantas unidades monetárias na compra de uma roupa ou de gêneros alimentícios", "investe recursos na aquisição de um imóvel", "investe vultosos recursos na compra de matéria-prima".

No entanto, o item III do art. 179 da Lei 6.404 define investimentos como "as participações permanentes em outras sociedades e os direitos de qualquer natureza, não classificáveis no ativo circulante, e que não se destinem à manutenção da atividade da companhia ou da empresa". Assim, obedecendo a esse preceito legal, o verbo "investir" utilizado nas afirmações acima deveria ser substituído pelo verbo "aplicar".

Contabilmente, os investimentos são compostos de bens e direitos de natureza permanente, não destinados à venda nem à manutenção das atividades da empresa. Eles podem ser exemplificados por:

a) participações societárias (quotas ou ações de outras empresas), em caráter permanente, com a intenção de controle ou por interesse econômico;
b) florestas para preservação ambiental espontânea;
c) imóveis para renda, valorização ou futura utilização;
d) obras de arte;
e) peças e objetos antigos.

Nas aquisições de participações societárias normalmente ocorrem diferenças entre o valor contábil (patrimônio líquido), o valor justo e o valor pago. Nesse contexto, o valor contábil corresponde ao patrimônio líquido e representa a diferença entre os bens e direitos — que integram o ativo na estrutura patrimonial de uma entidade — e as obrigações — que fazem parte do passivo. O valor contábil é positivo se os bens e direitos superam as obrigações, designado por acervo líquido positivo, e negativo quando ocorre o oposto, chamado de passivo a descoberto ou acervo líquido negativo. O valor justo é o preço que seria recebido pela venda de um ativo ou que seria pago pela transferência de um passivo em uma transação não forçada entre participantes do mercado na data da mensuração. Por fim, o valor pago é o montante de recursos efetivamente despendido pela aquisição de um bem ou direito.

Na determinação do valor justo são considerados os itens do ativo registrados contabilmente pelo valor de aquisição, ou o total de gastos despendidos quando os ativos são criados internamente, além das suas variações de valor em relação ao mercado, ou seja, a atualização do valor dos itens contabilizados. Participam ainda do valor justo aqueles itens não registrados contabilmente, criados e desenvolvidos interna e espontaneamente pelo tempo, sem dispêndio de recursos da entidade, exemplificados por:

a) marcas;
b) carteira de clientes;
c) lista de fornecedores;
d) localização;
e) força de vendas;
f) gestão estratégica;
g) logística de distribuição;
h) capacidade técnica;
i) deságios de direitos e de obrigações futuras.

Tais elementos não são registrados contabilmente na empresa adquirida uma vez que não houve dispêndio de recursos para sua obtenção; ainda que houvesse algum dispêndio, esses itens seriam classificáveis como intangíveis.

A diferença entre o valor justo e o valor contábil é denominada mais-valia, se positiva, ou menos-valia, se negativa; a diferença entre o valor pago e o valor justo é designada por ágio, se positiva, ou compra vantajosa, se negativa. O ágio e a compra vantajosa são reconhecidos e mensurados com base na expectativa de resultados futuros.

Contabilmente, o ágio refere-se à diferença positiva entre o valor pago e o valor justo na aquisição de participação permanente em outra sociedade e é denominado *goodwill*, ou seja, o valor pago é superior ao valor justo. Já na compra vantajosa essa diferença é negativa, ou seja, o valor pago é inferior ao valor justo. Significa que, no caso de ágio, a empresa adquirente está despendendo uma importância superior ao valor justo e no caso da compra vantajosa a importância despendida é inferior.

Simplificadamente, pode-se dizer que quando ocorre ágio, o adquirente ou comprador pagou e o adquirido ou vendedor recebeu a mais, tendo o primeiro uma "perda" e o segundo um "ganho" no momento da operação. Já no caso de compra vantajosa, houve pagamento e recebimento menores de ambos, tendo o adquirente um "ganho" e o adquirido uma "perda". A compra vantajosa equivale a uma negociação com desconto e o ágio representa uma negociação com acréscimo.

O ágio (*goodwill*) e a compra vantajosa só se justificam quando embasados em fundamento econômico, considerando o valor de mercado e a expectativa de resultados futuros. Assim, a aparente perda referente ao ágio ocorre somente no momento da aquisição, uma vez que se espera que ela seja recuperada no futuro. Já o ganho resultante da compra vantajosa é real porque integrará o lucro líquido da investidora. Porém, de acordo com o item VIII do art. 40 da Instrução Normativa (IN) 1.700/17 da Receita Federal do Brasil – RFB, esse ganho será excluído para a determinação do lucro real e deverá reintegrá-lo por ocasião da alienação ou baixa do investimento à razão de 1/60, no mínimo, para cada mês do período de apuração. Isso significa que a tributação sobre ele é diferida para a data de sua alienação ou baixa.

O valor justo é definido por laudo circunstanciado elaborado por perito independente em consonância com os pronunciamentos técnicos *CPC 15 – Combinação de negócios* e *CPC 46 – Mensuração do Valor Justo*, e com a Instrução Normativa 1.700/17 da Receita Federal do Brasil – RFB. Tais instrumentos estabelecem os princípios para reconhecimento e mensuração dos ativos intangíveis identificáveis e passivos contingentes, mesmo aqueles que não estejam contabilizados, bem como da participação dos não controladores na adquirida.

A IN 1.700/17 da RFB determina ainda que a aquisição de participação societária deverá ser desdobrada e registrada em subcontas distintas, a saber:

a) Patrimônio líquido, correspondente ao valor contábil,
b) Mais-valia ou menos-valia, mensurada pela diferença entre o valor justo dos ativos líquidos e o do patrimônio líquido, e
c) Ágio por rentabilidade futura (*goodwill*), representado pela diferença positiva entre o valor pago e o valor justo. Quando tal diferença é negativa, ocorre a compra vantajosa.

O art. 178 da IN 1.700/17 da RFB define que o "ágio é a diferença entre o custo de aquisição do investimento e o somatório do patrimônio líquido e a mais-valia ou a menos-valia".

Os números exemplificados no quadro a seguir ratificam as diferenças entre ágio e compra vantajosa e entre mais-valia e menos-valia, considerando-se o valor contábil (patrimônio líquido), o valor justo e o valor pago.

1 – Ativos

Descrição	Caso 1	Caso 2	Caso 3	Caso 4	Caso 5	Caso 6	Caso 7
Patrimônio líquido (valor contábil)	180.000	200.000	270.000	180.000	180.000	270.000	270.000
Valor Justo	200.000	200.000	300.000	150.000	180.000	300.000	250.000
Valor Pago	250.000	150.000	340.000	150.000	250.000	240.000	340.000
Ágio (Compra vantajosa)	50.000	(50.000)	40.000	Zero	70.000	(60.000)	90.000
Mais-valia (Menos-valia)	20.000	Zero	30.000	(30.000)	Zero	30.000	(20.000)

Segundo o CPC 18 – Investimento em Coligada, em Controlada e em Empreendimento Controlado em Conjunto, o método da equivalência patrimonial (MEP) é "o método de contabilização por meio do qual o investimento é inicialmente reconhecido pelo custo e, a partir daí, é ajustado para refletir a alteração pós-aquisição na participação do investidor sobre os ativos líquidos da investida. As receitas ou as despesas do investidor incluem sua participação nos lucros ou prejuízos da investida, e os outros resultados abrangentes do investidor incluem a sua participação em outros resultados abrangentes da investida".

Compõe o custo de aquisição o total de recursos efetivamente despendido na transação, inclusive taxas e comissões de corretagem, ágios e outros valores ligados à aquisição. A aquisição pode se materializar através da subscrição do capital, tanto na criação da empresa quanto nas capitalizações posteriores, e ainda através da compra de participação de terceiros, e consiste em registrar como investimentos na investidora todos os gastos efetuados para a sua aquisição.

O método da equivalência patrimonial (MEP) é um método contábil de avaliação pelo qual o valor do investimento de uma empresa em outra é determinado mediante a aplicação do percentual de participação da investidora sobre o patrimônio líquido da investida. O MEP baseia-se no fato de que os resultados e quaisquer variações patrimoniais de uma controlada, coligada ou controlada em conjunto devem ser reconhecidos no momento de sua geração, independentemente de serem ou não distribuídos.

O valor contábil do investimento será aumentado ou diminuído pelo reconhecimento da participação do investidor nos lucros ou prejuízos do período gerados pela investida após a aquisição. Significa que os resultados apurados alteram o valor do investimento para mais, se positivos, ou para menos, se negativos. As distribuições recebidas da investida reduzem o valor contábil do investimento. Ajustes no valor contábil do investimento também são necessários pelo reconhecimento da participação proporcional do investidor nas variações de saldo dos componentes dos outros resultados abrangentes da investida reconhecidos diretamente em seu patrimônio líquido.

Está obrigada a avaliar seu investimento pelo método da equivalência patrimonial a entidade que exercer influência significativa sobre a investida. Segundo o CPC 18, presume-se que o investidor possui influência significativa sobre uma investida se mantém, direta ou indiretamente, vinte por cento ou mais do poder de voto na investida, a menos que possa ser claramente demonstrado o contrário. Por outro lado, se o investidor detém, direta ou indiretamente, menos de vinte por cento do poder de voto da investida, presume-se que ele não tenha influência significativa, a menos que essa influência possa ser claramente demonstrada. A propriedade substancial ou majoritária da investida por outro investidor não necessariamente impede que um investidor tenha influência significativa sobre ela.

Assim, a investidora deverá avaliar seus investimentos em sociedades investidas pelo método da equivalência patrimonial se possuir 20% ou mais do capital votante da investida, sem qualquer outra restrição, ou exercer influência na administração da investida, caracterizada por documentação de fácil conhecimento dos interessados e que comprove tal influência, seja através de ata de assembleia, de acordo de acionistas ou de estatuto social, estabelecendo as condições para ter:

a) representação no conselho de administração ou na diretoria da investida;
b) participação nos processos de elaboração de políticas;
c) participação em decisões sobre dividendos e outras distribuições;
d) operações materiais entre o investidor e a investida;

e) intercâmbio de diretores ou gerentes;
f) fornecimento de informação técnica essencial.

Independentemente do nível de participação acionária absoluta ou relativa, a influência significativa pode deixar de existir quando a investida se tornar sujeita ao controle de governo, tribunal, órgão administrador ou entidade reguladora, podendo ocorrer também por acordo contratual.

A entidade não está sujeita à aplicação do método da equivalência patrimonial se legalmente estiver dispensada de elaborar demonstrações consolidadas, ou se todos os seguintes itens forem observados:

a) a entidade é controlada (integral ou parcial) de outra entidade, a qual, em conjunto com os demais acionistas ou sócios, incluindo aqueles sem direito a voto, foram informados a respeito e não fizeram objeção quanto à não aplicação do método da equivalência patrimonial;

b) os instrumentos de dívida ou patrimoniais da entidade não são negociados publicamente (bolsas de valores domésticas ou estrangeiras ou mercado de balcão, incluindo mercados locais e regionais);

c) a entidade não arquivou e não está em processo de arquivamento de suas demonstrações contábeis na Comissão de Valores Mobiliários (CVM) ou outro órgão regulador, visando à emissão e/ou distribuição pública de qualquer tipo ou classe de instrumentos no mercado de capitais; e

d) a controladora final ou qualquer controladora intermediária da entidade disponibiliza ao público suas demonstrações contábeis consolidadas, elaboradas em conformidade com os Pronunciamentos, Interpretações e Orientações do CPC, em que as controladas são consolidadas ou são mensurados ao valor justo por meio do resultado de acordo com o Pronunciamento Técnico CPC 36 – Demonstrações Consolidadas.

1.4.4 Imobilizado

Genericamente conceitua-se imobilizado como algo parado, estático, isto é, sem mobilidade. Já sob o aspecto estritamente contábil, ele é constituído de bens corpóreos, de natureza permanente, não destinados à venda, mas sim à manutenção das atividades da empresa ou exercidos com essa finalidade.

O item IV do art. 179 da Lei 6.404 define imobilizado como "os direitos que tenham por objeto bens corpóreos destinados à manutenção das atividades da companhia ou da empresa ou exercidos com essa finalidade, inclusive os decorrentes de operações que transfiram à companhia os benefícios, riscos e controle desses bens". O CPC 27 – Ativo Imobilizado ainda acrescenta que é item tangível mantido para uso na produção ou fornecimento de mercadorias ou serviços, para aluguel a outros, ou para fins administrativos e se espera utilizar por mais de um período. Significa que o imobilizado é constituído por bens que possuem existência física e que dão suporte às operações da entidade. Tais bens formam a estrutura que permite às empresas exercer suas atividades, seja comercializando bens e mercadorias, executando serviços diversos ou produzindo bens, e comercializar e administrar essa produção. Eles têm existência corpórea, ou seja, podem ser tocados, tais como terrenos, edificações, veículos, equipamentos, móveis.

Para a preservação dos bens imobilizados mantendo os seus valores próximos da realidade, é importante exercer um controle eficiente sobre eles. Tendo em vista que em um grande número de entidades a participação do imobilizado é muito significativa no conjunto total do patrimônio, são necessárias algumas providências adicionais e específicas que são obtidas somente exercendo um controle permanente e eficiente. Seguem-se exemplos de alguns questionamentos que a gestão patrimonial eficiente deve responder:

a) em qual atividade e quem está utilizando o computador "Y"?
b) o guindaste adquirido há quatro anos está ocioso em algum galpão?

c) continua registrado no imobilizado o imóvel não utilizado nas atividades?
d) o gerador alugado ao cliente "X" ficou esquecido após o prazo da locação?
e) quando termina o contrato da cervejeira cedida em comodato ao cliente "Z"?
f) os créditos dos impostos sobre as aquisições estão sendo aproveitados corretamente?

Atenção especial deve ser dada à destinação do bem classificável no imobilizado, que é a aplicação na manutenção das atividades da entidade. Em função disso, quando o bem não tem essa destinação, deve ser classificado no realizável a longo prazo ou, se a expectativa de realização for até o final do exercício seguinte, no ativo circulante. Mesmo que os bens inicialmente atendam a essa condição e sejam classificados no imobilizado, devem sofrer as reclassificações acima quando deixarem de atendê-la.

Tratando-se de imóvel representado por terreno, edifício ou parte dele não utilizado nas operações da entidade, mas sim para auferir rendimentos de aluguel ou para valorização do capital, sua contabilização será na conta 'Propriedade para investimento' do grupo 'Investimentos' e sua mensuração observará o método do custo, resultante de todos os gastos efetuados na aquisição e quaisquer dispêndios diretamente a ele atribuíveis. Tratando-se de imóvel usado nas operações e que venha a deixar de sê-lo, a mensuração poderá obedecer ao método do custo ou ao método do valor justo, podendo a empresa optar por qualquer dos dois. O primeiro deles será o valor contábil, que considera o valor da aquisição menos a depreciação e a perda resultante da incapacidade de recuperação acumuladas. O método do valor justo baseia-se em laudo elaborado por profissional independente que possua qualificação profissional reconhecida e relevante e que tenha experiência na categoria da propriedade para investimento que está sendo avaliada.

Na maioria das empresas de médio e grande portes (excetuando-se as empresas financeiras pelas razões já expostas no item 1.4.1

acima), o imobilizado é o grupo que apresenta o valor mais expressivo em relação ao ativo total. O imobilizado é, destacadamente, o mais importante grupo de todo o ativo nas empresas de uso intensivo de capital, tais como mineradoras, siderúrgicas, ferrovias, montadoras de veículos, indústrias de cimento, transportadoras, petrolíferas. A gestão dos bens imobilizados deve ser exercida em todo tipo de empresa, porém é indispensável naquelas de maior porte.

O ativo imobilizado é de fundamental importância dentro do conceito de capacidade que a empresa possui de produzir rendimentos e fluxos futuros de recursos, sendo tal importância ainda mais significativa nas empresas de uso intensivo de capital, em que parcela significativa dos seus recursos é aplicada em bens de caráter permanente.

Para evidenciar a importância do ativo imobilizado na estrutura patrimonial, estão listados no quadro 1.1 a seguir os dados referentes ao balanço patrimonial de 2020 de 5 grandes empresas com ações negociadas na Bolsa de Valores de São Paulo, cujo imobilizado tem participação significativa no seu ativo total, chegando a ultrapassar os 50% no caso da Petrobras. A relação entre o valor do imobilizado e o ativo não circulante ultrapassa os 50% em três delas.

Quadro 1.1 – Valor do ativo total (AT), ativo não circulante (NC) e ativo imobilizado (IM) e a relação percentual do imobilizado em relação ao ativo total e ao ativo não circulante

Empresa	Ativo Total (AT)	Ativo Não Circulante (NC)	Imobilizado (IM)	Proporção (IM/AT)	Proporção (IM/NC)
Petrobras	1.178.600.000	1.077.737.000	670.088.000	56,85%	62,18%
Vale	449.125.197	376.731.595	111.337.966	24,79%	29,55%
Telefônica	108.518.379	89.690.754	44.335.795	40,86%	49,43%
CSN	19.613.359	13.040.983	6.852.682	34,94%	52,55%
Usiminas	26.662.013	18.359.218	9.627.857	36,11%	52,44%

Fonte: (https://www.gov.br/cvm/pt-br)

1.4.5 Intangível

Conceituado genericamente como algo sem existência física, o intangível não tem existência corpórea, ou seja, não pode ser tocado. Já sob o aspecto estritamente contábil, ele é constituído por direito, e não bem, intangível como o próprio nome indica, de natureza permanente, não destinado à venda e destinado à manutenção das atividades da empresa. O item VI do art. 179 da Lei 6.404 define intangível por "direitos que tenham por objeto bens incorpóreos destinados à manutenção da companhia ou exercidos com essa finalidade, inclusive o fundo de comércio adquirido". Segundo o CPC 04 – Ativo Intangível, "é um ativo não monetário identificável sem substância física".

São classificados como intangíveis sistemas informatizados (*software*), direitos autorais, títulos de periódicos, licenças, franquias, direitos de exploração, marcas, modelos, fórmulas, patentes, receitas, protótipos, projetos. Entretanto, para seu reconhecimento como intangíveis é necessário que sejam identificáveis, controláveis e geradores de benefícios econômicos futuros para a entidade, considerando-se apenas os valores efetivamente despendidos na sua aquisição de terceiros ou nos custos incorridos para a criação própria e não no seu surgimento natural, com o tempo e sem dispêndio de recursos.

Existem ativos que contêm elementos tanto intangíveis quanto tangíveis. Nesse caso, a entidade deve avaliar qual deles é mais significativo e, de acordo com essa avaliação, classificar o ativo no imobilizado, de acordo com o Pronunciamento Técnico CPC 27 – Ativo Imobilizado, ou no intangível, nos termos do Pronunciamento Técnico CPC 04 – Ativo Intangível.

Uma máquina-ferramenta controlada por computador funciona com um *software* específico que o torna parte integrante do equipamento e deve ser classificado no imobilizado porque o *software* é exclusivo para uso nesse equipamento. O mesmo tratamento deve ser dado ao sistema operacional de um computador e ao sistema eletrônico de controle de um veículo. Entretanto, se o *software* não é parte integrante e exclusiva do respectivo *hardware*, ele deve ser tratado como ativo intangível. O mesmo critério deve ser adotado para um *pen drive* que contém um sistema de controle, ou para um carretel que contém um filme cujo custo de desenvolvimento ou produção é muito relevante em relação ao custo do dispositivo tangível que o contém.

Essa avaliação deve ser muito criteriosa e contar com a participação de especialistas para que não apenas o aspecto físico seja considerado. Existem equipamentos de valor muito elevado não devido a seus componentes físicos, mas sim aos sistemas eletrônicos neles contidos. Esses sistemas são os responsáveis pela funcionalidade dos equipamentos e possuem custo de desenvolvimento muitas vezes superior ao dos componentes físicos. E, nesse exemplo, mesmo que os componentes eletrônicos não possam ser utilizados em outro equipamento, a classificação do valor integral deve ser no intangível apesar da relevante superioridade aparente dos componentes físicos. Outro exemplo refere-se aos gastos em melhoria ou construção de bem público efetuados pelas empresas concessionárias de serviços, cuja recuperação ocorrerá através de parcela contida no valor da tarifa ou do pedágio cobrado dos usuários, tendo em vista a incerteza dessa recuperação, que é dependente de fatores como intensidade de utilização do serviço.

Além desses, existem direitos intangíveis identificáveis valiosos não contabilizados por não terem sido adquiridos no mercado e sim formados, naturalmente, na própria empresa ao longo do tempo. O seu valor não é resultado do quanto custou para adquiri-los ou desenvolvê-los, mas sim do quanto pode gerar de riqueza para a entidade, apesar de não contabilizados. Tais intangíveis foram antes exemplificados no item 1.4.3. Investimentos.

Nas últimas décadas do século XX, alguns teóricos já apresentavam e propagavam a importância dos intangíveis para a economia do final daquele século e do início do novo, tendo DRUCKER[2] afirmado que o trabalho seria cada vez mais baseado no conhecimento. O capital intelectual é um ativo valioso em qualquer organização e, dependendo da atividade, significa o seu sucesso ou fracasso, constituindo-se em um importante componente do seu valor patrimonial.

---

2   DRUCKER, Peter. The Coming of the New Organization, Harvard Business Review, n. 66, pp. 45-53, 1988.

STEWART[3] define capital intelectual como a soma de tudo aquilo que cada um dentro de uma organização conhece, dividindo-o em:

- *Capital Humano*, constituído pelo grupo de pessoas que compõem o quadro permanente de colaboradores da organização e de todo o conhecimento e experiência detidos pelas mesmas durante o período de pesquisa e execução das tarefas a elas inerentes;
- *Capital Estrutural*, abrangendo a tecnologia da informação, sistemas de controle e gestão, além de todo instrumental que possibilita o funcionamento eficiente da organização; e
- *Capital do Cliente*, que resulta do relacionamento desenvolvido pela sua força de vendas junto aos principais clientes, entendendo seus comportamentos e satisfazendo suas necessidades e, com isso, conseguindo manter sua fidelidade.

1.4.6 Considerações gerais

Em princípio, a diferença entre imobilizado e intangível está restrita apenas à existência física ou não de determinado ativo. Entretanto, deve-se considerar a possibilidade da existência da intangibilidade em um bem físico, assim como a relevância de cada uma das partes quando ambas estão presentes no mesmo corpo físico.

É importante compreender que apenas os bens e direitos aplicados nas atividades da entidade são classificados como imobilizado ou intangível. Assim, aqueles que não se destinam aos objetivos sociais da empresa não são classificados no imobilizado ou no intangível, mesmo que tenham a característica de permanência e não tenham a intenção de venda. Exemplos característicos são as residências de campo ou de praia utilizadas pelos proprietários da empresa e os imóveis para renda pertencentes à empresa não administradora de bens próprios. Nenhum deles seria classificado no imobilizado, mas

---

[3] STEWART, Thomas. Capital Intelectual, Rio de Janeiro, Editora Campus, 3ª edição, 1998.

sim no grupo 'Investimentos'. Analogamente, uma máquina não mais utilizada na produção e que deverá ser alienada deve ser reclassificada para o realizável a longo prazo ou para o ativo circulante, dependendo da expectativa de tempo para a efetivação da sua venda.

O que se pode depreender disso é que a classificação de um bem ou direito em um dos grupos 'Investimentos', 'Imobilizado' ou 'Intangível' está sujeita à sua utilização e não à sua natureza. Assim, quando utilizado na manutenção das atividades da entidade, o bem será classificado no imobilizado (quando tem existência física) ou no intangível (se não tem existência física). Caso o ativo não se destine aos objetivos sociais da entidade (apresentando ou não existência física), será classificado no grupo 'Investimentos', logicamente após o atendimento das outras duas condições, que são caráter de permanência e não destinação à venda.

Pela conceituação feita, um mesmo bem ou direito adquirido por uma empresa pode ser classificado em diferentes contas do ativo de acordo com a finalidade da aquisição do bem ou direito e o objetivo social da empresa.

O termo 'imobilizado', assim como 'investimento', também exige interpretação. Em sua acepção mais genérica, imobilizado é um adjetivo que qualifica algo imóvel, parado, sem movimento, indicando que um veículo ou uma embarcação não seriam imobilizados e restringindo a aplicação do termo apenas a imóveis. Entretanto, sob o aspecto contábil, imobilizados são bens de propriedade da entidade que permanecem por longo tempo e são utilizados para atingir o seu objetivo social.

1.5 Plano de contas

O plano de contas é um importante instrumento de gestão e constitui-se de uma relação ordenada de títulos denominada elenco de contas, além da função, do funcionamento e da natureza do saldo de cada um desses títulos. Trata-se do instrumento básico que permite o registro contábil adequado dos atos e fatos administrativos praticados por uma entidade. Ele deve atender não só as exigências contábeis e fiscais, mas também as necessidades gerenciais, bem como as suas consequências em termos operacionais e patrimoniais.

Alguns objetivos devem ser atingidos com o Plano de Contas, tais como:
a) atendimento às normas e aos dispositivos da legislação;
b) controle e apresentação ordenada da situação patrimonial, com a apuração do resultado em cada período;
c) classificação adequada da documentação, de modo a tornar mais simples e dinâmico o processo de contabilização;
d) padronização dos títulos das contas utilizadas para registrar as operações da entidade.

O plano de contas obedece a uma uniformidade e padronização dos principais títulos e subtítulos do seu elenco, em consonância com o que estabelece a legislação para a apresentação das demonstrações contábeis. Por outro lado, tal padronização não foi estabelecida para as contas sintéticas e analíticas que subdividem esses subtítulos, deixando essa tarefa sob a responsabilidade do classificador. Entretanto, no nosso vocabulário existem palavras e expressões diferentes que podem ser utilizadas para designar operações de mesma natureza, através da utilização de "Clientes", "Duplicatas a receber", "Contas a receber", "Contas a receber de clientes", "Títulos a receber" ou "Contas correntes" para registrar um direito que a entidade tem sobre terceiros. Assim, a padronização evita esse problema, impossibilitando a escolha ora de um, ora de outro título, entre as diversas opções existentes, tendo em vista datas diferentes da sua ocorrência e classificação por profissional diferente.

Com a sua utilização, o registro de uma mesma operação será feito sempre debitando e creditando as mesmas contas, quer a operação seja repetida em períodos próximos ou distantes uns dos outros, quer os seus registros sejam efetuados pela mesma pessoa ou por outra. Com o plano de contas, o profissional encarregado de registrar a operação não encontrará mais de uma alternativa a ser utilizada na escolha da conta a ser debitada e creditada para registrar um fato ou um ato administrativo da entidade. Os lançamentos contábeis são padronizados e uniformizados, qualquer que seja o profissional a executá-los ou a época da ocorrência.

Empresas que atuam em determinadas atividades são obrigadas a uma padronização até o nível analítico de suas contas para facilitação da fiscalização das exigências contratuais, podendo ser citadas:

a) concessionárias da exploração de serviços públicos;
b) seguradoras e financeiras.

Independentemente de qualquer exigência legal ou contratual, toda empresa deve elaborar e utilizar um plano de contas não apenas para atender a exigências pontuais, mas também que seja ágil, proporcione ganho de produtividade aos manuseadores e possibilite a obtenção de relatórios gerenciais que atendam os usuários das informações com clareza e confiabilidade. Assim sendo, o plano de contas deve conter grupos e subgrupos necessários à agregação das contas pertinentes às operações, com o detalhamento em contas analíticas que possibilitem uma visão aprofundada e segregada das operações que apresentam características semelhantes.

Como citado, o plano de contas é constituído de quatro partes, a saber:

a) Elenco das contas;
b) Função das contas;
c) Funcionamento das contas; e
d) Natureza do saldo.

O *elenco de contas* é uma relação de títulos designativos de cada grupo, subgrupo, conta e subconta, do mais sintético até o mais analítico, e que devem ser precedidos de uma codificação numérica ou alfanumérica, ordenadas crescentemente segundo o número de código. Em resumo, é uma lista de contas codificadas e agrupadas de acordo com as características. Os grupos e, consequentemente, as contas devem ser registrados na ordem crescente de realização em relação ao ativo e na de exigibilidade em relação ao passivo e ao patrimônio líquido.

A *função das contas* deve descrever a sua finalidade, ou seja, em que condições elas são utilizadas. Vale ressaltar a dificuldade de se classificar algumas operações em uma ou em outra conta de um mesmo grupo e, às vezes, até se em um ou em outro grupo de contas. É importante fazer uma distinção clara da função de cada conta do elenco para registrar corretamente os eventos cuja natureza corresponda realmente àquela função. Por exemplo, "Móveis e utensílios" e "Instalações" do grupo "Imobilizado" e "Obras de arte" e "Antiguidades" do grupo "Investimentos" são contas cujas operações exigem uma atenção maior para sua correta classificação, sendo necessário distinguir as particularidades e especificidades da respectiva operação.

Deve-se entender como móvel ou utensílio e classificar a sua aquisição na conta "Móveis e utensílios" um bem de construção atual, com mobilidade normal e sem qualquer característica e especificação além das funcionais, que será utilizado única e exclusivamente nas atividades da entidade, sejam elas principais, de apoio ou auxiliares. Assim, como móvel ou utensílio podem ser citados mesa, cadeira, condicionador de ar, arquivo, estante, refrigerador. Instalação, por outro lado, tem a característica de móvel ou de utensílio, porém é construída e fixada no local de maneira a impossibilitar sua mobilidade sem que haja danificação, podendo ser citados como exemplos quadro negro construído em parede de sala de aula de instituição de ensino, armário e estante com dimensões e características específicas para determinados ambientes e montados fixamente no local.

Obras de arte são bens que não foram nem serão utilizados nas atividades da entidade. São itens de confecção artesanal produzidos por pessoa de reconhecido dom artístico e servirão simplesmente para decoração do ambiente e para admiração por parte de quem as vê. Podem ser mencionados como exemplo quadros de pintura em tela, vidro ou tapete, estátuas em metal, madeira ou vidro confeccionados por artistas. Antiguidades, embora sejam também para admiração, foram confeccionadas no passado de modo artesanal ou industrial e tiveram a possibilidade de ser usadas nas atividades de uma entidade, seja a própria empresa ou outra qualquer. Se, eventualmente, uma antiguidade está sendo utilizada agora cumprindo as duas funções, tanto como objeto de admiração como também de trabalho, o recomendado tecnicamente é segregar o valor da parcela correspondente à aquisição de um bem similar construído atualmente apenas para uso e classificar esse valor como "Móveis e utensílios" e o valor excedente àquela parcela como "Antiguidades". Caso não seja possível individualizar cada uma das partes, deve-se avaliar qual a parcela mais significativa e então optar pela classificação do valor integral na conta correspondente a ela. Como exemplo, pode ser citada uma moenda de cana construída e usada na produção de açúcar no século XVIII. Hoje ela se encontra em exposição na entrada principal de uma moderna usina de açúcar e álcool, servindo como objeto decorativo e paisagístico. A moenda foi classificada naquela época na conta "Máquinas e equipamentos" do grupo "Imobilizado" (desta ou de outra empresa) e atualmente deve estar classificada na conta "Antiguidades" do grupo "Investimentos". De forma semelhante, uma máquina de costura fabricada no início do século XX era uma ferramenta de trabalho de uma jovem mulher que costurava "para fora" naquela época. Hoje é uma relíquia de seus descendentes ou de alguém que a adquiriu. Se nesse exemplo a máquina pertencesse a uma indústria de confecções, ela seria classificada na conta "Máquinas e equipamentos" na época e hoje estaria classificada na conta "Antiguidades". Outro exemplo é o de uma mesa utilizada pelo imperador de um país em séculos passados, adquirida atualmente por uma empresa e usada pelo seu presidente. Deve ser classificada na conta "Antiguidades" e não em "Móveis e utensílios", uma vez que seu valor histórico é mais importante e significativo do que a sua utilidade funcional. Uma das formas simples e fáceis que podem ser utilizadas para se decidir pela classificação mais adequada é através da comparação entre o valor do bem novo com o do antigo. Se o valor de aquisição de uma mesa antiga em um antiquário é de R$50.000,00 e o de outra nova com a mesma utilidade em uma loja comercial de móveis é de R$1.000,00, pode se ativar o bem na conta "Antiguidades" pela relevância como antiguidade, ou dividir R$49.000,00 nessa conta e R$1.000,00 na conta "Móveis e utensílios".

O *funcionamento das contas* deve especificar as situações em que cada conta sofrerá lançamentos a débito e a crédito. Todas as contas recebem lançamentos tanto a débito quanto a crédito. Considerando cada conta como se fosse uma entidade autônoma, ela é creditada ao ceder e debitada ao receber recurso, podendo se criar o jargão "quem cede é creditado e quem recebe é debitado". Outra analogia é imaginar um depósito que representa um débito em conta quando o recurso entra, isto é, há uma dívida, e representa um crédito em conta quando o recurso sai, ou seja, há um direito. Ao sacar dinheiro no banco, o tesoureiro da empresa deve debitar "Bens numerários" ou "Caixa", tendo ocorrido uma entrada pelo recebimento do recurso, e debitar "Depósitos bancários à vista" ou "Banco conta movimento", tendo ocorrido uma saída pela cessão do recurso.

A *natureza do saldo* define apenas se ele é devedor ou credor, sabendo-se que as contas classificadas no ativo e em custos ou despesas são de natureza devedora, e as classificadas no passivo, no patrimônio líquido e em receitas são de natureza credora. Exceções devem ser feitas àquelas contas que são retificadoras de outras e aparecem com sinal negativo no balanço patrimonial, como é o caso da conta "Depreciações acumuladas".

Um plano de centros de custos deve seguir o elenco das contas para permitir a alocação de cada gasto ao respectivo órgão responsável. Isso possibilitará o acompanhamento gerencial do orçamento, bem como a análise da evolução de cada tipo de gasto por centro de custos. Assim, cada lançamento, além de especificar as contas debitada e creditada, demandará também a identificação do centro de custos usuário do gasto. Para as operações que não necessitem da última codificação exemplificada por pagamento a fornecedor ou recebimento de cliente, será prevista a dispensa da utilização do campo correspondente à codificação do centro de custos.

O plano de contas deve ser elaborado de modo a facilitar sempre sua atualização, permitindo que fatos novos que venham a surgir com o transcorrer do tempo e que não puderam ser previstos inicialmente possam ser registrados sem maiores obstáculos. Essa atualização dará maior dinamismo ao plano de contas, possibilitando sempre uma visão clara e objetiva da situação patrimonial e dos resultados da entidade.

É relevante destacar que uma análise cuidadosa deve preceder a criação de novas contas para impedir inclusões desnecessárias que possam desvirtuar os objetivos do plano, que são evitar mais de um título para registrar a mesma operação, estimular o uso das contas já existentes e não comprometer a estrutura do plano. Assim, antes da criação de uma conta, deve-se tentar enquadrar o lançamento em uma das contas já constantes no plano.

O plano de contas deve ser revisto e as contas devem ser analisadas anualmente a fim de detectar a necessidade de seu reordenamento, bem como de novas inclusões e exclusões. As contas que permanecerem inativas por mais de três exercícios devem ser excluídas. Ele deve ser gerenciado pelo profissional responsável pela contabilidade da empresa, sendo esse o único profissional autorizado a alterá-lo. As páginas que contiverem alteração deverão ser reemitidas e mantidas com a mesma numeração sequencial, porém o espaço referente a revisão deverá ter o seu número alterado de zero para 1, 2, 3 etc. Em seguida, deverão ser reproduzidas em número de cópias suficientes para o atendimento de todos os interessados. Cada usuário receberá a página revisada e devolverá a substituída. Caso não seja usado o caderno impresso, basta enviar o arquivo alterado para cada usuário e solicitar que o anterior seja removido do sistema.

O plano de contas deve ser estruturado de forma a possibilitar o grupamento das contas para atender não só os aspectos de análise, mas também os gerenciais. A sua estruturação deve permitir a obtenção de balancetes nos graus de detalhes que mais satisfaçam a cada objetivo e a cada nível hierárquico da administração. A estrutura do plano de contas deve atender às necessidades de cada entidade, e as contas devem ser codificadas com este objetivo, variando o número de graus e o de dígitos constituintes de cada grau. Deve-se atentar para não exagerar, desnecessariamente, tanto no número de graus quanto no de dígitos que os compõem.

Em princípio, o número de graus em que se divide um código deve atender à segregação dos grupos para evidenciar a informação, e o número de dígitos de cada grau deve atender, de forma análoga, a quantidade de subdivisões. Assim, se o primeiro grau objetiva dividir os demonstrativos contábeis em cinco grupos (ativo, passivo, patrimônio líquido, despesas e receitas), não é necessário mais de um dígito para representá-los, já que a quantidade desses grupos não será superior a nove. Já as contas analíticas requerem maior quantidade de dígitos para representá-las. Se for estimada uma quantidade de contas maior que 9 e menor que 100 deve-se utilizar dois dígitos para identificá-los; se a quantidade for maior que 99 e menor que 1.000, serão três dígitos neste grau. O número de dígitos em determinado grau deve atender sempre ao número de contas que ele pode compor, embora, nos casos que demandem mais de três dígitos (ou seja, mais de 999 contas), o comum é utilizar-se de um registro auxiliar com o grau analítico necessário e registrar na conta pelo seu total.

Assim, a quantidade de dígitos que identifica cada título, seja ele de grupo, subgrupo, conta, subconta ou conta sintética é de livre definição de cada entidade. No plano de contas sugerido, estabeleceu-se para cada conta do elenco a codificação composta por seis graus distintos, utilizando-se sete dígitos. Cada um dos primeiros graus compõe-se de apenas um dígito, e o último grau compõe-se de dois dígitos. A seguir apresenta-se um exemplo de estrutura referente à conta analítica "Terrenos", que pertence ao *Ativo*, conta do *Não Circulante*, grupo do *Imobilizado*, conta *Custo de Aquisição e subconta Bens em Operação*.

Gestão Patrimonial

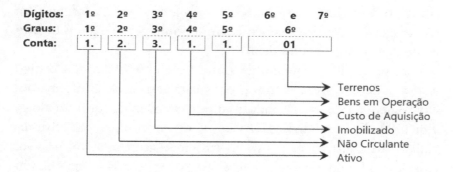

Figura 1.1 – Estrutura da codificação de um plano de contas

Caso se deseje segregar as informações individualizadas por cada um dos diversos terrenos que a entidade possui, deve-se acrescentar um grau com dois dígitos para subdividir a conta terrenos (oitavo e nono dígitos, no sétimo grau), a fim de segregá-los por tipo (por exemplo, fazendas-01, sítios-02 e glebas-03). Para subdividir ainda mais esse nível, seria possível utilizar o décimo e o décimo primeiro dígitos, no oitavo grau, agregando separadamente fazendas grandes, médias e pequenas e assim por diante, de acordo com o grau de detalhe desejado. É evidente que a quantidade de dígitos utilizada é dependente da quantidade de subdivisões: até 9 basta um dígito, entre 10 e 99 serão obrigatoriamente utilizados dois dígitos; no exemplo citado, bastaria um: fazendas-1, sítios-2 e glebas-3.

O balanço patrimonial para divulgação ao público deve obedecer ao estabelecido pela legislação e apresentar informações relevantes. Com esse objetivo, o imobilizado deve apresentar as contas que o subdividem, tanto no valor de aquisição como no de depreciação acumulada. Para informações específicas e pontuais, podem ser emitidos balancetes em forma de balanços com diferentes graus de detalhe. O mais sintético seria formado apenas por contas de 1º e 2º graus, tornando-se menos sintético à medida que se aumenta o grau das contas que o compõem, culminando com o balancete mais analítico se forem utilizadas as contas do 6º grau ou seguintes.

Conforme citado, as contas do ativo devem ser ordenadas com base na rapidez de realização, partindo daquelas com maior rapidez. As contas do passivo e patrimônio líquido seguem a mesma ordem, mas aqui consideram a rapidez de exigibilidade. Por fim, as contas de resultado são ordenadas em função de sua operacionalidade, isto é, de acordo com a estrutura da demonstração de resultados.

Para facilitar a identificação da natureza das contas, são utilizados os seguintes critérios na estruturação do plano de contas:

a) O primeiro grau é o responsável pelos grandes grupos de contas do plano e se constitui dos blocos designados por: ativo, passivo, patrimônio líquido, custos e despesas, receitas, resultado não operacional e imposto de renda e contribuição social, sendo tais contas representadas pelo 1º dígito;

b) O segundo grau é representado por um dígito (2º) do código contábil e identifica a natureza da conta de forma bem genérica, ou seja, é o maior grupo de contas. Ele subdivide as contas do ativo e do passivo em circulante e não circulante, as contas do patrimônio líquido nos subgrupos que o compõem, e o mesmo para as contas de resultados.

Um balancete com contas até o segundo grau apenas é muito raro e de utilidade limitada, com todas as informações muito sintetizadas. Elas seriam apresentadas pelos totais dos grupos, com ênfase na segregação das contas do ativo e do passivo em circulante e não circulante e as do patrimônio líquido nas suas subdivisões. Com isso, pode-se verificar, por exemplo, se o patrimônio total tem ou não muita incidência de capital de terceiros, e é possível distinguir se essas obrigações são de curto ou longo prazo e se a participação da parcela não circulante é muito ou pouco expressiva.

Os balanços e balancetes emitidos no terceiro grau de detalhe são os mais utilizados para análise da situação patrimonial, econômica e financeira das empresas. Ele é representado pelo terceiro dígito do código contábil e subdivide as contas do segundo grau, ordenando-as pelo período de sua realização ou exigibilidade. A maioria das publicações obrigatórias das demonstrações contábeis é feita nesse grau, tornando-o o mais conhecido. Apenas poucas demonstrações são publicadas com mais uma subdivisão desse grau em função da importância das contas que o compõem.

O quarto grau permite um detalhamento maior das contas do terceiro grau, mas poucas delas constam das publicações.

No exemplo citado (figura 1.1), o sexto grau é o que apresenta o maior detalhamento das operações da empresa. Tem larga aplicação no dia a dia da contabilidade, pois são essas as contas de movimentação e, portanto, o seu manuseio é intenso.

Em alguns casos cuja necessidade de detalhamento é ainda maior, pode ser utilizada a subdivisão em mais graus, a partir do sétimo grau e, nesse caso, as contas do último são as que recebem lançamento.

Deve ser lembrado que apenas as contas analíticas, considerando aquelas apresentadas no sexto grau no exemplo da figura 1.1, poderão receber lançamento contábil, a não ser quando possuírem subdivisão, conforme explicitado acima.

Seguindo os preceitos expostos, os bens do patrimônio devem ser agrupados de acordo com a natureza e as características básicas de cada um deles, possibilitando a distinção uns dos outros de modo a facilitar a sua identificação e o seu reconhecimento. Apesar de os sistemas de gestão do imobilizado individualizarem cada bem, o que possibilita o controle em função dos fatores diferenciadores de cada um deles, o seu agrupamento em contas distintas facilita a conciliação dos dados com os registros contábeis. Por exemplo, se a empresa possui diversos tipos de veículos (automóvel, ônibus, caminhão, caminhonete, trator etc.) que possuem características distintas e prazos diferentes de vida útil e, consequentemente, taxas de depreciação diferenciadas, é conveniente criar contas específicas para cada tipo de veículo ou subdividir a conta com esse objetivo.

Outra razão para criar subcontas específicas é a implantação de sistemas integrados que permitem que determinadas etapas ou seções do todo tenham sua operação iniciada autonomamente, devendo ser limitadas pelo valor investido em cada etapa. É o caso das concessionárias de água e esgoto, em que a rede pode ser operada por trechos à medida que são implantados. De forma semelhante, as patentes de invenção, as fórmulas ou processos de fabricação, as marcas e os fundos de comércio devem ter cada um dos seus itens registrados em subcontas analíticas em função do prazo de amortização e do período em que tenha ocorrido a aquisição do direito.

Os documentos comprobatórios dos registros contábeis dos bens do imobilizado deverão ser arquivados em pastas exclusivas ou digitalizados e salvos em arquivos, utilizando técnicas que propiciem facilidade nas pesquisas e no acesso por parte dos usuários. Além disso, esses documentos devem fazer referência à identificação dos lançamentos contábeis que eles provocaram.

Por ordem de realização, o "não circulante" é o segundo grupo de contas do ativo, subdividido em realizável a longo prazo, investimentos, imobilizado e intangível, conforme já comentado anteriormente.

Considerando que o foco deste livro é o **imobilizado**, foram contemplados no plano de contas os dois grupos em que se divide o ativo e os subgrupos que antecedem o imobilizado, porém sem as suas respectivas contas. Portanto, só foram relacionadas as contas sintéticas (S) e analíticas (A) do imobilizado com a função, funcionamento e natureza do saldo de cada uma delas no plano de contas a seguir:

1	ATIVO	S
1.1	ATIVO CIRCULANTE	S
1.2	ATIVO NÃO CIRCULANTE	S
1.2.1	Realizável a Longo Prazo	S
1.2.2	Investimentos	S
1.2.3	Imobilizado	S
1.3.3.1	Bens em Operação	S
1.3.3.1.1	Custo de Aquisição	S
1.3.3.1.1.01	Terrenos	A
1.3.3.1.1.02	Edificações	A
1.3.3.1.1.03	Instalações	A
1.3.3.1.1.04	Máquinas e Equipamentos Industriais	A
1.3.3.1.1.05	Equipamentos de Processamento de Dados	A
1.3.3.1.1.06	Equipamentos de Comunicação	A
1.3.3.1.1.07	Móveis e Utensílios	A
1.3.3.1.1.08	Veículos	A
1.3.3.1.1.09	Benfeitorias em Bens de Terceiros	A
1.3.3.1.2 (–)	**Depreciação Acumulada**	S
1.3.3.1.2.01 (–)		A
1.3.3.1.2.02 (–)	Edificações	A
1.3.3.1.2.03 (–)	Instalações	A
1.3.3.1.2.04 (–)	Máquinas e Equipamentos Industriais	A
1.3.3.1.2.05 (–)	Equipamentos de Processamento de Dados	A
1.3.3.1.2.06 (–)	Equipamentos de Comunicação	A
1.3.3.1.2.07 (–)	Móveis e Utensílios	A
1.3.3.1.2.08 (–)	Veículos	A
1.3.3.1.2.09 (–)	Benfeitorias em Bens de Terceiros	A
1.3.3.2	**Bens em Imobilização**	S
1.3.3.2.1	**Custo de Aquisição**	S
1.3.3.2.1.01	Terrenos	A

1.3.3.2.1.02	Edificações	A
1.3.3.2.1.03	Instalações	A
1.3.3.2.1.04	Máquinas e Equipamentos Industriais	A
1.3.3.2.1.05	Equipamentos de Processamento de Dados	A
1.3.3.2.1.06	Equipamentos de Comunicação	A
1.3.3.2.1.07	Móveis e Utensílios	A
1.3.3.2.1.08	Veículos	A
1.3.3.2.1.09	Benfeitorias em Bens de Terceiros	A
1.3.3.3	**Bens em Almoxarifado**	S
1.3.3.3.1	**Custo de Aquisição**	S
1.3.3.2.1.01		
1.3.3.2.1.02		
1.3.3.2.1.03	Instalações	A
1.3.3.2.1.04	Máquinas e Equipamentos Industriais	A
1.3.3.2.1.05	Equipamentos de Processamento de Dados	A
1.3.3.2.1.06	Equipamentos de Comunicação	A
1.3.3.2.1.07	Móveis e Utensílios	A

Seguem sugestões para a função, o funcionamento e a natureza dos saldos das contas do imobilizado efetuadas na conta analítica. Para evitar repetitividade, optou-se por exemplificar no subgrupo que engloba os conjuntos de contas analíticas.

1 ATIVO
...
1.3 NÃO CIRCULANTE
...
1.3.3 IMOBILIZADO
1.3.3.1 Bens em operação
1.3.3.1.1 Custo de aquisição

Função:
Registra nas contas analíticas o valor de aquisição ou de construção dos bens aplicados na atividade e de propriedade da empresa.

Considera-se o valor de todos os gastos relacionados com a aquisição e os necessários para colocar o bem em local e condições de uso; pelos dispêndios com reparos, conservação ou substituição de peças que resultem em aumento de vida útil superior a um ano.

Funcionamento:
Debita-se: Pelo valor de todos os gastos relacionados com a aquisição e/ou construção dos bens imobilizáveis, bem como das benfeitorias neles realizadas que aumentem sua vida útil.

Credita-se: Pelo valor do custo relativo aos bens vendidos ou retirados de uso.

Natureza do saldo:
Devedor.

1 ATIVO
...
1.3 NÃO CIRCULANTE
...
1.3.3 IMOBILIZADO
1.3.3.1 Bens em operação
...

1.3.3.1.2 Depreciações acumuladas (–)

Função:
Registra cumulativamente nas contas analíticas as depreciações incidentes sobre os bens de uso da empresa.

Funcionamento:
Credita-se: Pelos valores calculados mensalmente sobre o custo de aquisição dos bens em operação.
Debita-se: Pelo valor acumulado correspondente aos bens em operação, vendidos ou retirados de uso.

Natureza do saldo:
Credor.

1 ATIVO
...
1.3 NÃO CIRCULANTE
...
1.3.3 IMOBILIZADO
1.3.3.1 Bens em Imobilização
1.3.3.2.1 Imobilizações em andamento

Função:
Registra nas contas analíticas o valor dos adiantamentos efetuados em função das aquisições ainda não concluídas de bens que comporão o imobilizado.

Funcionamento:
Debita-se: Pelo valor dos adiantamentos de pagamento realizados para aquisição de bens na fase de fabricação.
Credita-se: Pelo valor acumulado dos adiantamentos efetuados até a data de registro ou no final, por ocasião do recebimento do bem.

Natureza do saldo:
Devedor.

1 ATIVO
...
1.3 NÃO CIRCULANTE
...
1.3.3 IMOBILIZADO
1.3.3.1 Bens em almoxarifado
1.3.3.3.1 Custo de aquisição
Função:
Registra nas contas analíticas o valor dos bens retirados de operação e transferidos para o almoxarifado, aguardando destino definitivo, bem como daqueles novos que ainda não foram colocados em operação.
Funcionamento:
Debita-se: Pelo valor dos bens recebidos no almoxarifado, sejam os usados e retirados de operação ou os novos ainda não alocados às atividades.
Credita-se: Pelo valor do custo dos bens recebidos no almoxarifado por ocasião do seu destino final (alienação dos usados ou alocação dos novos nos respectivos órgãos usuários).
Natureza do saldo:
Devedor.

Gestão Patrimonial

---

1 ATIVO
...
1.3 NÃO CIRCULANTE
...
1.3.3 IMOBILIZADO
1.3.3.1 Bens em almoxarifado
...
1.3.3.3.2 Bens de reposição

Função:
Registra nas contas analíticas o valor dos bens adquiridos para futura reposição de bens em uso aguardando aplicação.

Funcionamento:
Debita-se: Pelo valor dos bens adquiridos para futura substituição dos atuais.
Credita-se: Pelo valor do custo dos bens recebidos quando da instalação em substituição aos atuais.

Natureza do saldo:
Devedor.

1.6 Exercícios de fixação

1 – Assinale "V" para a afirmação verdadeira e "F" para a falsa.
a) (   ) A gestão e o controle dos componentes do ativo imobilizado visam apenas ao atendimento das determinações legais e contábeis.
b) (   ) Patrimônio bruto é o conjunto de bens e direitos pertencente a uma entidade, independentemente das dívidas que os oneram.
c) (   ) O patrimônio líquido de uma entidade é a diferença entre o total de seus bens e direitos após subtraídas as obrigações contraídas com terceiros.

d) ( ) O patrimônio líquido é um dos parâmetros para se avaliar uma empresa.
e) ( ) Quando o total de obrigações supera o de bens e direitos diz-se que a entidade apresenta passivo a descoberto.
f) ( ) A diferença entre investimentos e imobilizado é que os componentes do primeiro grupo são destinados à venda enquanto os do segundo não são.
g) ( ) A influência exercida na administração da investida pode ser comprovada através de documentação de conhecimento público, tais como atas, acordos, estatutos, contratos.
h) ( ) Só podem ocorrer contabilizações no grupo "Imobilizado" quando a empresa estiver em fase operacional.
i) ( ) A aquisição de ações de outra empresa apenas com fim especulativo, para alienação posterior, deve ser classificada no grupo "Investimentos".
j) ( ) A aquisição de 12% do capital votante de outra empresa obriga a investidora a utilizar o método da equivalência patrimonial (MEP) para avaliar tal investimento.
k) ( ) Ágio (*goodwill*) é a diferença positiva entre o valor pago na aquisição e o valor do patrimônio líquido (valor contábil).
l) ( ) Mais-valia é a diferença positiva entre o valor justo e o valor contábil.
m) ( ) Para que as aplicações de recursos sejam classificadas no imobilizado, é necessário que se refiram à aquisição de bem corpóreo, com longa vida útil e utilizado na operação da empresa.
n) ( ) O plano de contas, assim como o balanço patrimonial, deve elencar os grupos de contas que o compõem na ordem da mais rápida para a menos rápida possibilidade de ocorrência.
o) ( ) O agrupamento dos bens do imobilizado em contas analíticas visa a facilitar a conciliação dos dados com os registros contábeis.
p) ( ) Por ordem de realização, o item "Não circulante" deve ser o primeiro grupo de contas do ativo.
q) ( ) O valor de uma aquisição classificado no intangível não pode contemplar a parte corpórea em que o direito está contido.

Gestão Patrimonial

2 – A declaração de bens e direitos de um indivíduo apresenta as seguintes informações, em determinada data:
   a) Automóvel adquirido por R$60.000,00 em 10 parcelas iguais, mensais e fixas de R$6.000,00, já tendo sido pagas 7 delas.
   b) Apartamento adquirido por R$500.000,00, tendo pago 10% de entrada e o saldo a pagar a partir do próximo mês, em 50 parcelas iguais, mensais e fixas.

Com base nessas informações, os patrimônios bruto e líquido deste indivíduo apresentam os valores de:
(A) R$560.000,00 e R$ 92.000,00.
(B) R$450.000,00 e R$ 18.000,00.
(C) R$468.000,00 e R$ 92.000,00.
(D) R$560.000,00 e R$492.000,00.

3 – Se o indivíduo do exercício anterior prestar uma informação adicional de que contraiu com um amigo um empréstimo de R$40.000,00 que está creditado em sua conta corrente no banco, neste momento o seu patrimônio bruto passa para:
(A) R$600.000,00 e o líquido não se alterou.
(B) R$510.000,00 e o líquido para R$ 60.000,00.
(C) R$600.000,00 e o líquido para R$152.000,00.
(D) R$492.000,00 e o líquido para R$152.000,00.

4 – Se, além do empréstimo com o amigo, o indivíduo do exercício anterior tivesse contraído outro através do banco no valor de R$60.000,00, com juros e demais despesas bancárias incluídas em cada uma das quatro parcelas mensais de R$16.500,00 cada, neste momento seu patrimônio bruto seria de R$660.000,00 e o líquido estaria:
(A) inalterado.
(B) reduzido de R$6.000,00.
(C) aumentado de R$60.000,00.
(D) aumentado de R$54.000,00.

1 – Ativos

5 – Devendo R$9,2 bilhões aos bancos, Donald J. Trump, dono de vários hotéis e cassinos valendo mais do que essas dívidas, afirma em seu livro autobiográfico *Como ficar rico* (*How to get rich* – Random House): "Passei por um mendigo na rua e concluí que ele valia R$9,2 bilhões a mais do que eu".
Considerando que o mendigo não possui bens nem dívidas, significando um patrimônio líquido nulo, e que as dívidas de Mr. Trump são apenas as dos bancos, tal afirmação está:
(A) totalmente correta porque o patrimônio líquido de Mr. Trump é negativo em R$9,2 bilhões.
(B) totalmente errada porque o patrimônio líquido de Mr. Trump não é negativo.
(C) parcialmente correta porque o patrimônio líquido de Mr. Trump é negativo em valor pouco menor do que R$9,2 bilhões.
(D) parcialmente errada porque o valor dos bens e direitos de Mr. Trump é insignificante.

6 – Se, além das dívidas com os bancos, Mr. Trump possuísse outras em valor igual ao dos seus bens e direitos, a resposta correta do exercício anterior seria:
(A)   (B)   (C)   (D)

7 – Condição, sem outra restrição, que sujeita uma empresa a avaliar seu investimento pelo método de equivalência patrimonial (MEP):
(A) possuir mais de 15% do patrimônio líquido de uma investida.
(B) possuir mais de 10% do capital votante de uma investida.
(C) possuir mais de 20% do capital votante de uma investida.
(D) todas as alternativas.

8 – Condição que sujeita uma empresa a avaliar seu investimento pelo método de equivalência patrimonial (MEP):
(A) representação no conselho de administração ou na diretoria da investida.

Gestão Patrimonial

(B) participação em decisões sobre dividendos e outras distribuições.
(C) intercâmbio de diretores ou gerentes.
(D) todas as alternativas anteriores.

9 – Do plano de contas da Cia. Industrial Rio Belo constavam as contas abaixo relacionadas. Classifique-as no Ativo Circulante (AC), Realizável a Longo Prazo (RL), Investimentos (IN), Imobilizado, (IM) Intangível (IT), Passivo Circulante (PC), Exigível a Longo Prazo (EL) e Patrimônio Líquido (PL), preenchendo os espaços entre parênteses.

a) ( ) Direito autoral
b) ( ) Produtos acabados
c) ( ) Terrenos para revenda (+360 dias)
d) ( ) Matérias-primas
e) ( ) Capital social
f) ( ) Veículos de uso
g) ( ) Fornecedores
h) ( ) Duplicatas a pagar
i) ( ) Títulos a receber (+ de 360 dias)
j) ( ) Clientes
k) ( ) Instalações de uso
l) ( ) Prejuízos acumulados (–)
m) ( ) Depósitos bancários à vista
n) ( ) Móveis e utensílios
o) ( ) Duplicatas a receber (-360 dias)
p) ( ) Caixa
q) ( ) Participações em controladas

r) ( ) Equipamentos de informática
s) ( ) Imposto de renda a pagar (+360 dias)
t) ( ) Materiais de escritório
u) ( ) Previdência social a pagar
v) ( ) Dividendos a pagar (-360 dias)
w) ( ) Equipamentos de produção
x) ( ) Letras de câmbio a pagar (+360 dias)
y) ( ) Obras de arte
z) ( ) Casa de campo
a') ( ) Edifícios de uso
b') ( ) Direito de uso
c') ( ) Terrenos p/ futura ampliação da fábrica
d') ( ) Reservas de lucros
e') ( ) Sistemas de informática
f') ( ) Antiguidades
g') ( ) Benfeitorias em bens de terceiros
h') ( ) Imóveis para renda

10 – Preencha os espaços da coluna da esquerda com os números das contas mais adequadas da coluna da direita para classificar os bens e direitos de uma empresa industrial.

a) ( ) Edificação alugada a terceiros
b) ( ) Quadro de pintor famoso
c) ( ) Perfuratriz de 1890, no pátio da empresa
d) ( ) Software de controle do estoque
e) ( ) Computador para controle da produção
f) ( ) Terreno onde foi construída a fábrica
g) ( ) 51% do capital votante de outra empresa
h) ( ) Perfuratriz utilizada na operação
i) ( ) Cadeira giratória usada pela gerência
j) ( ) Gerador de emergência
k) ( ) Escultura em mármore
l) ( ) Armário em cerejeira com 4 prateleiras

(1) Sistemas de informática
(2) Móveis e utensílios
(3) Máquinas e equipamentos
(4) Antiguidades
(5) Imóveis de uso
(6) Participações em controladas
(7) Obras de arte
(8) Equipamentos de informática
(9) Propriedade para investimento

Solução dos exercícios de fixação:

1 a (F); b (V); c (V); d (V); e (V); f (F); g (V); h (F); i (F); j (F); k (F); l (V); m (V); n (V); o (V); p (F); q (F);
2 (A); 3 (A); 4 (B); 5 (B); 6 (A); 7 (C); 8 (D);
9 a) IT; b) AC; c) RL; d) AC; e) PL; f) IM; g) PC; h) PC; i) RL; j) AC; k) IM; l) PL; m) AC; n) IM; o) AC; p) AC; q) IN; r) IM;

s) EL; t) AC; u) PC; v) PC; w) IM; x) EL; y) IN; z) IM; a') IM; b') IT; c') IN; d') PL; e') IT; f') IN; g') IM; h') IN.
10 a) 9; b) 7; c) 4; d) 1; e) 8; f) 5; g) 6; h) 3; i) 2; j) 3; k) 7; l) 2.

2
Obrigatoriedade da Imobilização

Resumo

Este capítulo reitera as condições que obrigam a imobilização, conceituando o que é um bem imobilizável, e chama atenção para a materialidade sob o aspecto fiscal e o contábil. Ainda sobre este conceito, há de se considerar a funcionalidade do bem, se utilizado em pequena ou em grande quantidade para se definir a materialidade e decidir pela imobilização ou não; além disso, releva-se o aspecto da padronização de bens de mesma espécie para que bens semelhantes mesmo com valor unitário pouco significativo sejam imobilizados. São elencados os dispêndios que integram o custo de aquisição de um bem além da compra em si, incluindo ainda os demais custos necessários para colocar o bem em condições de operar. Trata dos casos específicos de aquisições através de consórcios e aquelas efetuadas a prazo e sujeitas a reajuste de preço, bem como através de arrendamento mercantil. Por fim, este capítulo enfatiza ainda as diferenças entre conservação, melhoria e reparo de bens e os casos em que esses eventos podem ou não ser imobilizados, bem como discorre sobre o tratamento dado à depreciação das partes agregadas aos bens principais — como itens de reposição — e suas baixas.

2.1 Conceituação

Independentemente das determinações legais, a decisão de imobilizar ou não a aquisição de um bem deve ser alicerçada na condição de que ele tenha existência física e será utilizado por vários períodos nas atividades produtivas da entidade. Esse conceito foi confirmado na própria redação das normas que tratam do assunto.

A alternativa à imobilização é o consumo integral do bem como custo ou despesa em apenas um período, sendo evidente que a opção por essa alternativa não é correta. De forma análoga, não se considera aplicada na atividade a totalidade das aquisições de insumos de produção, mas apenas as parcelas desse total efetivamente aplicadas em cada período, pois se uma grande quantidade adquirida fosse considerada aplicada em um único período, haveria um alto custo de produção falso e irreal neste período e outro baixo, ou até inexistente, custo de produção falso e irreal em períodos subsequentes, o que constituiria um erro conceitual absurdo.

Pode-se fazer analogia entre uma matéria-prima aplicada e um equipamento utilizado na elaboração de um produto. Independentemente da quantidade adquirida, muito ou pouco, a matéria-prima passa pelo estoque, onde fica armazenada, e a produção do período é onerada somente por aquela determinada quantidade que foi requisitada e aplicada. De forma semelhante, o equipamento deve ser considerado como uma grande quantidade de componentes que são armazenados e serão consumidos aos poucos na produção, como se fosse requisitada uma parcela do equipamento para aplicação de cada vez.

Sob o aspecto contábil, os bens tangíveis podem ser classificados nas diversas contas do subgrupo "Imobilizado" do ativo não circulante. Os bens tangíveis são aqueles que têm existência física, tais como terrenos, edificações, máquinas, equipamentos, móveis, utensílios, veículos. Como já justificado no capítulo anterior, esses bens são classificados nesse subgrupo somente quando necessários e utilizados na operação da entidade, possuem vida útil longa e valor relevante.

Segundo Iudícibus[4], imobilizado "compreende os bens [...] da entidade expressos em moeda; [...] imóveis, veículos, equipamentos [...]".

---

4 IUDÍCIBUS, Sérgio de. Contabilidade Introdutória. 7 ed. São Paulo: Editora Atlas, 1995, p. 32.

2 – Obrigatoriedade da Imobilização

A Fundação Instituto de Pesquisas Contábeis, Atuariais e Financeiras – FIPECAFI[5] repete a Lei nº 6.404/76, que define imobilizado como "os direitos que tenham por objeto bens destinados à manutenção das atividades da companhia e da empresa, ou exercidos com essa finalidade, inclusive os de propriedade industrial e comercial".

Braga[6] registra que "neste subgrupo são classificados os direitos que tenham por objeto bens destinados à manutenção das atividades da empresa, ou exercidos com esta finalidade, inclusive os de propriedade industrial ou comercial".

Segundo o Instituto dos Auditores Independentes do Brasil – IBRACON[7],

> *"classificam-se no Imobilizado os direitos representados por bens tangíveis utilizados ou a serem utilizados na manutenção das atividades da entidade, cuja vida útil econômica, em praticamente todos os casos, seja igual ou superior a um ano e que não estejam destinados à venda ou à transformação em numerário."*

O Comitê de Pronunciamentos Contábeis – CPC, através do Pronunciamento Técnico CPC 27 – Ativo Imobilizado[8], o define como:

> *"item tangível que:*
> *a) é mantido para uso na produção ou fornecimento de mercadorias ou serviços, para aluguel a outros, ou para fins administrativos; e*
> *b) se espera utilizar por mais de um período.*
> *Correspondem aos direitos que tenham por objeto bens corpóreos destinados à manutenção das atividades da entidade ou exercidos com essa finalidade, inclusive os decorrentes de operações que transfiram a ela os benefícios, os riscos e o controle desses bens".*

---

5   FIPECAFI, IUDÍCIBUS e equipe. Manual de Contabilidade das Sociedades por Ações. 4ª ed. São Paulo: Atlas 1995, p. 292.
6   BRAGA, Hugo R. Demonstrações Financeiras. São Paulo: Atlas, 1987, p. 60.
7   INSTITUTO DOS AUDITORES INDEPENDENTES DO BRASIL – IBRACON: Princípios Contábeis, Normas e Procedimentos de Auditoria. Atlas, 1988, p. 96.
8   COMITÊ DE PRONUNCIAMENTOS CONTÁBEIS – CPC, Pronunciamento Técnico CPC 27 – Ativo Imobilizado.

A definição do IBRACON, aliada à do CPC, abrange integralmente as condições de imobilização porque, além de reafirmar que o objetivo de sua utilização é a manutenção das atividades da entidade, acrescenta que são bens tangíveis e direitos sobre bens corpóreos, com vida útil igual ou superior a um ano e que não são destinados à venda.

Com mínimas diferenças, as definições citadas vinculam a imobilização de um bem ao objeto de sua utilização. Desta forma, todos os bens que não estiverem sendo empregados ou que não sejam destinados à manutenção das atividades da empresa deverão ser classificados em subgrupo diferente do imobilizado.

Assim, para ser classificado como imobilizado, o bem tem de atender a cinco características básicas, que são:

a) utilização na operação;
b) ter existência corpórea;
c) não ser destinado à venda;
d) ter valor significativo; e
e) gerar benefícios por vários períodos.

Sintetizando os conceitos citados, pode-se estabelecer a seguinte definição para imobilizado: bem com existência física e valor significativo destinado aos objetivos sociais, não destinado à venda e que gera benefícios por mais de um ciclo operacional, praticamente por mais de um exercício social.

Classificam-se no imobilizado os bens em trânsito com as características acima, bem como os adiantamentos a fornecedores para aquisição ou construção desses bens, desde que esteja claramente definida a intenção de imobilização.

As aquisições de imóveis para aluguel — ou seja, para renda — por empresa não administradora de bens próprios devem ser classificadas no subgrupo de Investimentos por não se destinarem aos seus objetivos sociais, embora apresentem as demais características. Essas aplicações de recursos seriam classificadas no imobilizado — e não em investimentos — se o objeto social da empresa aplicadora fosse administração de bens próprios, corroborando o conceito de que o importante não é apenas a natureza do bem, mas também a sua finalidade.

Até a década de 1960, a cultura bancária brasileira privilegiava a concessão de crédito às empresas que possuíam imobilizado de valor significativo, pois isso era sinônimo de solidez. Na maioria das análises de crédito, a respectiva concessão era aprovada apenas em função de uma listagem dos bens, naturalmente com a sua documentação regular, porém sem que houvesse qualquer constatação de que aqueles bens fossem necessários e estivessem sendo utilizados nas operações da empresa. Não havia preocupação se estavam ou não estavam atendendo aos seus objetivos sociais e, menos ainda, se a utilização era eficiente e se estaria gerando resultado positivo para a entidade. Não era relevante se a classificação do bem no imobilizado estava correta, isto é, utilização nos objetivos sociais, e muito menos se era utilizado eficientemente. O importante para a instituição financeira era a relação e o valor dos bens, que davam uma aparente garantia à operação de crédito, uma vez que a preocupação era apenas com o patrimônio apresentado. Porém, isso representava apenas um certo grau de certeza do recebimento, já que os bens não eram vinculados ao empréstimo pleiteado, mas demonstrava apenas se o conjunto dos bens tinha preponderância de imóveis com valor bem superior ao empréstimo a ser concedido. Essa era uma visão que se restringia apenas a cada operação individual e não à continuidade de operações com o tomador do empréstimo, o que seria desejável para se caracterizar um cliente de longo prazo que poderia realizar várias operações e não apenas uma.

De outra forma, é bom conscientizar-se de que a importância do imobilizado para as operações da empresa não deve ser excessiva a ponto de imobilizar os bens desenfreadamente, a qualquer custo, levando a um exagero nas aquisições, como se a empresa fosse uma colecionadora de bens imobilizados. Tudo deve ter limite e guardar equilíbrio entre os diversos elementos do conjunto. O dispêndio excessivo em um deles ocasionará falta em outro, um sendo beneficiado e outro prejudicado. Para um desempenho eficiente da empresa, é necessário manter o equilíbrio do conjunto, considerando que cada um de todos os elementos tem a sua utilidade dentro do grupo, independentemente da aparente superioridade de um sobre outro.

2.2 Aspectos legais da imobilização

Sintetizando os conceitos anteriores, devem ser classificados no ativo imobilizado aqueles bens que:

a) possuem existência física;
b) contribuem para a geração de benefícios por mais de um período de apuração de resultados;
c) são mantidos para uso na produção ou fornecimento de mercadorias e serviços, ou para fins administrativos, podendo incluir itens destinados à manutenção ou ao reparo de tais ativos;
d) são adquiridos ou construídos com a intenção de serem usados continuamente; e
e) não se destinam à venda no curso normal dos negócios.

Já a lei que estabelece as condições do arrendamento mercantil e o CPC 06 – Operações de Arrendamento Mercantil definem, além desses, outros parâmetros constantes do contrato de arrendamento que obrigam a imobilização do bem, como estão descritos no item 2.5 deste capítulo.

Por outro lado, a legislação tributária aceita que bens de valor unitário inferior a R$1.200,00 possam, de imediato, ser levados para resultado como despesa operacional, ou seja, não imobilizados, independentemente de quaisquer outros atributos. Porém, é difícil aceitar que um bem adquirido pelo valor de R$1.199,99 possa ser levado para despesa e outro adquirido pelo valor de R$1.200,00 não possa. Um centavo de real é um limite muito pequeno para definir a imobilização ou não de um bem. De qualquer maneira, é uma definição das autoridades tributárias para reduzir a insegurança fiscal no momento em que a entidade deve se decidir pela imobilização ou não dos recursos aplicados nas aquisições de bens de pequeno valor. Entretanto, o conceito de pequeno, médio ou grande valor é muito relativo. O pequeno valor para uma grande empresa pode ser considerado como grande valor para uma empresa de pequeno porte. Um ventilador de mesa é um bom exemplo de um bem de valor insignificante para uma grande empresa, porém muito significativo para uma microempresa. Assim, ele seria levado para despesa na grande, registrado no imobilizado da pequena ou microempresa e causaria grande dúvida na entidade de médio porte. Essa decisão deveria ficar a cargo do profissional encarregado da contabilidade de cada empresa, devendo ser tomada com base no bom senso e através da aplicação do princípio da materialidade relativa. Deve-se lembrar ainda dos demais elementos a serem observados, tais como similaridade, vida útil, utilidade, quando considerado o conjunto etc.

Da análise dos dispositivos legais em questão, identificam-se algumas diferenças em relação ao assunto do ponto de vista contábil e fiscal. Com efeito, a legislação das sociedades anônimas definiu genericamente os bens passíveis de imobilização sem entrar em considerações quanto a seu prazo de vida útil ou valor unitário. Assim, *a priori*, qualquer bem não destinado à venda e que apresente capacidade de produzir e de ser utilizado nas operações normais da empresa, a rigor, deve ser imobilizado; no entanto, a legislação tributária estabelece para tal um valor unitário fixo mínimo e uma vida útil mínima.

O Pronunciamento Contábil CPC 27 – Ativo Imobilizado o define como:

> *"item tangível que é mantido para uso na produção ou fornecimento de mercadorias ou serviços, para aluguel a outros, ou para fins administrativos e se espera utilizar por mais de um período. Correspondem aos direitos que tenham por objeto bens corpóreos destinados à manutenção das atividades da entidade ou exercidos com essa finalidade, inclusive os decorrentes de operações que transfiram a ela os benefícios, os riscos e o controle desses bens."*

Do ponto de vista da Contabilidade, conforme citado por Iudícibus[9] e aceito pela legislação tributária na apuração dos resultados, é necessário que duas condições sejam cumpridas para que o bem

---

9   IUDÍCIBUS, op. cit.

seja considerado como de natureza permanente, isto é, um ativo imobilizado:
a) a possibilidade de ser utilizado nas operações normais da empresa, isto é, o bem apresenta utilidade para a entidade; e
b) o fato de possuir um ciclo de capacidade produtiva normalmente superior a um ciclo operacional, ou, mais aprioristicamente, de longa duração.

Portanto, legalmente, devem ser tratados como bens necessariamente classificados no ativo imobilizado os utilizados nas operações normais da empresa, que durem mais de ano e tenham valor significativo.

Como ficou evidenciado, é necessária uma análise e interpretação dos conceitos e normas para decidir sobre a obrigatoriedade ou não de se imobilizar um bem e até da conveniência de tal imobilização, levando em conta os diferentes conceitos e as omissões e, porque não dizer, a época em que esses conceitos e normas foram emitidos. Apenas para citar alguns complicadores:
a) os intangíveis não constituíam um subgrupo independente do imobilizado há algum tempo atrás, não limitando as imobilizações apenas aos bens com existência corpórea;
b) um bem locado a terceiros seria classificado no imobilizado porque o CPC 27 o define como "item tangível que é mantido para uso na produção ou fornecimento de mercadorias ou serviços, **para aluguel a outros**, ou para [...]", sem qualquer referência à atividade da empresa. Eles são classificados no imobilizado de empresa administradora de bens próprios porque são utilizados em sua atividade. Caso seja outra a atividade da empresa, eles devem ser classificados no subgrupo "Investimentos".

Cada empresa deverá aprovar um manual estabelecendo as condições de imobilização, bem como os procedimentos a serem adotados nos casos controversos, considerando todos os fatores influenciadores da decisão e suas características específicas a fim de estabelecer uma uniformidade de tratamento, tendo em vista que os eventos ocorrem e são registrados em épocas diferentes e por pessoas diferentes.

2.3 Conceito de valor unitário

Os bens de valor unitário pouco significativo, mesmo que de natureza permanente e utilizados na atividade-fim da empresa, devem ser contabilizados diretamente em resultados e, portanto, não imobilizados. Entretanto, a aplicação prática dessa faculdade não pode se ater tão somente ao valor unitário de aquisição dos bens considerados em si mesmos, mas, principalmente, deve considerar a utilidade do conjunto desses itens, ou seja, do número de unidades. Não fosse assim, em nenhuma hipótese seriam classificadas no ativo imobilizado as aquisições de tijolo, tendo em vista que o valor unitário do bem é insignificante e muito inferior ao limite fiscal, que é de R$1.200,00, sendo, portanto, considerado de valor imaterial. Porém, esse conceito só se sustenta nos pequenos reparos que não alteram a vida útil do bem principal, tal como uma edificação que sofreu uma pequena reforma. Isoladamente os tijolos não possuem significativa utilidade para a entidade, senão nas aquisições em grande quantidade para que sejam aplicados na construção ou ampliação de uma edificação. Esse exemplo de componente das edificações pode ser estendido para outros itens, como telhas, portas, janelas, cabos, fios, luminárias, revestimentos, massas, tintas, metais, tubos, louças sanitárias etc., em que o valor total despendido nas suas aquisições individuais comporá o valor da edificação por ocasião da sua conclusão.

Outros bens de pequeno valor unitário, porém imobilizáveis pela sua aplicação em quantidade significativa, são:

a) engradados, vasilhames e barris em empresas produtoras, distribuidoras e comercializadoras de bebidas;
b) caixas plásticas na atividade pesqueira e agrícola;
c) cadeiras em empresas de entretenimento como cinemas, teatros e circos;
d) botijões nos produtores, comercializadores e distribuidores de gases;
e) cadeiras e bancos em templos religiosos;
f) carteiras nas entidades de ensino;

g) formas e moldes nas empresas de forja e elaboração de produtos;
h) estrados e caixas para armazenamento e transporte de materiais e produtos.

Assim, é inegável a imperiosidade de se classificar no ativo imobilizado os dispêndios com bens dessa natureza e nessas condições.

É necessário julgamento prévio ao aplicar os critérios a diferentes circunstâncias ou a tipos específicos de atividades desenvolvidos pela empresa. Poderá ser adequado imobilizar itens que individualmente apresentam valor pouco significativo em uma empresa e não em outra. É o caso de câmeras de monitoramento em uma grande instalação hospitalar que necessita controlar a movimentação de pessoas nas suas diversas dependências. Apesar de o valor de cada unidade ser imaterial, recomenda-se sua imobilização tendo em vista que a quantidade instalada necessária para atingir o objetivo do monitoramento das dependências será grande e relevante. Em outra empresa que utiliza o mesmo tipo de câmera, os itens adquiridos não devem ser imobilizados se poucas unidades são suficientes para atingir os mesmos objetivos.

Analogamente ao exemplo da edificação, em que se acumulam todos os gastos efetuados em um centro de custos para registrá-los no ativo imobilizado de uma unidade no final da obra, é usual imobilizar as várias unidades diferentes que formam um conjunto e imobilizar pelo total, exemplificando-se com:
a) roteador e seus pontos de acesso;
b) central telefônica e os aparelhos dos seus ramais;
c) central de comunicação englobando mesa, caixas de som e cabos.

De outra forma, um bem de valor imaterial pode e deve ser imobilizado pela sua similaridade com outro de valor unitário maior. É o caso de extintores portáteis de incêndio similares a outros maiores e sobre rodas; e de cadeiras populares, de baixo valor unitário, porém comparáveis a outras luxuosas, que, embora de valor unitário elevado, pertencem à mesma classe.

As peças sobressalentes principais, que incluem aquelas de maior porte consideradas indispensáveis ao funcionamento de um equipamento, e os equipamentos de reserva, ou seja, o equipamento completo mantido em estoque, são normalmente imobilizados. As peças sobressalentes secundárias e os equipamentos de serviços de pequeno valor são geralmente mantidos como estoque e debitados à despesa ou ao custo à medida que são consumidos. Entretanto, se o valor destes acessórios aplicados no período for relevante e seu uso for infrequente como se espera, poderá ser adequado atribuir o custo total dos itens de maneira sistemática ao longo do período de substituição, para não onerar demasiadamente a produção do período em que houve a aplicação. Isso equivaleria a classificar o respectivo valor como gastos antecipados e rateá-lo no período de sua duração, ou seja, no intervalo de tempo entre uma substituição e outra. É comparável ao tratamento dado ao prêmio de seguro, cuja cobertura normalmente abrange vários períodos e tem o seu valor total ativado como gastos antecipados a apropriar, sendo efetivamente considerada como despesa ou custo de cada período a parcela do valor total correspondente à fração do tempo total de cobertura do risco.

2.4 Custo de aquisição

Segundo a Norma Internacional de Contabilidade IAS 16, "custo é o montante, em dinheiro ou equivalente, ou valor justo, de outra forma, para adquirir um ativo na data de sua aquisição ou construção".

Corroborando essa conceituação, o CPC 27 define custo "como montante de caixa ou equivalente de caixa pago ou o valor justo de qualquer outro recurso dado para adquirir um ativo na data da sua aquisição ou construção...".

O custo de um ativo imobilizado compreende o preço de compra, inclusive os gastos de importação e impostos não recuperáveis inci-

dentes na compra, e quaisquer outros gastos diretamente atribuíveis à colocação do ativo em condições de operação para o uso pretendido. Exemplos de outros gastos diretamente atribuíveis, além dos valores da aquisição propriamente ditos, são os despendidos com:
a) obra para a preparação do local para a instalação;
b) transporte e seguro;
c) alicerces especiais e outros necessários para a montagem e instalação;
d) honorários profissionais de arquitetos, engenheiros, paisagistas e outros especialistas envolvidos diretamente no processo;
e) viagens e estadas de técnicos para inspeção de fabricação;
f) estimativa inicial dos custos de desmontagem e remoção do item e de restauração do local no qual ele está localizado, de acordo com a obrigação assumida quando o item é adquirido.

O imposto sobre transmissão de bens imóveis (ITBI) deve ser agregado ao seu valor e imobilizado, embora a legislação fiscal permita tratá-lo diretamente como despesa. Quaisquer descontos comerciais ou abatimentos são deduzidos para chegar ao valor de compra. Os dispêndios com financiamento atribuíveis ao projeto de construção e incorridos até o término da construção podem, também, ser incluídos na importância bruta do ativo ao qual se referem.

Quando o pagamento pela aquisição de um ativo imobilizado em condições de operação é diferido para além dos prazos normais de crédito, será adequado capitalizar a compra pelo preço à vista ou pelo prazo normal, equivalentes aos prazos de pagamento normalmente concedidos. A diferença entre essa importância e o total dos pagamentos com juros será levada direto para resultado do período.

As despesas gerais e administrativas não são componentes do custo do ativo imobilizado, a não ser que as parcelas especificamente relacionadas à aquisição do ativo ou às providências para colocá-lo em operação possam ser segregadas do total.

Os custos de início de operação (*start-up*) e outros custos relativos a atividades de pré-produção formam parte do ativo imobilizado, a não ser quando desnecessários para colocar o ativo em condições de operação.

Para chegar à importância bruta do imobilizado construído pela própria empresa, aplicam-se os mesmos critérios utilizados na apuração dos custos de elaboração de um produto: são apropriados os materiais aplicados, a mão de obra — própria ou de terceiros — e seus encargos, e outros custos diretos relacionados com a obra, além daqueles custos indiretos cujas parcelas possam ser atribuídas à construção, utilizando-se como base de rateio de cada custo indireto um dado que tenha alta correlação com a sua ocorrência.

Deve-se abrir uma ordem de serviço ou de construção e incluir nela todos os dispêndios relacionados diretamente com a obra e aqueles que são comuns às atividades de construção em geral e possam ter as suas parcelas atribuídas ao serviço por um critério justo de rateio. Ao término, o valor total nela acumulado constituirá o custo de construção que se relaciona ao ativo específico. Quaisquer lucros internos são eliminados para chegar a tais custos, ou seja, esse preço de transferência seria determinado pelo método do custo total.

As ineficiências no custo de ativos construídos pela própria empresa — seja devido à capacidade ociosa temporária ou disputas industriais e outras causas — normalmente não são consideradas como adequadas para capitalização. Deve-se sempre considerar que o valor do ativo a ser contabilizado é o real e justo e, portanto, deve estar condizente com o valor de outro equivalente existente no mercado. É geralmente conveniente comparar o custo de produzir o ativo internamente com o custo de um ativo similar comprado no mercado, ou, se uma empresa fabrica ativos semelhantes para venda no curso normal dos negócios, comparar com o custo de produzi-los para uso. Se este último for maior, deve-se usar o menor valor para contabilizar e levar a diferença diretamente para o resultado. As parcelas de custos excedentes de um ativo construído pela própria empresa, geradas como consequência de ineficiências, devem ser descartadas, uma vez que no primeiro teste de capacidade de recuperabilidade de valor do ativo (*impairment test*) elas serão evidenciadas e segregadas do valor do bem em conta retificadora do ativo.

Se for necessário demolir benfeitorias já existentes para realizar a obra para a instalação, o dispêndio com essa demolição deve ser adicionado ao valor da nova construção, tendo em vista a sua necessidade para a execução do novo empreendimento. Por outro lado, receitas eventualmente obtidas na venda das sobras de materiais devem ser compensadas com esse dispêndio.

Ratificando recomendação anterior, para determinar o valor correto dos recursos aplicados em uma construção própria, deve-se considerar uma ordem específica ou uma unidade de acumulação de resultados, registrando-se nela todos os gastos e receitas que envolvam especificamente a construção daquele bem, descartando-se o valor correspondente às ineficiências.

Resumindo, o custo de um ativo a ser contabilizado como imobilizado deve considerar o total dos gastos envolvidos na aquisição, instalação e preparação para o funcionamento, desprezando-se os dispêndios evitáveis em condições normais.

Assim, na aquisição de um veículo comprado à vista diretamente de um revendedor, o valor a ser imobilizado é apenas o que consta da nota fiscal. Já na aquisição de um terreno, o valor a ser imobilizado deve incluir não só o valor da escritura, mas também a comissão do corretor, as taxas e impostos incidentes, bem como as despesas cartoriais, além daquelas envolvendo demolições de estruturas existentes e não desejadas. No caso de compra de máquinas e equipamentos, devem ser incluídos os custos de transporte e instalação.

Os adiantamentos a fornecedores de bens imobilizáveis são contabilizados diretamente no grupo "Imobilizado". De forma análoga, os desembolsos realizados nas aquisições de bens através de consórcios até o momento do seu recebimento, pelas suas semelhanças, também devem ser classificados desde logo no ativo imobilizado. Por ocasião do recebimento do bem, seria feito um lançamento complementar no ativo imobilizado referente ao montante remanescente da dívida conhecido até esse momento. Esse valor é determinado pelo número de prestações restantes multiplicado pelo valor vigente da última prestação, registrando-se essa obrigação no passivo. Os acréscimos de va-

2 – Obrigatoriedade da Imobilização

lor das parcelas a vencer, a partir desse momento, serão considerados como despesas a apropriar, debitadas no ativo e creditadas no passivo.

Para fins ilustrativos, pode-se citar a compra de um veículo para uso nas atividades da empresa, adquirido através de consórcio em 60 parcelas mensais ao valor inicial de R$1.000,00. A entrega do bem ocorreu após o pagamento da 8ª parcela desse mesmo valor, acompanhada de uma nota fiscal no valor de R$65.000,00. A partir desse momento, cada uma das 52 parcelas restantes foi reajustada para R$1.100,00. Desconsiderando-se os benefícios fiscais, que serão abordados no capítulo 7, os lançamentos contábeis e saldos são os seguintes:

a) Consórcio – Imobilizado /Veículos: a conta foi debitada em R$8.000,00 correspondentes aos oito lançamentos dos pagamentos mensais de R$1.000,00 cada, a crédito da conta Depósitos bancários à vista;

b) Consórcio – Imobilizado /Veículos: a conta será debitada em mais R$57.200,00 a crédito de Consórcio – Contas a Pagar, sendo esse valor correspondente às 52 parcelas a vencer, corrigidas monetariamente para R$1.100,00 cada uma; e

c) Imobilizado – Veículos: a conta será debitada em R$65.200,00 a crédito de Consórcio – Imobilizado /Veículos, registrando a aquisição na conta definitiva e zerando a conta transitória Consórcio – Imobilizado /Veículos.

Depósitos bancários à vista	Consórcio – Imobilizado /Veículos	Consórcio – Contas a Pagar	Imobilizado / Veículos
8.000 (a)	(a) 8.000 (b) 57.200	65.200(c)	57.200 (b)	(c) 65.200

Reajustes posteriores ao valor da parcela mensal devem ser reconhecidos como acréscimo da obrigação, e seu montante é determinado pelo número de parcelas restantes multiplicado pelo valor da variação ocorrida. Tal valor será debitado em uma conta provisória denominada "Despesas financeiras a apropriar" e creditado na conta "Consórcio – Contas a Pagar" e, por ocasião de cada pagamento, debita-se esta última conta a crédito de "Depósitos bancários à vista". Ao mesmo tempo, debita-se a conta "Despesas financeiras" e credita-se a conta "Despesas financeiras a apropriar". Como se pode perceber, os ajustes das parcelas posteriores ao recebimento do bem não alteram o valor da imobilização.

Na aquisição de bens com preço sujeito a reajuste, o tratamento contábil é semelhante ao dispensado às aquisições através de consórcio. Desse modo, tudo o que for pago antes da entrega — seja como principal ou como reajuste — tem natureza de custo do bem. A partir daí, em função de a entrega criar um passivo em relação às parcelas do preço ainda não pagas, a variação do valor de cada uma delas passa a ter natureza de despesa financeira, vinculada à atualização da dívida junto ao fornecedor. Conclui-se que um bem adquirido por determinado valor sujeito a reajuste terá contabilizadas no imobilizado as importâncias pagas até a data da entrega pelo fornecedor e mais o valor da última parcela reajustada multiplicada pelo número de parcelas restantes.

Acréscimos posteriores ao valor das parcelas vincendas serão contabilizados como despesa. Deve-se atentar que cada reajuste no valor da parcela provoca um acréscimo na obrigação com o fornecedor correspondente a este reajuste multiplicado pelo número de parcelas a vencer. Tal montante, acrescido na obrigação, deve ter como contrapartida um lançamento a débito em uma conta ativa de "Despesas financeiras a apropriar", que, por sua vez, será creditada a cada pagamento mensal e a débito de despesa do período.

Esse procedimento é semelhante àquele recomendado pela fiscalização para bens importados, segundo o qual o valor original do bem é a importância em moeda nacional pela qual a aquisição tenha sido registrada na escrituração do contribuinte, sendo os valores convertidos em moeda estrangeira à taxa de câmbio em vigor na época da aquisição. Nenhuma variação cambial das obrigações decorrentes de importação de bem adquirido a prazo ocorrida após a entrega ou o desembaraço aduaneiro integrará o valor original do bem, sendo as variações positivas classificadas como despesas e as variações negativas classificadas como receitas. Igualmente, não devem integrar o ativo os reajustes das parcelas posteriores às aquisições nacionais em idênticas condições, ou seja, sujeitas a alterações de valor, já que coincidem as razões econômicas da sua ocorrência.

Uma vez estabelecido que a entrega do bem ao adquirente constitui a linha divisória para que as variações monetárias do preço de aquisição sejam consideradas como custo ou como encargo financeiro, resta fixar o momento em que tal entrega se verifica ou o momento em que se considera verificada. Na construção por empreitada por preço global, isto é, estando todos os recursos necessários a cargo do empreiteiro, e a obra for contratada por inteiro, a entrega ocorre ao final, com o seu recebimento a contento pelo contratante. Tratando-se de obra divisível em partes distintas ou que se determinam por medição, a entrega poderá ser feita por partes ou por medida. Nesse caso, supõe-se entregue tudo o que foi pago com identificação das partes ou das medições a que se referir.

Em princípio, pode-se considerar entregue aquilo que foi faturado, salvo se o documento fiscal do fornecedor declarar expressamente que se trata de faturamento antecipado. Se todo o faturamento foi antecipado, a entrega será caracterizada pelo ato, formal ou tácito, da aceitação da obra, mas esse aspecto já será, no caso, irrelevante para a Contabilidade porque, estando o preço totalmente pago, inexistirão variações alocáveis em despesas financeiras, e o valor total será considerado como custo da imobilização.

Deduz-se que tanto o montante principal quanto as variações de preço pagos antecipadamente ou na entrega constituem custo dos ativos adquiridos. As variações do preço no período posterior à entrega, uma vez que atualizam o passivo junto ao fornecedor em relação ao saldo financiado, constituem despesas financeiras, não integrando o custo do bem imobilizado.

Embora haja um entendimento generalizado de que a classificação dos adiantamentos a fornecedores de imobilizados possa ou não ser

efetuada indistintamente em conta específica do ativo imobilizado, à livre opção do adquirente, entende-se que tal procedimento somente é possível quando justificado pelos princípios contábeis recomendados para cada caso específico. As hipóteses mais comuns que podem ser identificadas como justificadoras da classificação contábil desses adiantamentos fora do imobilizado são:
a) incerteza quanto à destinação futura do equipamento encomendado (uso ou venda);
b) forte receio do não cumprimento do contrato por parte do fornecedor quanto à entrega do bem encomendado.

Com exceção dessas e de outras hipóteses que lhes possam ser semelhantes, entende-se como injustificável a alocação desses valores fora do ativo imobilizado, embora a fiscalização entenda que tais desembolsos poderão inicialmente ser classificados, a critério da pessoa jurídica, no circulante ou no realizável a longo prazo e, por ocasião do recebimento do bem, este será registrado em conta específica e definitiva do ativo imobilizado, mediante a transferência dos valores lançados anteriormente, acrescidos do saldo a pagar referente às parcelas restantes. As contrapartidas serão as contas do ativo que registraram as antecipações e as contas do passivo que irão registrar a dívida remanescente.

2.5 Aquisições através de arrendamento

O arrendamento representa uma maneira segundo a qual um bem durável, mediante um contrato, é cedido por uma empresa, denominada arrendadora, para ser utilizado por outra empresa ou por pessoa física, designada arrendatária, transmitindo para esta o direito de controlar o uso do bem, por um determinado período, em troca de contraprestação. Findo o período, é facultado à arrendatária a opção de adquirir ou devolver o bem objeto do arrendamento, ou a prorrogar o contrato.

2 – Obrigatoriedade da Imobilização

Até a metade do século XVIII, a produção de bens era artesanal e baseava-se no uso intensivo da mão de obra do artesão, com a utilização de ferramentas rudimentares e, portanto, sem aplicação significativa de recursos em bens de produção. Com a invenção da fiandeira de Hargreaves em 1764, da máquina a vapor de James Watt em 1769 e da bobina de Key em 1773, teve início a mecanização da produção com a substituição da mão de obra pela máquina, conforme citação de Burns[10]. A Revolução Industrial, em fins do século XVIII, obrigou a indústria a intensificar o processo de mecanização, o que exigia a sua atualização técnica, com a necessidade de substituição frequente dos bens de produção. Três alternativas existiam, porém cada uma delas com seus inconvenientes:

a) aquisição: limitada pela escassez de recursos financeiros;
b) aluguel: aplicação de recursos, não só pela remuneração ao proprietário do bem locado em contrapartida do uso, mas também em manutenção e reparos em bem de propriedade de terceiros; e
c) empréstimo: além do elevado custo financeiro e da apresentação de garantias reais, era necessário atender à burocracia e satisfazer as rígidas exigências impostas pelas entidades financeiras para a sua obtenção.

Apesar de citação de precedentes históricos ocorridos na Grécia antiga e de vários eventos semelhantes ao arrendamento praticados nos Estados Unidos da América, ainda no século XVIII, a sua utilização só sofreu grande impulso quase duzentos anos mais tarde, com a eclosão da segunda guerra mundial, através da promulgação do *Lend and Lease Act*, em 11 de março de 1941, permitindo que o governo norte-americano fornecesse equipamentos bélicos aos países aliados sem efetivar sua venda. Até então, os EUA estavam impedidos de fazê-lo por ser um país não participante direto do conflito. Tal entrave foi superado através desse documento, que possibilitou ao governo

---

10 BURNS, Edward M. *História da civilização ocidental:* do homem das cavernas até a bomba atômica, o drama da raça humana. Porto Alegre: Globo, 1970. p. 506.

norte-americano efetuar o fornecimento desses itens sob a condição de a aquisição ou a devolução ocorrer somente no final do conflito.

A partir de então, essa modalidade de fornecimento de bens espalhou-se pelo mundo, sendo solução para empresas que tinham dificuldade de obter recursos para expandir suas atividades. Com esse instrumento, grupos financeiros vislumbraram uma forma de alavancar suas operações utilizando esse tipo de financiamento e, através da sua rede de agências bancárias, difundiram a modalidade, imprimindo-lhes maior impulso e popularidade.

O arrendamento fundamenta-se na concepção econômica de que o fato gerador de rendimentos para uma empresa é a utilização do bem, tendo ou não a sua posse e independentemente de ter a sua propriedade. Genericamente, o arrendamento pode ser explicado como uma operação mercantil que tem a finalidade de ceder o direito de uso de bens de capital sem dispêndio imediato de recursos, o que justificou a sua rápida e crescente expansão como uma forma alternativa de utilização de ativos.

Originário do verbo *to lease* da língua inglesa, o arrendamento foi introduzido no Brasil inicialmente com a denominação de *leasing*, sendo comum os documentos serem grafados com o próprio termo em inglês, só consolidando o uso do termo *arrendamento mercantil* mais tarde.

A legislação brasileira define o arrendamento mercantil como:

> *"[...] o negócio jurídico realizado entre pessoa jurídica, na qualidade de arrendadora, e pessoa física ou jurídica, na qualidade de arrendatária, e que tenha por objeto o arrendamento de bens adquiridos pela arrendadora, segundo especificações da arrendatária e para uso desta."*

Caracterizado pela cessão do uso de um bem por um determinado prazo e demais condições pactuadas mediante contrato, o arrendamento mercantil envolve precipuamente três entidades na operação, assim denominadas:

a) *arrendadora*: aplicadora dos recursos na aquisição de bens escolhidos e especificados pela arrendatária para uso desta e que serão objeto do contrato de arrendamento;
b) *arrendatária*: usuária do bem e responsável pela escolha e especificação do bem a ser adquirido pela arrendadora junto ao fornecedor, a quem será pago o valor da aquisição. A arrendatária compromete-se com o pagamento de contraprestações à arrendadora por um período de uso determinado em contrato; e
c) *fornecedora*: vendedora do bem à arrendadora, que o entrega à arrendatária para utilização.

As operações de arrendamento mercantil preveem um fluxo de pagamento periódico de contraprestações a ser cumprido pela arrendatária, e que contemplam a amortização do valor do bem, mais encargos e impostos, e a remuneração da arrendadora.

Existem duas formas de arrendamento mercantil: o financeiro (ou de capital) e o operacional. O arrendamento pode ser considerado como financeiro ou de capital quando o contrato estabelece a obrigação de o arrendatário assumir substancialmente todos os riscos e benefícios inerentes à propriedade do ativo. Já no arrendamento operacional o contrato não estabelece essa obrigação, ficando tais riscos e benefícios sob a tutela do arrendador.

Segundo o CPC 06 – Operações de Arrendamento Mercantil, o fato de o arrendamento ser classificado como financeiro ou operacional depende da essência da transação, em vez da forma do contrato. O arrendamento mercantil, seja ele financeiro ou operacional, prevê a cessão de um bem por uma entidade a outra através de um contrato, estipulando valores periódicos a serem pagos pela usuária à cedente.

O arrendamento mercantil financeiro apresenta as seguintes características:
a) as contraprestações e os demais pagamentos são suficientes para que o arrendador recupere o custo do bem durante o

prazo contratual e, adicionalmente, obtenha retorno sobre o investimento;
b) a transferência da propriedade do ativo ao arrendatário ao final do prazo do arrendamento, por opção deste, a um preço que se espera que seja suficientemente mais baixo do que o valor justo na data em que a opção se tornar exercível, de modo que no momento da celebração do arrendamento seja razoavelmente certo que a opção será exercida;
c) o prazo do arrendamento é equivalente à maior parte da vida econômica do ativo, mesmo se a propriedade não for transferida;
d) na data da celebração do arrendamento, o valor presente dos recebimentos do arrendamento equivale substancialmente à totalidade do valor justo do ativo;
e) o ativo é de natureza tão especializada que somente o arrendatário pode usá-lo sem modificações importantes;
f) se o arrendatário puder cancelar o arrendamento, as perdas do arrendador associadas ao cancelamento são arcadas pelo arrendatário;
g) ganhos ou perdas provenientes da flutuação no valor justo do valor residual são gerados para o arrendatário (por exemplo, na forma de desconto no aluguel que seja equivalente à maior parte dos rendimentos de venda no final do arrendamento); e
h) se o arrendatário tiver a capacidade de continuar o arrendamento por período secundário, que seja como aluguel por valor substancialmente menor que o de mercado.

O arrendamento mercantil financeiro é uma operação na qual a sociedade arrendadora atua como simples intermediária adquirindo o bem objeto do contrato junto ao fornecedor, indicado e especificado pela arrendatária, concedendo o uso e a posse desse bem a esta última, que se compromete a pagar as contraprestações devidas.

Pelas características e origem, o arrendamento mercantil na modalidade financeira configura-se como uma aquisição financiada de um bem através de um contrato. Entretanto, a arrendatária só fazia o seu reconhecimento ao final do prazo contratual pelo valor residual garantido por ocasião do exercício do direito de aquisição, conforme determinava a Lei nº 6.099/74. Com isso, a arrendatária conseguia antecipar uma despesa dedutível que só seria possível através da depreciação, cujo período de reconhecimento é normalmente mais longo. Os pagamentos periódicos eram considerados despesas como se fossem um aluguel.

Pode-se exemplificar essa afirmação com a compra de um bem com vida útil de 10 anos em que o benefício da depreciação é de 10% ao ano. Se esse mesmo bem fosse adquirido através de arrendamento por 5 anos o benefício seria aproveitado à razão de 20% ao ano como despesa dedutível. Na primeira forma, o valor despendido levaria 10 anos para ser recuperado, enquanto na segunda o tempo de recuperação seria reduzido para 5 anos.

Com advento da Lei nº 11.638/07, que alterou a Lei das Sociedades por Ações, e a corroboração do CPC 06 – Operações de Arrendamento Mercantil, quando na modalidade financeira, o arrendamento mercantil deve ser registrado na contabilidade da arrendatária como um ativo, no imobilizado, com contrapartida no passivo. Como tal, o valor a ser considerado para a contabilização no imobilizado é o correspondente ao valor presente das parcelas, inclusive a do valor residual. A diferença deste para o valor total a ser pago será registrada em conta de despesa financeira a apropriar no ativo circulante ou no realizável a longo prazo, de acordo com o período de vencimento. A sua contrapartida, juntamente com o valor imobilizado, será creditada como obrigação junto ao arrendador, no passivo circulante e no exigível a longo prazo.

Como exemplo, pode-se citar o arrendamento por 5 anos, em 01/01/x1, de um bem com vida útil de 10 anos, com parcelas anuais de R$15.000,00 a serem pagas no final de cada ano. O valor residual para sua aquisição é de R$3.000,00 a ser pago no final do 5º ano. Considerando que a taxa de juros aplicada é de 10% a.a., os valores a serem registrados serão de R$58.724,55 no imobilizado e de

R$19.275,45 em despesas a apropriar, conforme demonstrado no quadro adiante. Deste último valor, R$3.855,09 (R$19.275,45 / 5 anos) deve ser registrado no ativo circulante e R$15.420,36 (R$19.275,45 − R$3.855,09) no realizável a longo prazo. O valor total pactuado de R$78.000,00 será registrado no passivo, sendo R$15.000,00 no passivo circulante e R$63.000,00 no exigível a longo prazo.

Parcela Anual	Arrendamento	Imobilização	Despesa financeira
1ª	15.000,00	13.636,36	1.363,64
2ª	15.000,00	12.396,69	2.603,31
3ª	15.000,00	11.269,72	3.730,28
4ª	15.000,00	10.245,20	4.754,80
5ª	15.000,00	9.313,82	5.686,18
Valor residual	3.000,00	1.862,76	1.137,24
TOTAL	**78.000,00**	**58.724,55**	**19.275,45**

Anualmente, até o quarto ano, a conta "Arrendamentos a pagar", do passivo circulante, será debitada em R$15.000,00; no quinto e último ano, que engloba o valor residual de aquisição, ela será debitada em R$18.000,00 pelos pagamentos efetuados, zerando o seu saldo. As contrapartidas serão a crédito da conta "Depósitos bancários à vista". A conta "Despesas/ Custos de depreciação" será debitada anualmente, de acordo com os 10 anos de vida útil do bem, em R$5.872,45 (R$58.724,55 ÷ 10 anos), a crédito da conta "Depreciações acumuladas".

No balanço patrimonial da arrendatária, os ativos de direito de uso devem ser apresentados separadamente de outros ativos. Caso sejam apresentados englobados, deverão ser incluídos na mesma rubrica daqueles que são próprios, sendo esse fato divulgado nas notas explicativas. Procedimento semelhante deve ser adotado para os passivos de direito de uso, ou seja, separá-los dos demais passivos e, se não o fizer, divulgar em nota explicativa.

2 – Obrigatoriedade da Imobilização

Os exemplos e indicadores acima nem sempre são conclusivos. Se, a partir de outras características, ficar claro que o arrendamento não transfere, substancialmente, todos os riscos e benefícios inerentes à propriedade do ativo subjacente, o arrendamento deve ser classificado como operacional. Pode ser esse o caso se a propriedade do ativo subjacente for transferida no final do arrendamento por recebimento variável equivalente ao seu então valor justo, ou, se houver recebimentos variáveis de arrendamento, como resultado dos quais o arrendador não transfere, substancialmente, todos esses riscos e benefícios.

Na modalidade operacional, não cabem ao arrendatário os riscos e benefícios e o bem é devolvido ao arrendador no final do contrato, sendo as parcelas de pagamento levadas integralmente para custo ou despesa em cada evento, como simples aluguel.

A Resolução nº 4.977/21 do Conselho Monetário Nacional – CMN ratifica as características que diferenciam o arrendamento mercantil financeiro do operacional que, neste último, são:

a) as contraprestações a serem pagas pela arrendatária contemplam o custo de arrendamento do bem e os serviços inerentes a sua colocação à disposição da arrendatária, não podendo o valor presente dos pagamentos ultrapassar 90% (noventa por cento) do custo do bem;

b) o prazo contratual é inferior a 75% (setenta e cinco por cento) do prazo de vida útil econômica do bem;

c) o preço para o exercício da opção de compra é o valor de mercado do bem arrendado;

d) não há previsão de pagamento de valor residual garantido;

e) o bem arrendado é suficientemente genérico, de modo a possibilitar seu arrendamento subsequente a outra arrendatária sem modificações significativas; e

f) as perdas decorrentes do cancelamento do contrato após o período de cancelamento improvável não são suportadas substancialmente pela arrendatária.

Os contratos devem estabelecer o prazo mínimo de dois anos para o arrendamento mercantil financeiro de bens com vida útil de até cinco anos e prazo mínimo de três anos para bens com vida útil superior a cinco anos. Já para o arrendamento mercantil operacional, o prazo mínimo é de noventa dias.

2.6 Conservação, reparo e melhoria de bens

Há que se distinguir os dispêndios aplicados em conservações e reparos daqueles aplicados em melhorias de bens. Os primeiros não alteram as características do bem e têm como finalidade apenas manter as suas condições iniciais, enquanto as melhorias resultam em aumento futuro dos benefícios existentes além do seu padrão de desempenho previamente estabelecido. Assim, os valores incorridos em conservações e reparos são simplesmente considerados como custo ou despesa do período, enquanto os gastos em melhorias são benefícios que devem ser incluídos no valor do custo a imobilizar. Tais benefícios podem ser exemplificados por:
a) prolongamento da vida útil estimada;
b) aumento da capacidade de produção;
c) aumento substancial da qualidade da produção;
d) redução nos custos operacionais previamente determinados.

A norma IAS 16 determina "a capitalização de dispêndios, [...], que melhorem a condição do ativo além do seu padrão de desempenho originalmente avaliado."

Cabe, portanto, distinguir os gastos que proporcionam melhoria do bem daqueles efetuados para simples manutenção do seu estado inicial, o que nem sempre é tarefa fácil. De qualquer forma, a manutenção, que admite registro direto como custo ou despesa, não pode ocasionar aumento da vida útil ou melhoria do bem. Como é muito sensível definir o conceito de melhoria, deve-se comparar sempre as condições do bem após a manutenção com as condições iniciais do bem quando novo. Assim, é possível, dentro desse contexto, definir a manutenção como pequenos reparos que não afetam o bem na sua estrutura física e funcional, nem no seu valor econômico.

Deve-se analisar previamente as circunstâncias em que são realizadas as intervenções sobre os bens e o efeito de tais intervenções sobre eles para que então se possa decidir pela imobilização ou não. É o caso da substituição de componentes secundários que não alteram a vida útil do conjunto — sendo a vida útil definida em função das suas partes vitais — nem melhoram substancialmente seu desempenho.

É evidente, por exemplo, que a troca de pneus de um veículo por terem se desgastado com o uso ou se avariado em um acidente possibilita a continuidade da operação do bem principal ou melhora as condições operacionais do mesmo em relação à situação presente, mas não em relação à inicial e, portanto, não lhe proporciona uma melhoria substancial e nem aumenta a sua vida útil, não ensejando a sua imobilização. O mesmo raciocínio deve ser aplicado em relação à substituição de bico de bomba injetora de motor ou à execução de pintura em veículos, cujos gastos devem ser considerados como despesa, uma vez que não alteram a vida útil nem o desempenho do bem.

De forma semelhante, deve ser considerada a recomposição do revestimento térmico no interior de um alto forno, que é executada periodicamente, mas não altera as condições iniciais do equipamento. Assim, para não onerar desigualmente o custo de produção do período de sua ocorrência, o montante gasto em tal recomposição deve ser classificado no circulante e no realizável a longo prazo do ativo de acordo com o período de duração do reparo e ter suas parcelas debitadas ao custo de produção de acordo com esse período.

No entanto, tratamento diferente deve ser dado ao mesmo revestimento térmico quando aplicado conjuntamente com chapas metálicas, tubulações e outros acessórios e componentes do alto forno ao final da sua vida útil ou quando próximo dela se essas aplicações levarem à sua recomposição ou ao aumento de sua duração.

Se, ao final da vida útil de um veículo ou após decorrida a maior parte dela, o seu motor é substituído, com isso prolongando a vida útil do bem principal mesmo que não melhore o seu desempenho em comparação às condições iniciais, o gasto relativo a essa troca deve ser imobilizado. De forma análoga, a instalação de um motor auxiliar que aumenta o desempenho inicial de uma instalação também deve ser imobilizado.

A impermeabilização de uma laje de concreto ou a colocação de telhado para evitar infiltração de água são melhorias em relação à condição inicial da construção. Embora não aumentem a vida útil da edificação, elas aumentam o seu valor, devendo ser imobilizadas. Não tem a mesma classificação uma pintura ou um reparo no telhado para simples conservação.

Normalmente uma simples manutenção, que pode consistir, por exemplo, na troca das partes desgastadas ou na recomposição do seu estado inicial, repõe ao bem as suas condições originais, mas não o torna melhor do que quando ele foi adquirido. Já a manutenção com característica de melhoramento, além de conservar, aperfeiçoa ou moderniza o bem, proporcionando-lhe um melhor desempenho. O processo de substituição de partes inteiras de bens, exemplificado por motores de máquinas, telhados e pisos das construções, tende a ser encarado como melhoria ou manutenção com acréscimo de vida útil, o que vem a implicar na sua ativação no imobilizado.

Portanto, o problema central da questão está em se conceituar o que exatamente se consideraria ou não melhorias em bens. Diante dessa dificuldade prática, as autoridades fiscais vêm auxiliando e já determinaram, sob a sua ótica, que se deve optar pela ativação de gastos com a construção de telhados, muros perimetrais, jardins, novos pisos; terraplanagem, imprimação e capeamento asfáltico de terreno; substituição da rede de água e esgoto, restauração da laje do teto, troca do piso de cimento por cerâmica; colocação de carpetes, papel de parede e cortinas; substituição de motores.

2.7 Bens de reposição

Com base no conceito de que os bens com características de permanência duradoura, portanto, com vida útil superior a um ano, são classificados no ativo imobilizado, apenas aqueles que tiverem vida útil inferior a um ano podem ser classificados fora do ativo imobilizado. Da mesma forma, as aquisições de partes, peças e equipamentos de reposição, ainda que isoladamente considerados, que tenham vida útil superior a um ano e sejam destinados à utilização em simples reparos, conservação ou substituição de partes de que não resultem em aumento da vida útil do bem principal, também não devem ser classificadas no ativo imobilizado.

Destarte, devem ser classificados diretamente no ativo imobilizado os itens de reposição que tiverem sido adquiridos com a destinação específica de serem utilizados em benfeitorias ou reparos que acarretarão acréscimo ou melhoria em bens principais.

Resumindo, não são imobilizáveis bens de reposição com vida útil inferior a um ano, que aumentem ou não a vida útil do bem principal e que, mesmo com vida útil superior a um ano, não aumentem a vida útil do bem principal.

Em certas circunstâncias, a contabilização do ativo imobilizado seria melhorada se o gasto total atribuído às suas partes componentes fosse, na prática, separável e pudessem ser feitas estimativas das vidas úteis de tais componentes. Isso facilitaria a contabilização nas substituições de partes, além de possibilitar a aplicação de taxas diferenciadas de depreciação em cada uma delas, se for o caso.

A norma IAS 16 requer que "os componentes principais de um ativo imobilizado que necessitem substituição em período de tempo regular sejam contabilizados como ativos apartados, porque eles têm vida útil diferente do bem ao qual eles se relacionam".

Por exemplo, em vez de tratar a aeronave e seus motores como uma unidade, seria mais adequado tratar os motores como itens separados, se for provável que sua vida útil seja mais curta do que a da aeronave como um todo. O mesmo critério deveria ser adotado para a carreta de transporte rodoviário composta de cabine, denominada cavalo mecânico, e de carroceria, denominada baú, em que a contabilização deveria considerar cada um dos componentes separadamente, até porque eles são intercambiáveis. Ou seja, o mesmo cavalo mecânico pode ser utilizado em diferentes carrocerias. Existem conjuntos rodoviários formados por um cavalo mecânico acoplado a dois e até três baús, como se fosse uma composição; semelhantemente, o trem ferroviário é composto por uma locomotiva e diversos vagões, até com características diferentes; a composição do metrô é constituída por diversos vagões semelhantes, sendo diferentes apenas os vagões acionadores. São exemplos bastante evidentes que não justificam a imobilização do conjunto e sim de cada um dos componentes.

Quando as empresas adquirem bens compostos de diversas partes e peças e fazem o registro contábil pelo custo de aquisição total e não pelo custo de cada um dos seus componentes, na hipótese de substituição de componente que resulte em aumento de vida útil do bem principal superior a um ano, devem adotar o seguinte procedimento:

a) aplicar o percentual de depreciação correspondente à parte não depreciada do bem sobre os custos de substituição das partes ou peças;
b) apurar a diferença entre o total dos custos de substituição e o valor determinado conforme a letra "a";
c) escriturar o valor de "a" a débito de resultado;
d) escriturar o valor de "b" a débito da conta do ativo imobilizado que registra o bem, o qual terá seu novo valor contábil depreciável durante o novo prazo de vida útil previsto.

Simplificando, o percentual depreciado do bem principal deve ser aplicado sobre o custo de aquisição do bem de reposição e imobilizado. A diferença será levada para o resultado.

Exemplo:

Foram aplicados R$10.000,00 na aquisição de um componente para substituição de uma peça que aumenta a vida útil de um bem imobilizado. Desconsiderando-se os benefícios fiscais, que serão abordados no capítulo 7, ocorreriam os procedimentos a seguir descritos nas situações abaixo:

2 – Obrigatoriedade da Imobilização

a) 100% depreciado – Equipamento com 10 anos de uso e vida útil de 10 anos

a_1. 0% × R$10.000,00 = R$ 0,00 –> Resultado
a_2. R$10.000,00 – 0 = R$10.000,00 –> Imobilizar, ou percentual depreciado 100%
a_3. 100% × R$10.000,00 = R$10.000,00 –> Imobilizar
a_4. R$10.000,00 – R$10.000,00 = R$ 0,00 –> Resultado

No exemplo, é como se o bem tivesse 100% (total) da sua utilidade consumida e recebeu um tratamento que a restituiu. O recurso aplicado lhe recompôs o que foi consumido (100%) e foi imobilizado, restando nada (0%) para despesa.

b) 60% depreciado – Automóvel com 3 anos de uso e vida útil de 5 anos

b_1. 40% × R$10.000,00 = R$4.000,00 –> Resultado
b_2. R$10.000,00 – R$4.000,00 = R$6.000,00 –> Imobilizar, ou percentual depreciado 60%
b_3. 60% × R$10.000,00 = R$6.000,00 –> Imobilizar
b_4. R$10.000,00 – R$6.000,00 = R$4.000,00 –> Resultado

No exemplo, é como se o bem tivesse 60% (parte) da sua utilidade consumida e recebeu um tratamento que a restituiu. O recurso aplicado lhe recompôs o que foi consumido (60%) e foi imobilizado, sendo a diferença (40%) levada para despesa.

c) 50% depreciado – Edificação com 25 anos de uso e vida útil de 50 anos

c_1. 50% × R$10.000,00 = R$5.000,00 –> Resultado
c_2. R$10.000,00 – R$5.000,00 = R$5.000,00 –> Imobilizar, ou percentual depreciado 50%
c_3. 50% × R$10.000,00 = R$5.000,00 –> Imobilizar
c_4. R$10.000,00 – R$5.000,00 = R$5.000,00 –> Resultado

No exemplo, é como se o bem tivesse 50% (metade) da sua utilidade consumida e recebeu um tratamento que a restituiu. O recurso aplicado lhe recompôs o que foi consumido (50%) e foi imobilizado, sendo a diferença (50%) levada para despesa.

O percentual do gasto correspondente à recuperação do bem é imobilizado porque recompôs sua vida útil e a diferença, referente ao que não estava desgastado, é levada para resultado, como despesa.

2.8 Baixa de bens

Um bem é baixado do ativo imobilizado quando não mais for utilizado nas atividades da empresa, seja por venda, permuta ou doação, ou quando de seu uso não mais se espera benefício útil para a empresa, ocasião em que deverá ser transferido para outra conta.

Os bens imobilizados que forem baixados de uso e mantidos para venda figuram pelo menor valor entre seu valor líquido registrado na contabilidade e o valor líquido realizável, sendo apresentados separadamente nas demonstrações contábeis. Quaisquer prejuízos esperados são reconhecidos imediatamente na demonstração do resultado.

Nas demonstrações contábeis elaboradas com base no custo histórico, os ganhos e as perdas apurados na venda de bens devem ser reconhecidos na demonstração do resultado. A apuração é feita confrontando o valor líquido da venda com o valor contábil do bem, correspondente ao custo de aquisição menos a depreciação acumulada. Se o resultado for positivo ou negativo, será constatado um ganho ou uma perda na alienação de bem do ativo imobilizado, respectivamente, e esse resultado apurado deverá integrar as receitas ou as despesas não operacionais.

No caso de venda de bens, ainda que como sucata, nenhuma dificuldade existe quanto à sua baixa, pois a nota fiscal de venda será o documento hábil para a comprovação de sua saída do patrimônio da empresa. Não ocorrendo essa hipótese, a contabilização da baixa deve basear-se em ato ou fato econômico. Diante disso, é considerado como documento comprobatório válido um laudo técnico emitido pelo órgão responsável da empresa ou por terceiros, atestando e justificando a baixa procedida no ativo imobilizado e descrevendo minuciosamente sua causa e a destinação dada ao bem mencionado, assim como o bem que o substituiu, se for o caso.

2.9 Exercícios de fixação

Observação: Os efeitos dos benefícios fiscais serão abordados no capítulo 7, devendo, portanto, ser desconsiderados neste capítulo.

1 – Classifique as aquisições dos bens relacionados no quadro abaixo, marcando a conta para o correto registro em cada coluna correspondente ao tipo de atividade de cada empresa, conforme as legendas das atividades e utilizando as legendas dos grupos de contas. Se mais de um grupo de contas puder receber um tipo de bem, marque no mais relevante.

Bem / Atividade	1	2	3	4	5	6	7
a – Casa de campo para uso da diretoria							
b – Quadro de pintor famoso							
c – Sistema de controle de vendas (*software*)							
d – Caminhão							
e – Ações de empresa supridora de matéria-prima							
f – Quadro mural de avisos							
g – Apartamento/casa residencial locado							
h – Salas comerciais em uso na atividade							
i – Mesas e cadeiras							
j – Floresta de preservação ambiental espontânea							

Legendas das atividades:
1) Indústria em geral
2) Comércio de imóveis
3) Comércio de móveis
4) Revenda de veículos de carga
5) Galeria de arte
6) Prestação de serviços
7) Administradora de bens próprios

Legendas dos grupos de contas:
AC – Ativo Circulante
RL – Não Circulante – Realizável a L/P
IN – Não Circulante – Investimentos
IM – Não Circulante – Imobilizado
IT – Não Circulante – Intangível
PC – Passivo Circulante
EL – Exigível a Longo Prazo
PL – Patrimônio Líquido

Gestão Patrimonial

2 – Efetue os lançamentos contábeis dos seguintes fatos referentes à aquisição de um motor para uso através de consórcio:
   a) Adiantamentos efetuados: R$1.000,00;
   b) Recepção do bem acompanhado do documento hábil, no valor de R$5.000,00;
   c) Saldo a pagar em 30 parcelas mensais de R$200,00.

Depósitos bancários à vista	Consórcio – Imobilizados	Consórcio a pagar

Efetuados os lançamentos acima, as três contas apresentaram os seguintes saldos (devedor ou credor):
(A) R$1.000,00, R$4.000,00 e R$6.000,00.
(B) R$1.000,00, R$6.000,00 e R$4.000,00.
(C) R$5.000,00, R$5.000,00 e R$6.000,00.
(D) R$1.000,00, R$7.000,00 e R$6.000,00.

3 – De acordo com os conceitos citados (materialidade, similaridade, vida útil) e o bom senso ao comentar os casos controversos, marque os bens que devem ser imobilizados e não considerados despesas.

(a) Açucareiro de aço
(b) Balança de banheiro
(c) Bebedouro
(d) Bicicleta
(e) Botijão de gás
(f) Bule de chá / café
(g) Cafeteira
(h) Cama com colchão
(i) Cinzeiro de cristal
(j) Colchão
(k) Escada
(l) Estante de aço
(m) Exaustor de parede

(a') Fogão industrial
(b') Fogareiro
(c') Furadeira elétrica
(d') Liquidificador
(e') Máquina de cortar frios
(f') Microfone
(g') Quadro magnético
(h') Ratoeira
(i') Relógio de parede
(j') Retroprojetor
(k') Serrote
(l') Tela de projeção
(m') Tesoura comum

(n) Extintor de incêndio (n') Triciclo
(o) Fogão de 2 bocas (o') Ventilador de mesa

Efetuada a marcação, os bens que não devem ser imobilizados, entre outros, são os seguintes:
(A) i – j – n – h' – l'.
(B) f – i – b' – e' – k'.
(C) o – b' – j' – m' – o'.
(D) f – b' – h' – k' – m'.

4 – Dados da aquisição de um bem para uso:

- Valor da nota de importação	R$ 10.000,00
- Frete e seguros	R$ 1.500,00
- Imposto de importação	R$ 800,00
- Imposto s/produtos industrializados	R$ 500,00
- Transporte nacional	R$ 200,00
- Desconto comercial (contido no valor da nota)	R$ 600,00
- Despesas de viagem para inspeção de fabricação	R$ 200,00

Dispondo-se dos dados acima, o valor da imobilização será de:
(A) R$11.300,00.
(B) R$12.600,00.
(C) R$13.200,00.
(D) R$13.800,00.

5 – Se, além dos dados acima, ocorrerem R$3.500,00 de custo das obras civis para instalação; R$1.800,00 de honorários de engenheiros projetistas e arquitetos contratados; e R$1.200,00 correspondentes à parcela das despesas administrativas e gerais rateadas para a instalação, o seguinte montante deveria ser acrescido à imobilização:
(A) R$ zero.
(B) R$ 3.500,00.

(C) R$ 5.300,00.
(D) R$ 6.500,00.

6 – Considerando um gasto financeiro de R$540,00 em função de um financiamento de 60 meses com carência de 24 meses para início da amortização, o valor desse gasto, que deverá ser imobilizado se a operação foi iniciada no 18º mês, será de:
(A) R$ zero.
(B) R$ 144,00.
(C) R$162,00.
(D) R$270,00.

7 – Durante o período de testes para ajustes finais e antes da entrada em operação da produção, foram consumidos R$100,00 em matéria-prima, R$30,00 em mão de obra e R$20,00 em gastos indiretos de fabricação. Se houver reaproveitamento da matéria-prima, o valor desses gastos, que deverá ser classificado no imobilizado, será de:
(A) R$ zero.
(B) R$150,00.
(C) R$100,00.
(D) R$ 50,00.

8 – Ocorrendo necessidade de demolir uma construção existente, cujo valor dos gastos foi de R$700,00 e as sobras dessa demolição proporcionaram uma receita de R$300,00, o valor a ser agregado ao bem principal para imobilizar é de:
(A) R$ zero.
(B) R$700,00.
(C) R$400,00.
(D) qualquer dos dois valores acima.

9 – Considerando uma receita de R$900,00 e não de R$300,00 no exercício anterior, o valor a ser agregado será:

2 – Obrigatoriedade da Imobilização

(A) R$ zero.
(B) R$700,00.
(C) R$600,00.
(D) qualquer dos dois primeiros valores.

10 – Considerando o valor de aquisição de um bem com vida útil de 5 anos por R$20.000,00 e arrendado (*leasing* financeiro) por 36 meses, com parcelas mensais de R$700,00, o valor imobilizado na arrendatária será de:
(A) R$ 1.400,00.
(B) R$ 2.520,00.
(C) R$20.000,00.
(D) R$25.200,00.

11 – O valor da depreciação anual do exercício anterior será de:
(A) R$2.000,00.
(B) R$2.520,00.
(C) R$4.000,00.
(D) R$5.040,00.

12 – Em 01/01/x1, a empresa adquire um equipamento com vida útil de 10 anos através de arrendamento mercantil financeiro cujo valor do principal é de R$50.000,00 e o dos encargos financeiros é de R$22.000,00, pagáveis em 6 parcelas anuais de R$12.000,00 ao final de cada ano. O seu valor contábil ao final do 6º ano será de:
(A) R$ zero.
(B) R$20.000,00.
(C) R$50.000,00.
(D) R$72.000,00.

13 – Um motor foi adquirido por R$3.600,00 para instalação em substituição a outro em um caminhão basculante que tem 5 meses de uso. Considerando que a vida útil do caminhão é de

48 meses, o valor da parcela do gasto despendido na aquisição do motor, que será imobilizável, é de:
(A) R$ zero.
(B) R$ 375,00.
(C) R$3.225,00.
(D) R$3.600,00.

14 – Se o caminhão tiver 36 meses de uso, a parcela imobilizável do exercício 13 será de:
(A) R$ zero.
(B) R$1.440,00.
(C) R$2.700,00.
(D) R$3.600,00.

15 – Se o caminhão tiver 48 meses de uso, a parcela imobilizável do exercício 13 será de:
(A) R$ zero.
(B) R$1.800,00.
(C) R$2.700,00.
(D) R$3.600,00.

16 – Em 01/07/x1, uma companhia efetuou gastos no valor de R$100.000,00 com a aquisição de peças que aumentaram em mais três anos a vida útil de um bem do ativo imobilizado, cuja vida útil inicial era de 10 anos. O valor da máquina antes da reforma já estava depreciado em 70%. O valor que poderá ser registrado em conta de resultado no período é de:
(A) R$ 30.000,00.
(B) R$ 50.000,00.
(C) R$ 70.000,00.
(D) R$100.000,00.

17 – Um bem imobilizado foi adquirido por R$4.200,00 e depreciado em R$2.940, apresentando um valor contábil de R$1.260. Se

sua vida útil é de 10 anos, o valor (positivo ou negativo) a ser levado para resultado se ele for vendido pelo valor de R$2.000,00, será de:
(A) R$ zero.
(B) R$ -740,00.
(C) R$ 740,00.
(D) R$-940,00.

18 – Considerando-se os mesmos dados anteriores, porém com um valor de venda de R$850,00, a resposta será:
(A) R$ -410,00.
(B) R$ zero.
(C) R$ 410,00.
(D) R$2.090,00.

19 – Um bem imobilizável adquirido pelo preço de R$20.000,00 em 50 parcelas de R$400,00 sujeitas a reajuste, teve 12 parcelas pagas nesse valor, mais 12 ao valor de R$450,00 e 6 ao valor de R$500,00, quando o bem foi recebido através de nota fiscal. O valor contabilizado no imobilizado até a data do recebimento era de:
(A) R$12.000,00.
(B) R$13.200,00.
(C) R$15.000,00.
(D) R$20.000,00.

20 – O valor contabilizado no imobilizado após a data do recebimento do bem referido no exercício anterior será de:
(A) R$20.000,00.
(B) R$22.000,00.
(C) R$23.200,00.
(D) R$25.000,00.

21 – Considerando que as 20 parcelas restantes do exercício anterior tenham sido quitadas, sendo as 6 primeiras no valor de

Gestão Patrimonial

R$500,00 e as 14 restantes no valor de R$550,00 cada, o valor contabilizado no imobilizado será de:
(A) R$20.000,00.
(B) R$23.200,00.
(C) R$23.900,00.
(D) R$25.000,00.

Solução dos exercícios de fixação:

1

Bem / Atividade	1	2	3	4	5	6	7
a – Casa de campo para a diretoria	IN	IN	IN	IN	IN	IN	IN
b – Quadro de pintor famoso	IN	IN	IN	IN	AC	IN	IN
c – Sistema de controle de vendas (*software*)	IT	IT	IT	IT	IT	IT	IT
d – Caminhão	IM	IM	IM	AC	IM	IM	IM
e – Ações de empresa supridora de matéria-prima	IN	IN	IN	IN	IN	IN	IN
f – Quadro mural de avisos	IM	IM	IM	IM	IM	IM	IM
g – Apartamento/casa residencial locado	IN	IN	IN	IN	IN	IN	IM
h – Salas comerciais em uso na atividade	IM	IM	IM	IM	IM	IM	IM
i – Mesas e cadeiras	IM	IM	AC	IM	IM	IM	IM
j – Floresta de preservação ambiental espontânea	IN	IN	IN	IN	IN	IN	IN

2(D); 3(D); 4(B); 5(D); 6(A); 7(D); 8(D); 9(A); 10(C); 11(C); 12(A); 13(B); 14(C); 15(D);16(A); 17(C); 18(A); 19(B); 20(C); 21(B).

3
Depreciação

Resumo

A depreciação é uma forma de alocação periódica de recursos despendidos em aquisições de bens com longa vida de duração, destinados às atividades das entidades, considerando que esses bens gerarão benefícios durante sua vida útil. Na mensuração das parcelas, podem ser usados diferentes métodos, sendo o mais comum o da linha reta, ou seja, valores constantes em todos os períodos, embora não seja o que melhor represente a utilização do recurso. Comparando a aquisição de um bem a uma vultosa aquisição de matéria-prima, sabe-se que esta última não terá seu valor total apropriado no respectivo período, mas sim distribuído nos diversos períodos de sua respectiva utilização, através das requisições de quantidades definidas e necessárias. De forma semelhante, a aquisição de um bem não terá o valor da sua aquisição apropriado totalmente nesse momento, mas sim distribuído em parcelas no período em que será utilizado, gerando benefícios para a entidade. Para determinar a sua mensuração, é necessário considerar a vida útil e o valor residual dos bens, além do método de depreciação utilizado e os períodos de sua ocorrência. Foram considerados tanto os aspectos contábeis quanto os fiscais, relevando a importância de ambos, e considerados ainda os casos de depreciação acelerada.

3.1 Conceituação

A depreciação pode ser classificada como custo ou como despesa, de acordo com a utilização do bem imobilizado a que ela se refere. Será classificada como custo aquela referente aos bens utilizados nas atividades de elaboração de bens e serviços destinados aos clientes e estará contida no custo do produto ou do serviço acabado que comporá o custo da venda, ao passo que a depreciação referente aos bens não utilizados nas atividades de elaboração de bens e serviços, mas sim nas áreas administrativas e comerciais, será classificada como despesa.

Por exemplo, a depreciação de um veículo de carga será classificada como custo se tal veículo for utilizado na movimentação de matéria-prima, ou como despesa se utilizado na entrega de mercadorias vendidas aos clientes; de forma semelhante, a depreciação de um computador utilizado no controle de um sistema de produção é classificada como custo, ao passo que a de outro idêntico, mas usado no controle de vendas, o será como despesa.

Portanto, cada situação deve ser analisada a fim de classificar adequadamente a depreciação como custo ou como despesa operacional. Seja uma ou outra a classificação da depreciação, o lançamento correspondente ao crédito será sempre na conta patrimonial "Depreciações acumuladas", uma conta redutora do ativo.

Segundo Hendriksen e Van Breda, depreciação é a "alocação racional e sistemática do custo original de um ativo (menos o valor residual, se houver) ao longo da vida esperada do ativo"[11]. Já Weigandt, Kieso e Kell a definem como sendo "o processo de alocação para a despesa do custo do imobilizado durante a sua vida útil (serviço) de forma racional e sistemática"[12]. De acordo com a norma IAS 16, depreciação representa "a alocação sistemática do valor depreciável de um ativo ao longo de sua vida útil"[13].

Antes da revolução industrial, os bens e serviços eram elaborados rudimentarmente em pequenas oficinas e muitas vezes na própria residência do artesão, que fazia uso de ferramentas de porte pequeno

---

11   HENDRIKSEN, Eldon S.; VAN BREDA, Michael F. Teoria da Contabilidade. Tradução: Antonio Zoratto Sanvicente. São Paulo: Atlas, 1999, p. 324.
12   WEIGANDT, Jerry; KIESO, Donald E. e KELL, Walter G. Accounting Principles. 4 ed. New York: John Wiley & Sons 1996. p. 409.
13   NORMAS INTERNACIONAIS DE CONTABILIDADE, 2001. Tradução: INSTITUTO DOS AUDITORES INDEPENDENTES DO BRASIL – IBRACON. São Paulo: IBRACON nº 7, 2001

3 – Depreciação

e baixo valor de aquisição. Com a ampliação do comércio, surgiram as primeiras indústrias, embora ainda seguindo o sistema doméstico, também denominado *putting-out-system*, ou sistema Verlag, citado por Dobb[14], que significa uma produção industrial fora de uma instalação centralizada, nas casas dos próprios artífices. Nesse contexto, os recursos investidos na aquisição de bens para serem utilizados na elaboração de outros bens eram pouco significativos e não causavam preocupação sobre a forma mais justa de sua recuperação.

Com a invenção de equipamentos de produção mais velozes (fiandeira de Hargreaves – 1764, máquina a vapor de James Watt – 1769 e bobina de Kay – 1773), iniciou-se a mecanização da produção seguida de crescimento espantoso, ao mesmo tempo em que a mão de obra começou a ser substituída pela máquina, conforme cita Burns[15]. Toda essa evolução culminou com a Revolução Industrial iniciada na Inglaterra, cuja primeira fase ocorreu na segunda metade do século XVIII. O surgimento das grandes fábricas e da indústria da construção pesada demandaram altos investimentos em ativo imobilizado, necessitando definir uma maneira de recuperar os recursos investidos. Nessa época, desenvolveu-se a contabilidade de custos para estudar os problemas das distorções observadas nas informações contábeis desses tipos de atividades e, com ela, o conceito de depreciação.

Apesar das restrições e críticas feitas à interferência da legislação fiscal na contabilidade, que, em vários aspectos, engessa a atuação dos contadores, deve-se reconhecer o seu pioneirismo em estabelecer tratamentos sistemáticos para alguns temas. É o caso da legislação tributária instituída nos Estados Unidos da América em 1909 (*Corporate Income Tax Act of 1909*) e regulamentação subsequente sobre a depreciação. Foram elas que deram origem à sistematização da sua apuração, à busca de melhores conceitos e ao uso de métodos mais adequados de cálculo, conforme Hendriksen e Van Breda[16].

---

14 DOBB, Maurice H. A evolução do capitalismo. São Paulo: Abril Cultural, 1983. p. 99. (Os economistas).
15 BURNS, Edward M. História da civilização ocidental: do homem das cavernas até a bomba atômica, o drama da raça humana. Porto Alegre: Globo, 1970. p. 506.
16 HENDRIKSEN, Eldon S.; VAN BREDA, Michael F. Op. Cit., p. 23.

A aquisição de um bem imobilizado significa a capacitação da empresa para explorar o seu objeto social e, ao utilizá-lo, levará parcela do seu valor de aquisição para o período correspondente à sua utilização, seja como custo — enquanto se constitui em expectativa de geração de receita — ou como despesa, quando da efetiva geração da receita. Da mesma forma que, em um dado momento, os ativos como um todo representam benefícios futuros, o imobilizado, sendo parte integrante desse todo, também representa. Ou seja, assim como a aquisição de matéria-prima em quantidade extremamente grande beneficiará vários períodos e até exercícios inteiros futuros, também a aquisição de um equipamento de longa vida de duração certamente beneficiará vários exercícios. Em ambos os casos, o valor total da aquisição não é considerado como custo ou despesa, mas somente a parte utilizada ou consumida no período. A parcela da matéria-prima considerada como custo é apenas aquela utilizada no período atual e será segregada e mensurada por requisições emitidas, atendidas e aplicadas em cada período respectivo. De forma semelhante, a segregação e a mensuração da parcela do imobilizado considerada como custo ou despesa é apenas aquela que corresponde ao período e será, portanto, segregada e mensurada através de alocações parciais, como se periodicamente fosse feita uma requisição de um "pedaço" do bem para aplicação na atividade desenvolvida pela entidade. No sentido amplo, a depreciação corresponde ao processo de alocação de custo de um ativo, em geral, para o período em que a empresa auferiu benefícios com a sua utilização. O tratamento deve ser semelhante ao prêmio de seguro para cobertura de sinistro. O seu valor não é totalmente considerado como custo ou despesa no momento de sua contratação ou de seu pagamento, mas sim distribuído em parcelas correspondentes a todo o período abrangido pela cobertura, ou seja, o seu valor total não deve onerar um só período.

A depreciação corresponde à parcela do valor total aplicado na aquisição de bens tangíveis, valor este que abrange não apenas a aquisição propriamente dita, mas também os demais gastos para colocar esses bens tangíveis em operação, exemplificados no item 2.4 do capítulo 2.

Para Lamden[17], "O termo depreciação [...] é uma sistemática e racional alocação do custo histórico de ativos depreciáveis (ativos tangíveis, exceto estoques, com vida útil superior a um ano). Deve ser durante sua vida útil".

Apesar de o livro tratar de ativos tangíveis, que são os ativos que sofrem depreciação, vale a pena tecer algumas considerações sobre outras formas de alocação dos custos a ela equivalentes. Trata-se da amortização e da exaustão ou depleção. A amortização refere-se à importância correspondente à recuperação de gastos efetuados em ativos intangíveis que contribuam para a formação do resultado de mais de um período ou em bens com prazo de utilização, legal ou contratual, limitado; a exaustão ou depleção refere-se à recuperação dos recursos aplicados na aquisição de direitos de exploração de recursos naturais que se exaurem com o tempo. De modo geral, a depreciação se relaciona a bem tangível, a amortização a bem intangível ou gasto aplicado em bens de terceiros e a exaustão ou depleção a bem natural. Todas elas ocorrem em função do desgaste ou perda de utilidade pelo uso, por causas naturais e por obsolescência normal. Por não estarem sujeitos a esses fatores, os terrenos não são depreciáveis, embora possa ocorrer desvalorização por acidentes da natureza, como erosão, alagamento e desmoronamento. Quando ocorrem esses casos, a perda de valor é reconhecida pelo teste de recuperabilidade (*impairment test*), determinado pelo pronunciamento CPC 01.

Glautier & Underdown[18] afirmam que a depreciação pode decorrer de uma:

a) queda no preço;
b) deterioração física;
c) queda no valor; e
d) uma alocação de custos do ativo imobilizado.

---

17 LAMDEN, Charles W. e outros, Accounting For Depreciable Accountants, 1975, p. xi.
18 GLAUTIER M. W. E. e UNDERDOWN B. Accounting Theory and Practice, 5 ed. London: Pitman Publishing, 1994, p. 133.

Tanto a depreciação como a amortização ou a exaustão baseiam-se no valor despendido e no período de sua recuperação, além do valor residual. Para fins de depreciação, esse período corresponde à vida útil do bem, que é definida considerando-se o desgaste pelo uso e por causas naturais e a obsolescência normal; para fins de amortização, considera-se o tempo em que o gasto gerará benefícios; e, em relação à exaustão, o prazo é estabelecido em função do período em que as reservas naturais serão exploradas. Em resumo, os três casos sempre consideram o período de geração de receitas, em harmonia com o retorno econômico da inversão financeira para a constituição daquele bem ou direito. Assim, tanto a depreciação como a amortização e a exaustão devem ser entendidas como parcelas de um gasto que proporcionará benefícios por vários períodos e tais parcelas são consideradas como despesa ou previamente como custo, passando para resultado em seguida.

Em outras palavras, a depreciação é um custo ou despesa que ocorre a partir da aquisição de um bem corpóreo e colocado em condições de uso nas operações da entidade e perde valor no decorrer do tempo. Portanto, ela deve refletir o desgaste do bem pelo uso e pela ação de causas naturais ou pela obsolescência normal, quando aparecem novas tecnologias, fazendo com que o antigo perca valor devido ao surgimento de outro bem que faz a mesma função com mais eficiência.

Já a amortização deve refletir a perda de valor do intangível pelo decurso do prazo de sua utilização, o que pode ser exemplificado com a aquisição de um ponto comercial por prazo determinado, cujo valor inicial corresponde a 100% do valor despendido. Uma vez decorridos os períodos que compõem o prazo total da utilização do direito, o seu valor vai decrescendo até, quando atingida a metade do prazo de utilização, cair para 50%, sendo assim reduzido sucessivamente até chegar a zero quando esgotar o prazo de utilização se, nesse momento, este direito não representar qualquer valor para a entidade. Ou seja, da mesma forma que o valor do imobilizado decresce enquanto o da depreciação cresce, também o valor da amortização vai aumentando ao mesmo tempo em que o valor do intangível vai decrescendo.

Constituem bens ou direitos amortizáveis:
a) patentes de invenção, fórmulas e processos de fabricação, direitos autorais, licenças, autorizações ou concessões;
b) investimento em bens que, nos termos da lei ou contrato que regule a concessão de serviço público, devam reverter ao poder público concedente, ao fim do prazo da concessão, sem indenização;
c) custo de aquisição, prorrogação ou modificação de contratos e direitos de qualquer natureza, inclusive de exploração de fundos de comércio, representados por valor pago a título de luvas ou semelhantes;
d) custos das construções ou benfeitorias em bens locados ou arrendados, ou bens de terceiros, quando não houver obrigação de ressarcimento de seu valor por parte do proprietário;
e) valor dos direitos contratuais de exploração de florestas de propriedade de terceiros.

Não são amortizáveis — e sim depreciáveis — os custos das construções ou benfeitorias realizadas em bens locados ou arrendados de terceiros, quando o contrato de locação ou arrendamento for por prazo de duração indeterminado, ou mesmo tendo o prazo determinado, não vedar à empresa locatária ou arrendatária o direito de ser indenizada pelas benfeitorias realizadas.

Com a exaustão ou depleção o conceito é semelhante. Ocorre a perda de valor do direito de exploração pela extração efetiva do recurso natural, sendo a parcela correspondente mensurada em função do volume total da reserva, ou pelo tempo decorrido, em função do período total de exploração, quer esse tempo seja definido contratualmente, quer seja estimado pelo volume da reserva natural e a capacidade das instalações fabris da empresa processadora do recurso natural existente.

Tanto a depreciação quanto a exaustão ou a amortização propriamente ditas são perdas parciais periódicas de valor de um gasto em ativo com vida útil de longa duração.

No valor de aquisição de um bem imobilizado deve-se considerar duas parcelas distintas:
a) a depreciável, que ocorre em períodos, durante a vida útil; e
b) a residual, que ocorre no final da vida útil do bem, chamada de valor de revenda.

A determinação de cada uma dessas parcelas depende não só do valor despendido na aquisição, mas também do valor de revenda e do período da vida útil. A figura 3.1 apresenta uma visão geral de ambas as parcelas, com as suas decomposições.

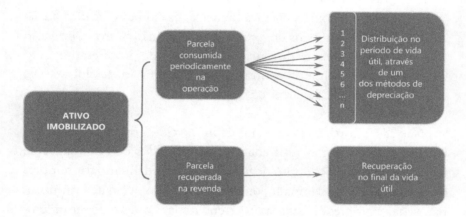

Figura 3.1 Esquema da depreciação de um ativo

Com base na conceituação observada, podem ser estabelecidos quatro aspectos distintos para interpretação da depreciação:
a) Físico – tecnicamente, a depreciação com base no aspecto físico é entendida como a perda de valor decorrente do desgaste ocasionado tanto pelo uso como pela ação dos elementos da natureza. Ambos ocasionam aumento dos custos de operação e manutenção e a consequente redução da capacidade produtiva do bem, o que se reflete nos resultados;

b) *Econômico* – visando estabelecer uma forma para determinar a recuperação do capital investido segundo o desejo do investidor, a depreciação com base no aspecto econômico é representada pela perda de valor resultante da diminuição da capacidade do bem de gerar receitas em função da obsolescência e da sua inadequabilidade. A obsolescência resulta tanto das inovações tecnológicas que tornam antieconômico o uso do bem ou do produto por ele produzido, quanto pela mudança dos hábitos e gostos dos usuários, rejeitando o produto elaborado por aquele bem. A inadequabilidade é proveniente da incapacidade de o bem atender a uma demanda superior àquela pretendida na ocasião de sua aquisição;

c) *Contábil* – de acordo com os conceitos da Contabilidade de Custos, a depreciação do ponto de vista contábil consiste na alocação de parcelas do custo de aquisição a um certo número de períodos, definido tecnicamente e chamado vida útil, que se entende como suficiente para gerar benefícios com eficiência;

d) *Fiscal* – a depreciação para fins fiscais é conceituada semelhantemente ao aspecto contábil, diferenciando apenas na definição dos períodos de vida útil, pois sob este aspecto eles são definidos por média para cada grupo de bens reunidos em um título contábil, independentemente das especificidades inerentes a cada bem e das condições particulares de sua utilização e visa tão somente a atender, de forma simplificada, às exigências da legislação tributária. A sua diferenciação do aspecto contábil anula-se quando é aceito período diferente da média estabelecida, desde que essa prática esteja suportada por laudo de órgão oficial de pesquisa;

No quadro 3.4 abaixo, composto por uma amostra com dez empresas brasileiras de grande porte, pode se comprovar a importância e a relevância da depreciação, observando-se a relação **despesa de depreciação** *versus* **resultado do exercício.** Tais dados constam das respectivas Demonstrações contábeis do exercício findo em 31 de dezembro de 2020.

Quadro 3.4 – Relação entre Despesa de depreciação e Resultado do exercício

Empresa	Resultado do exercício	Despesa de depreciação	Proporção
Petrobras	6.246.000	58.305.000	933,48%
CVRD	27.926.988	16.679.216	59,72%
Telefónica	6.008.234	11.227.498	186,87%
Ambev	11.731.909	5.167.350	44,05%
Gerdau	2.388.054	2.499.104	104,65%
CSN	4.030.710	1.232.473	30,58%
Usiminas	1.291.743	1.000.223	77,43%
Sabesp	1.326.002	2.037.112	153,63%
Votorantim	-1.474.000	3.293.000	- 223,41%
Oi	-14.086.659	4.341.705	- 30,82%

Fonte dos dados:
SABESP: (https://ri.sabesp.com.br/informacoes-financeiras/central-de-resultados/)
VOTORANTIM: (http://ri.votorantim.com.br/informacoes-financeiras/central-de-resultados/)
DEMAIS: CVM (https://www.gov.br/cvm/pt-br)

Pode ser observado que apenas quatro das empresas apresentam o encargo da depreciação inferior ao lucro líquido do exercício, entre 30,58% e 77,43%. Em todas as demais, a depreciação é superior. Isso significa que, desconsiderando-se a depreciação do período, essas empresas teriam uma melhora significativa no resultado, a saber: Petrobras, 9,33 vezes maior; Telefónica, 1,87; Sabesp, 1,54; e Gerdau, 1,05; sem contar a melhora no resultado das que apresentam resultado negativo (Votorantim reverteria o prejuízo e Oi o reduziria em 30,82%), modificando completamente o seu resultado.

A depreciação sobre o ativo imobilizado provoca efeitos significativos nos resultados das empresas. Deve-se ressaltar que nas demonstrações contábeis do exemplo não constam valores destacados referentes à amortização e à exaustão, podendo-se admitir que as três rubricas estão englobadas. Entretanto, isso não diminui a significatividade da depreciação sobre os resultados das empresas.

Tendo em vista que o encargo de depreciação é dedutível para efeito de tributação, quando se atribui uma vida útil maior ao ativo, sua taxa de depreciação é menor e o lucro da empresa será maior, resultando em maior imposto devido; o contrário se verifica quando a vida útil do ativo é menor, ou seja, a taxa de depreciação é maior e o lucro é menor, com redução no valor do imposto. Assim, as empresas são incentivadas a adotar vida útil menor para seus ativos a fim de aproveitar um benefício de menor imposto. Entretanto, com a redução do lucro, fica reduzida a distribuição de dividendos, prejudicando os acionistas. É importante lembrar que o benefício fiscal é apenas temporal, pois a antecipação da depreciação hoje significa menor depreciação no futuro uma vez que é impossível depreciar mais de 100% do valor de aquisição do ativo. Ou seja, o imposto menor de hoje se constituirá em imposto maior no futuro.

A atualização da legislação societária harmonizou os conceitos contábeis brasileiros com os internacionais e exigiu que tal harmonização não ocasionasse efeitos fiscais. Em cumprimento a tal determinação, a Receita Federal do Brasil – RFB, através da Instrução Normativa (IN) nº 1.700, passou a permitir tratamento diferenciado no caso da depreciação. Ou seja, na contabilização da depreciação, é possível utilizar a vida útil econômica maior, estimada em função de avaliação técnica, sem perder o benefício da vida útil menor. A empresa deverá efetuar o ajuste das diferenças e controlar os respectivos valores decorrentes de tal ajuste no Livro de Apuração do Lucro Real – LALUR e no Livro de Apuração da Contribuição Social – LACS. Como consequência, no caso de vida útil maior, a depreciação será menor, o lucro contábil maior e a distribuição de dividendos maior, sem aumento da tributação pela possibilidade de continuar utilizando as taxas fiscais de depreciação e apurando lucro real (tributável) menor. Quando a taxa de depreciação estabelecida é maior do que a fiscal, é necessário um laudo técnico atestando tal condição para que ela seja utilizada contábil e fiscalmente.

3.2 Vida útil

Vida útil é o período estimado durante o qual o bem patrimonial pode ser utilizado economicamente em condições normais de uso, sem considerar dano ou destruição por acidente.

Segundo a norma IAS 16, "vida útil é:
a) o período durante o qual se espera que o ativo seja usado pela entidade, ou
b) o número de unidades produzidas ou unidades semelhantes que se espera sejam obtidas pelo uso do ativo pela entidade."[19]

Como definido anteriormente, as parcelas da depreciação são função do tempo em que o bem proporcionará benefícios para a entidade ou do volume total de produção que o bem pode alcançar; esse tempo ou volume total é chamado de vida útil. Assim, o número de períodos em que se processa a depreciação é função da vida útil do bem ou do volume de produção proporcionado ou obtido no período em relação à sua capacidade total.

A legislação fiscal brasileira define o período de vida útil de cada classe de bens independentemente das formas de utilização e das condições existentes no ambiente em que eles são utilizados. A modificação de tais períodos, especialmente para menos, provocando taxas de depreciação maiores, é aceita pelo órgão fiscal desde que o contribuinte faça prova dessa adequação, prova esta normalmente baseada em laudo técnico. Deve ser lembrado que laudos emitidos por empregados ou dirigentes da empresa redefinindo a vida útil dos bens e, como consequência, estabelecendo as taxas diferenciadas de depreciação, não são aceitos pelas autoridades fiscais; além disso, os laudos emitidos por terceiros especializados são passíveis de contestação pelas mesmas autoridades. Nessa hipótese, deve-se recorrer à perícia de instituto oficial ou de empresa especializada que disponha de técnicos

---

19 NORMAS INTERNACIONAIS DE CONTABILIDADE, 2001. Tradução: INSTITUTO DOS AUDITORES INDEPENDENTES DO BRASIL – IBRACON. São Paulo: IBRACON nº 7, 2001.

com reconhecida capacidade e experiência, para que emitam laudo circunstanciado com base nos preceitos estabelecidos nas normas técnicas a fim de evitar a contestação. Igual tratamento é dispensado aos bens utilizados exclusivamente na exploração de minas, jazidas e florestas cujo prazo de exploração seja inferior àqueles fixados pelas autoridades fiscais como a vida útil de tais bens.

A definição da vida útil de um bem deve ser estabelecida em função não só da indicação do fabricante, mas também da velocidade da evolução tecnológica do setor e das condições e formas de sua utilização, pois uma política de manutenção eficiente prolonga a vida útil e, em contrapartida, manutenção deficiente a reduz; contratos de fornecimento de produtos ou de serviços com prazos rígidos de entrega podem obrigar o uso ininterrupto de um bem sem condições de efetuar a manutenção adequada das instalações, que resultarão no encurtamento da vida útil.

A amplitude do termo vida útil implica não se restringir apenas a esses aspectos. Nesse sentido, por que não considerar também outros, tais como:

a) político, em que uma instabilidade política pode evidenciar a tendência de nacionalização ou estatização das empresas, o que provocaria a redução da vida útil dos bens ativos das empresas sujeitas a esses riscos;

b) ambiental, em que a evolução da legislação relativa à atividade na qual o bem está sendo utilizado pode desativá-lo prematuramente, independentemente do aspecto de responsabilidade social da empresa, que deve ser superveniente.

Portanto, a vida útil deve estar relacionada com a utilização econômica do bem e não apenas com a sua durabilidade física. O importante é verificar o período em que o bem possa ser utilizado em função do investimento inicial efetuado e considerando-se todos os fatores influentes, inclusive a manutenção e os reparos previstos originalmente.

Segundo o *IASC – International Accounting Standards Committee* (Comitê Internacional de Padronização Contábil), o período de vida útil dos ativos deve ser revisto periodicamente, ajustando-se as taxas de depreciação, obrigação esta ratificada pela legislação societária brasileira.

Com base em todos esses fatores é que deveriam ser estabelecidos os períodos de vida útil e, como consequência, definidas as taxas de depreciação mais adequadas a serem utilizadas para efetuar os registros contábeis e apurar o resultado societário. Além disso, as taxas definidas pelo órgão fiscal devem ser aplicadas para a determinação dos impostos, conforme descrito em 3.1 acima.

3.3 Valor residual

Os bens tangíveis podem apresentar um valor de revenda ou de sucata no mercado ao final da sua vida útil, o qual é denominado valor residual. Esse mercado deve ser o de bens usados e o valor residual associado é normalmente um percentual do valor do custo de aquisição. O valor residual pode ser positivo, nulo ou mesmo negativo, dependendo do valor da venda e dos respectivos custos inerentes. O valor residual será positivo se os custos associados ao valor de revenda forem menores; será nulo se não tiver valor de revenda e nem custos a ela inerentes, ou se o valor da revenda for igual a esses custos; e será negativo se os custos adicionais para sua desmontagem ou retirada da produção ao final da vida útil do ativo ultrapassarem o valor da sua venda. O valor residual deve ser estimado na data de aquisição do ativo imobilizado e deverá incluir todos os gastos necessários para desativação e venda do ativo, tais como gastos da desmontagem, reparos, embalagem, frete e comissões de venda. Isso pode ocorrer quando é necessário prevenir danos ao meio ambiente e à sociedade ou por cláusula contratual nas concessões.

A norma IAS 16 define o valor residual como sendo "o montante líquido que a entidade espera obter por um ativo no fim de sua vida útil, depois de deduzir os custos esperados para vender o ativo".[20] Atualmente, isso ocorre com mais frequência e com valores mais significativos, tendo em vista a diversificação das concessões de exploração de serviços públicos e a rígida regulamentação das questões ambientais. Podem ser citadas como exemplos as usinas nucleares e as plataformas de exploração e produção de petróleo e gás devido ao custo associado à sua desativação. Mais exemplos incluem as explorações de ferrovias e rodovias em que o poder concedente obriga a concessionária a devolver os bens cedidos em condições semelhantes àquelas em que se encontravam na data da sua concessão ou a indenizar por valor equivalente ao desgaste.

O valor residual pode ser alterado ao longo do tempo com base em modificações no mercado de bens usados.

Do ponto de vista contábil, não deve ser depreciado 100% do valor do bem quando o valor residual for positivo, levando em consideração todos os gastos da desimobilização. Assim, do valor de aquisição deve ser subtraído o valor residual, devendo apenas o resultado obtido ser depreciado por um dos métodos. Se o valor de revenda for inferior ao custo para efetuá-la, o valor residual resultará negativo. Nesse caso, deve ser considerado um valor residual nulo, que limite o valor da depreciação ao de aquisição, de modo que não seja depreciado mais de 100% do valor do bem, sendo a diferença levada ao resultado por ocasião de sua alienação.

O estabelecimento do valor residual deve ser definido por uma pesquisa que considere os seguintes fatores:
a) condições operacionais;
b) dados observados em bens da mesma espécie;
c) conhecimento específico do pessoal envolvido;
d) comportamento do mercado de bens usados, na época;
e) valor de reforma em bem idêntico com prazo de vida útil esgotado.

Um exemplo de amplo conhecimento público é o valor do automóvel popular. Em uma pesquisa rápida realizada em março de

---

20 Ibidem.

2022 considerando diversas marcas, detectou-se um valor médio de R$61.765,00 para a aquisição de um modelo novo e de R$41.888,00 para a revenda do mesmo modelo com 5 anos de uso. Essa diferença de preço corresponde a 67,82%, o que significaria uma depreciação de apenas 32,18% do valor de aquisição.

Por se tratar de uma tabela de preço de venda conceituada e amplamente utilizada pelo mercado (Tabela FIPE), além do fato de a amostra ser predominantemente composta por ofertas de revendedores, deve-se considerar um veículo em bom estado de conservação e, como consequência, a ocorrência de gastos com a realização de pequenos reparos, garantia e comissão de vendas, suportados pelo revendedor, além do lucro também do revendedor, que pode ser estimado em 20%, gastos esses não suportados pelo proprietário que o vendeu. Assim, o valor de revenda a ser recebido pelo usuário após 5 anos de uso pode ser estimado em R$33.510,00 (R$41.888,00 – 20%), equivalente a 54,25% do valor de aquisição do bem novo.

Quadro 3.5 – Pesquisa de mercado de automóvel popular

Marca	Preço 2022 (novo)	Preço 2017 (usado)	Proporção
Gol	70.305	37.617	53,51%
Fiat	70.009	42.485	60,69%
Onix	61.501	46.644	75,84%
Kwid	50.542	36.914	44,05%
Peugeot	56.469	45.780	73,04%
Soma	308.826	209.440	67,82%
Média	61.765	41.888	67,82%

Fonte dos dados: Tabela FIPE – Fundação Instituto de Pesquisas Econômicas da USP – Universidade de São Paulo, em março/2022.

Ao depreciar 100% do valor de aquisição do bem exemplificado, ao final da sua vida útil ele estará com o seu valor contábil zerado; no entanto, o mercado o avalia em torno de R$33.510,00, o que indica que os demonstrativos contábeis da empresa não estão refletindo o valor real do seu patrimônio. Imaginando-se uma grande empresa locadora de veículos com uma frota de 1.000 unidades, estando todas as unidades nas mesmas condições (mesmo valor e data de aquisição), o saldo da conta seria zero, mas o valor de mercado desse grupo do ativo imobilizado seria de R$33.510.000,00, valor muito expressivo para ser desprezado.

Em pesquisa de preço semelhante efetuada no início da década de 2010, o valor médio de aquisição de um veículo popular novo de diversas marcas estava em torno de R$20.000,00 e o valor de revenda de um similar com 5 anos de uso era de R$8.000,00. Usando o mesmo conceito de gastos e lucro do revendedor, o valor de revenda para o proprietário seria de R$6.400,00, correspondendo o seu valor residual a 32% do valor de aquisição de um novo. Isso significa que, tecnicamente, o valor depreciável é 68% do valor de aquisição, ou seja, R$13.600,00.

Esse raciocínio, de fato bastante simplificado, aplica-se a todos os bens tangíveis do ativo imobilizado, com exceção de terrenos.

A pesquisa para se definir o valor residual deve concentrar-se em bens com a idade efetiva que coincida com o final do período da depreciação que será utilizado e não com o final daquele em que se pretende desimobilizar o bem. Isso sinaliza para a necessidade de revisão periódica dos valores estabelecidos, com registro das alterações, como recomenda a norma.

Em qualquer época, até o final do período de depreciação, pode-se proceder a novas pesquisas para detectar alterações no mercado que possam alterar o valor dos bens e a sua vida útil remanescente e, se ocorrerem tais mudanças, reconhecê-las contabilmente. Quando a mudança de valor for para menos, aumentar o saldo depreciável e ajustá-lo à vida útil remanescente. Quando a alteração for para mais, duas situações podem ocorrer: uma delas é a pesquisa indicar um valor residual que seja ainda menor do que o valor contábil (aquisição menos depreciação) naquela data, o que provocará apenas aumento do valor residual atual e a consequente redução do valor depreciável, ajustável à vida útil remanescente; a outra hipótese é a pesquisa indicar um valor residual que seja maior do que o saldo contábil, o que não ensejará qualquer providência, a não ser suspender a depreciação e aguardar o momento da alienação do bem e reconhecer o ganho auferido.

Assim, independentemente da idade correspondente à vida útil definida fiscalmente, o valor residual deve representar o valor do bem com idade igual ao do final do período em que se procederá à depreciação. Desse modo, um trator cuja vida útil fiscal é de 4 anos, com taxa anual de depreciação de 25%, deve ter o seu valor residual determinado por pesquisa em tratores semelhantes com idade de 4 anos, se for utilizada a taxa de 25% ao ano. Porém, se a vida útil for estabelecida tecnicamente em 10 anos, e, em função disso, for utilizada a taxa anual de 10%, a pesquisa para definir seu valor residual deverá ser efetuada em tratores com 10 anos de vida útil decorrida. Por outro lado, se, por condições contratuais, a empresa pretender alienar esse bem ao final de 2 anos utilizando a taxa anual de depreciação de 50%, deverá efetuar a pesquisa em bens com 2 anos de uso. Porém, se a decisão de alienar o bem em 2 anos tiver como base condições operacionais severas com desgaste acelerado, a comparação deve continuar sendo com bens com a mesma idade (2 anos), mas sem desprezar o estado em que o bem se encontrará nas condições severas de uso a que será submetido no período.

De modo análogo, se decorrido o período de depreciação e a empresa estabelecer um novo prazo para desimobilizar o bem, o valor residual deverá ser definido para a nova data, e a diferença entre o novo valor e o valor anteriormente estabelecido deverá ser depreciada pelo período acrescido, pois a depreciação está limitada ao valor da aquisição e não a um prazo máximo.

Conclui-se que, no momento do registro de uma aquisição, deve ser feita uma pesquisa no mercado de bens com as mesmas características do adquirido, ao final da sua vida útil, cuidando para que esta seja considerada a do período correspondente à utilização da taxa de depreciação a ser aplicada e, posteriormente ajustada para períodos excedentes. A pesquisa deve desconsiderar os valores das melhorias agregadas em um e não existentes no outro, bem como a existência de condições anormais, como retração de mercado que provoca liquidações a preços mais baixos para "desova" de estoques, normalmente presentes no modelo novo e não no usado. Só após considerar todos os fatores que influenciam o preço é que será determinado o valor residual do bem adquirido.

Na prática, é possível depreciar 100% do valor de aquisição do bem uma vez que as autoridades fiscais permitem tal benefício, embora seja tecnicamente indevido sob o aspecto contábil. Apesar de ser mais trabalhosa, a prática correta consiste em segregar o valor residual e depreciar apenas a parcela depreciável para efeitos contábeis, calcular a depreciação sobre o valor integral para efeitos fiscais e controlar no LALUR e no LACS, conforme comentado no item 3.1.

Tomando como exemplo um veículo usado, do seu preço médio anunciado para venda deve-se abater 20% para definir o preço médio de compra, que é o valor a ser obtido por um proprietário que deseje vender o seu veículo sem a intermediação de um revendedor, uma vez que o preço anunciado nos jornais pelos vendedores (empresas revendedoras em sua maioria) abrange eventuais descontos, custos de reparos, pequeno prazo de garantia, impostos e margem de lucro. Assim, o preço obtido na venda de um veículo efetuada pelo usuário para uma revendedora deve contemplar uma margem para cobrir aqueles itens citados, que são encargos da própria revendedora. Isso significa que o anúncio feito por uma revendedora para a venda de um veículo pelo preço de R$10.000,00 indica que ele deve ter sido adquirido por R$8.000,00 (custo da revendedora e valor pago ao proprietário), uma vez que, na ocasião, devem ter sido considerados gastos de aproximadamente R$500,00 em pequenos reparos ou retoques e R$500,00 concedidos na forma desconto, além de R$1.000,00 para garantia, impostos e lucro.

A pesquisa para definir o valor residual do automóvel ou o seu valor de revenda ao final da sua vida útil deve se restringir apenas ao tipo que foi adquirido, e a mesma metodologia pode ser utilizada para os demais bens por ocasião de sua aquisição.

Os meios e as formas utilizadas para a determinação de valor residual em épocas diferentes consideram os veículos de divulgação e os dados disponíveis em cada uma dessas épocas. Podem ser adotadas formas bem sofisticadas e mais precisas de avaliação de bens, porém elas são mais trabalhosas e requerem mais tempo e mais recursos para sua realização. Além disso, a precisão proporcionada por métodos mais sofisticados é excessiva e, portanto, desnecessária para uma determinação aproximada do valor residual a ser considerado por ocasião do registro da aquisição de um bem. As formas simples atendem plenamente a essa necessidade, tendo em vista que o valor residual — tal como a vida útil remanescente e a taxa de depreciação — deve ser revisto periodicamente.

Outra alternativa para se avaliar um bem ao final da sua vida útil é a diferença entre o valor de aquisição de outro novo e o custo de sua reforma para torná-lo tão eficiente quanto o novo. Esse custo pode ser definido através de um orçamento para executar a reforma, através de uma pesquisa de preço entre os fabricantes das peças e componentes e dos fornecedores de mão de obra especializada para tal.

Uma mandrilhadora trabalhando dia e noite durante 22 anos passou por um processo de *retrofit*, ou seja, sofreu uma reforma que permitiu torná-la "novinha em folha", e o valor dessa reparação limitou-se a 30% do preço de aquisição de outra nova, que custa pelo menos € 5 milhões[21]. Significa dizer que o valor residual dessa máquina estaria em torno de € 3,5 milhões, correspondentes ao valor da nova menos o gasto efetuado na usada. Entretanto, deste valor deve-se descontar € 1,5 milhão como risco e lucro do comprador, além da desvalorização natural de um bem usado, embora totalmente reformado e com a mesma eficiência do novo. Assim, nessas condições, € 2,0 milhões seria o valor a ser considerado como residual.

---

21 NAKAMURA, Patrícia. Reparação é novo nicho para múltis no país. São Paulo: Jornal: Valor – Seção: Empresas & Indústria – Edição Nacional de 10/08/06, p. B1.

3.4 Métodos de depreciação

O cálculo da depreciação envolve os problemas de definição da vida útil, do valor residual e da escolha do método a ser utilizado. Os primeiros problemas foram tratados nos itens anteriores e o último é o objetivo deste.

Segundo o IASC – *International Accounting Standards Committee* (Comitê Internacional de Padronização Contábil), pode ser utilizado qualquer método de depreciação, desde que o escolhido seja aplicado com uniformidade.

Existem vários métodos de depreciação, sendo os principais aqueles caracterizados por quotas, que podem ser constantes, variáveis, crescentes e decrescentes.

a) Quotas constantes ou lineares: também conhecido como o método da depreciação em linha reta, é o que utiliza valores constantes a cada período, considerando apenas o tempo decorrido e não a intensidade maior ou menor do uso do bem, além de admitir a mesma eficiência do bem durante todos os períodos de sua vida útil, desde o primeiro até o último. Ele é o mais utilizado de todos pela simplicidade de cálculo e funcionamento, além de ser aceito pela legislação fiscal, sem contestação, dentro dos parâmetros por ela definidos, conforme item 3.6 adiante. Este método está longe de representar a realidade dos fatos porque variações mais ou menos acentuadas no volume de produção não alteram o valor da quota do período, embora possam alterar a sua vida útil, causando um descompasso entre a depreciação acumulada e a duração do bem. Para atenuar tal deficiência, apesar de não a eliminar, podem ser utilizados coeficientes aceleradores da depreciação, como será visto adiante. Por este método, quanto menor a vida útil, maior é o valor da parcela levada para o resultado, sendo esta menor quando a vida útil é maior.

b) quotas variáveis: significa que os valores de cada período são proporcionais ao volume produzido pelo bem imobilizado, admitindo-se que o desgaste é efetivamente devido ao uso e não ao tempo. Por este método, o valor da parcela de depreciação é proporcional ao volume de produção, o que resulta em maior valor da parcela nos períodos de maior produção, reduzindo consequentemente a vida útil do ativo; ao contrário, nos períodos de menor produção, o valor da parcela é menor, com o consequente aumento da vida útil. O método das quotas variáveis prioriza a intensidade do uso e não simplesmente o decurso do tempo, transformando a depreciação de um custo classificado como fixo para variável. Significa que o desgaste é mais importante que a obsolescência econômica. É um método muito mais condizente com a realidade e, portanto, muito utilizado nas decisões com foco gerencial, porém pouco usado sob o aspecto contábil.

c) *quotas crescentes*: trata-se do método que leva em consideração o menor desgaste nos primeiros períodos de vida útil e o maior nos últimos. Assim, a depreciação deve ser maior nesses últimos e menor nos primeiros anos. Este método baseia-se na mesma metodologia dos fundos de amortização (*sinking funds*), em que o valor de cada parcela é depositado em um fundo remunerado a uma determinada taxa, de modo que ao acumular o depósito das parcelas subsequentes e respectivos rendimentos, será atingido o valor total desejado ao final do período, determinando-se o valor presente de cada parcela que resultará no valor futuro, correspondente ao total a ser depreciado. Significa que o valor da parcela da depreciação é igual àquela que, se depositada em um fundo durante os períodos da vida útil do bem a uma taxa de remuneração definida, somaria o valor total depreciável mais a respectiva remuneração auferida em cada período. Ou seja, a parcela de depreciação é composta de uma parte fixa correspondente ao valor presente das parcelas e de outra variável correspondente à remuneração do saldo acumulado. O seu cálculo utiliza duas fórmulas financeiras — uma para a determinação da parcela fixa e outra para a da parcela variável.

d) Uma forma mais simplificada de cálculo, denominada soma dos algarismos dos períodos, é a utilização de uma fração do valor depreciável, cujo denominador é a soma dos dígitos representativos da vida útil e o numerador é o dígito representativo do ano, correspondendo cada dígito ao período respectivo.

e) Exemplificando com um bem cuja vida útil é de 10 anos, os numeradores das frações serão: 1º ano = 1, 2º ano = 2, [...], 9º ano = 9 e 10º ano = 10; o denominador das frações será representado pela soma dos números correspondentes aos anos da vida útil do bem, no caso, 55, que é igual a 1+2+, [...], + 9+10.

f) Em outro exemplo com um bem cuja vida útil é de 5 anos, os numeradores das frações serão: 1º ano = 1, 2º ano = 2, 3º ano = 3, 4º ano = 4 e 5º ano = 5; o denominador das frações será representado pela soma dos números correspondentes aos anos da vida útil do bem, no caso, 15, que é igual a 1+2+3+4+5.

g) Semelhantemente ao método das quotas constantes, este método define que quanto menor a vida útil do bem, maior será o valor das parcelas e quanto maior a vida útil, menor será o valor.

h) *quotas decrescentes*: este método baseia-se no fato de que um bem, ao sair do fabricante ou do seu representante, mesmo que sem qualquer uso, apresenta perdas de valor de revenda mais acentuadas nos primeiros do que nos últimos anos, independentemente dos demais fatores. Assim, os primeiros períodos de sua respectiva vida útil devem receber os valores maiores e os últimos períodos devem receber os valores menores, pois no caso de alienação do bem antes do final da vida útil, o valor da venda estará provavelmente mais próximo do valor contábil. A adoção deste método aproxima a soma dos custos de manutenção e depreciação da entidade a uma uniformização, tendo em vista o comportamento contrário de ambos, sendo crescente o custo de manutenção e decrescente o de depreciação. Significa que se os custos de manutenção durante toda a vida útil do bem forem iguais aos da depreciação total acumulada (sejam eles com valor residual ou não), eles seriam representados por duas retas com a mesma inclinação, ou seja, a reta da depreciação descendente, começando no valor máximo e terminando no mínimo, e a reta dos custos de manutenção ascendente, iniciando no mínimo e terminando no valor máximo em relação à variação da vida útil. Desse modo, se fosse traçada uma terceira reta para representar a soma dos dois custos, ela seria paralela ao eixo horizontal, representante da vida útil do bem, e estaria na mesma altura do valor máximo de ambos os custos (tanto o de manutenção quanto o de depreciação), que, no exemplo, foram admitidos como iguais. Com isso, mantém-se a uniformidade de valor do custo em cada período, já que quando um é máximo o outro é mínimo e vice-versa, podendo o efeito ser visualizado no gráfico da figura 3.2 a seguir.

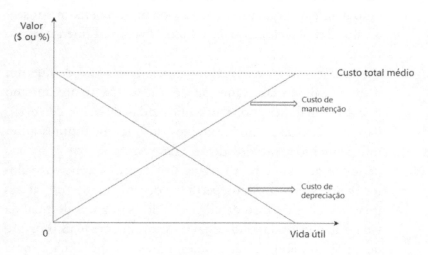

Figura 3.2 Comportamento dos custos de depreciação (decrescentes) e de manutenção (crescentes)

3 – Depreciação

O seu cálculo é semelhante ao anterior. Pela forma mais simplificada, basta alterar a ordem de utilização do numerador da fração (1º ano = 10, 2º ano = 9, [...], 9º ano = 2, 10º ano = 1, para um bem com 10 anos de vida útil, ou 1º ano = 5, 2º ano = 4, 3º ano = 3, 4º ano = 2 e 5º ano = 1, para bem com 5 anos de vida útil; o denominador das frações será, no caso, 15, que é igual a 1+2+3+4+5.

Outra forma de depreciação por quotas decrescentes, denominada método exponencial, corresponde a um percentual fixo aplicado sobre o valor contábil do bem, que corresponde ao valor de aquisição menos a depreciação acumulada. O percentual a ser aplicado sobre o valor do saldo contábil é definido pela fórmula:

$$Pp = 1 - \sqrt[n]{\frac{R}{A}}$$

em que:
Pp = percentagem do período
n = períodos da vida útil
R = valor residual
A = valor de aquisição

Um bem adquirido por R$20.000,00 com valor residual de 35% e vida útil de 5 anos teria o percentual de 18,9387% a ser aplicado sobre os saldos, conforme demonstrado a seguir.

$$Pp = 1 - \sqrt[5]{\frac{7.000}{20.000}}$$

$$Pp = 1 - \sqrt[5]{0,35}$$

$$Pp = 1 - 0,810613$$

$$Pp = 0,189387 \; ou \; 18,9387\%$$

O uso deste método exige a adoção de valor residual, o que não permite a depreciação do valor integral. Ao final da vida útil do bem, este método apresenta diferenças muito grandes entre os valores das parcelas inicial e final quando o valor residual é muito pequeno e a vida útil curta, inviabilizando sua adoção. Por exemplo, o bem exemplificado acima com valor residual de 35% do seu valor de aquisição tem a primeira parcela anual de depreciação com o valor R$3.787,74, pouco inferior a 20% do valor de aquisição do bem, e a quinta e última com o valor de R$1.635,44, pouco superior a 8% do valor de aquisição. Entretanto, se o valor residual for de 3,5% do valor de aquisição (ou seja, R$700,00) e o tempo de vida útil for mantido o mesmo, o valor da primeira parcela será de R$9.770,75, próximo de 50% do valor de aquisição, e o da última será de R$668,63, próximo de 3%, o que não apresenta valores próximos da realidade nem é aceito pelas autoridades fiscais da maioria dos países.

É importante lembrar que a observação quanto ao valor das quotas em relação ao período de vida útil definida pelo método das quotas crescentes também se aplica a este método, ou seja, o valor das parcelas de depreciação é menor para períodos maiores e maior para períodos menores.

O método descrito no item "c" acima pode ser utilizado para períodos mensais tanto pela metodologia dos fundos de amortização (*sinking funds*) quanto pela forma simplificada (fração ordinária), apesar de aumentar o trabalho e a complexidade dos cálculos, requerendo conhecimento matemático de progressão aritmética, além de tornar imaterial o valor da quota do 1º mês. Atualmente, mesmo nos períodos de vida útil mais longa, a primeira dificuldade — referente aos cálculos — tornou-se bastante facilitada com o uso de planilhas eletrônicas.

Adotando a forma simplificada pelo método crescente, ou o valor da quota do último mês segundo o método decrescente, o numerador é 1 e o denominador é um número elevado. Para bens de 60 meses (5 anos) de vida útil, os numeradores das 60 frações representantes de cada mês seriam a sequência de 1 a 60 (no método das quotas crescentes) ou de 60 a 1 (no método das quotas decrescentes) e o denominador para ambos os métodos seria o somatório dos termos da sequência de 1 a 60, o que resultaria em 1.830. Assim, pelo método das quotas crescentes, o 1º mês teria um valor de depreciação de 1/1.830 do valor depreciável (valor de aquisição menos valor residual), o 2º seria 2/1.830 do valor e assim sucessivamente até o 59º mês em que a fração seria 59/1.830 e o 60º mês (último) em que a fração seria 60/1.830 do valor. De acordo com o método das quotas decrescentes, a sequência seria contrária, ou seja, 60/1.830 do valor para o 1º mês, 59/1.830 para o 2º mês, 2/1.830 para o 59º mês (penúltimo) e 1/1.830 para o 60º mês (último).

Se tomarmos um bem com vida útil de 10 anos, os numeradores seriam da mesma forma de 1 a 120 e o denominador seria 7.260. Segundo a metodologia dos fundos de amortização, o valor da primeira quota é menor e o da última quota é maior pelo método crescente, pois as quotas representam o valor presente de frações com o mesmo denominador (alto).

Tomando-se o exemplo de um bem com capacidade total de produção de 150.000 unidades durante sua vida útil que é de 5 anos, cujo valor de aquisição é de R$7.500,00 e com valor residual de R$1.500,00, resultando em um valor depreciável de R$6.000,00, seriam estabelecidas as quotas periódicas de depreciação, de acordo com cada um dos métodos, como segue:

a) *quotas constantes*: distribuição do valor depreciável em função exclusivamente do tempo.

$$\text{Valor da quota periódica} = \frac{\text{valor depreciável}}{\text{vida útil (anos ou meses)}}$$

$$\text{Valor da quota anual} = \frac{R\$6.000}{5 \text{ anos}} = R\$1.200/\text{ano}$$

$$\text{Valor da quota mensal} = \frac{R\$6.000}{60 \text{ meses}} = R\$100/\text{mês}$$

b) *quotas variáveis*: valor definido de acordo com a produção real do período. Supondo-se uma produção uniforme em cada período, ocorreriam 30.000 un./ano ou 2.500 un./mês, e os valores seriam os mesmos da depreciação pelo método de quotas

$$\text{Valor da quota unidade} = \frac{\text{valor depreciável}}{\text{Total de unidades durante a vida útil}}$$

Valor da quota por unidade = R$6.000 ÷ 150.000 un. = R$0,04/un.

Valor da quota anual = R$0,04/un. × 30.000 un./ano = R$1.200,00/ano

Valor da quota mensal = R$0,04/un. × 2.500 un./mês = R$100,00/mês

Pode-se utilizar qualquer valor diferente, de acordo com a produção real do período. Em um ano com produção de 28.000 unidades, o valor da quota seria de R$1.120,00, resultante de R$0,04/un. × 28.000 un. Em outro ano com 35.000 unidades produzidas, o valor seria de R$1.400,00, resultado de R$0,04/un. × 35.000 un., valendo o mesmo raciocínio para os cálculos mensais, o que caracteriza quotas variáveis, em função da variação no volume de produção de cada período.

c) *quotas crescentes (forma simplificada)*: valor definido em função de frações que têm o mesmo denominador, obtido pela soma dos números representativos dos períodos; os numeradores correspondem a cada mês respectivo.

Valor das quotas anuais: Valor depreciável ×1/15... 5/15

1ª quota: R$6.000 × 1/15 = R$ 400,00
2ª quota: R$6.000 × 2/15 = R$ 800,00
3ª quota: R$6.000 × 3/15 = R$ 1.200,00
4ª quota: R$6.000 × 4/15 = R$ 1.600,00
5ª quota: R$6.000 × 5/15 = R$ 2.000,00

3 – Depreciação

Valor das   Valor depreciável × 1/1.830 ... 60/1.830
quotas mensais:

1ª quota: R$6.000 × 1/1.830 = R$ 3,28
2ª quota: R$6.000 × 2/1.830 = R$ 6,56
3ª quota: R$6.000 × 3/1.830 = R$ 9,84

.

.

.

58ª quota: R$6.000 × 58/1.830 = R$ 190,16
59ª quota: R$6.000 × 59/1.830 = R$ 193,44
60ª quota: R$6.000 × 60/1.830 = R$ 196,72

d) *quotas crescentes (metodologia dos fundos de amortização)*: valores definidos segundo a fórmula de amortização vista anteriormente, com taxa de remuneração de 20% ao ano.

Valor das
quotas anuais:

$$P = (A - R) \times \frac{i}{(1+i)^n - 1}$$

$$P = (7.500 - 1.500) \times \frac{0,20}{(1+0,20)^5 - 1}$$

$$P = (6.000) \times \frac{0,20}{2,4883 - 1}$$

P = 6.000 × 0,13438
P = 806,278
1ª quota: 806,278 + 0   =   806,28
2ª quota: 806,278 + 161,266 =   967,53
3ª quota: 806,278 + 354,763 = 1.161,04
4ª quota: 806,278 + 586,973 = 1.393,25
5ª quota: 806,278+865,623 = <u>1.671,90</u>
                                           6.000,00

Valor das
quotas mensais:

A taxa anual de 20% de remuneração é equivalente à taxa mensal de 0,01530947%

$$P = (7.500 - 1.500) \times \frac{0,01530947}{(1 + 0,01530947)^{60} - 1}$$

$$P = (6.000) \times \frac{0,01530947}{(2,48832 - 1)}$$

P = 6.000 × 0,0102864
P = 61,7184

1ª quota: 61,718 + 0,000   =   61,72
2ª quota: 61,718 + 0,945   =   62,66
3ª quota: 61,718 + 1,904   =   63,62
.
.
.
58ª quota: 61,718 + 85,014 =   146,73
59ª quota: 61,718 + 87,260 =   148,98
60ª quota: 61,718 + 89,541 =   <u>151,26</u>
                                6.000,00

e) *quotas decrescentes*: valor definido em função de frações que têm o mesmo denominador, obtido pela soma dos números representativos dos períodos; os numeradores correspondem a cada mês respectivo, só que na ordem inversa.

Valor das   Valor depreciável × 5/15 ... 1/15
quotas anuais:

1ª quota: R$6.000 × 5/15 = R$2.000,00
2ª quota: R$6.000 × 4/15 = R$1.600,00
3ª quota: R$6.000 × 3/15 = R$1.200,00
4ª quota: R$6.000 × 2/15 = R$ 800,00
5ª quota: R$6.000 × 1/15 = R$ 400,00

Valor das Valor depreciável × 60/1.830 ... 1/1.830
quotas mensais:

1ª quota: R$6.000 × 60/1.830 = R$196,72
2ª quota: R$6.000 × 59/1.830 = R$193,44
3ª quota: R$6.000 × 58/1.830 = R$190,16
.
.
.
58ª quota: R$6.000 × 3/1.830 = R$ 9,84
59ª quota: R$6.000 × 2/1.830 = R$ 6,56
60ª quota: R$6.000 × 1/1.830 = R$ 3,28

A pouca utilização de um destes dois últimos métodos para os bens de vida útil mais longa é explicada pela exigência de cálculos mais trabalhosos para determinar as taxas de depreciação, sendo ainda os valores iniciais pelo método por quotas crescentes e os finais pelo método por quotas decrescentes pouco materiais.

No entanto, qualquer que seja o método utilizado, a sua aplicação deve ser consistente período após período para manter a uniformidade e possibilitar a comparabilidade dos resultados das operações, independentemente de considerações tributárias ou de obtenção de resultados mais convenientes. Se ocorrerem circunstâncias que justifiquem uma mudança, as razões devem ser expostas, e a quantificação e o efeito devem ser divulgados.

Uma comparação entre os três principais métodos de depreciação é apresentada abaixo, considerando-se o mesmo bem com vida útil de 3 anos e valor depreciável (aquisição menos valor residual) de R$10.800,00.

Comparação entre os métodos de depreciação

Método	Ano 1	Ano 2	Ano 3	Valor depreciável
Quotas constantes	R$3.600	R$3.600	R$3.600	R$10.800
Quotas crescentes	R$1.800	R$3.600	R$5.400	R$10.800
Quotas decrescentes	R$5.400	R$3.600	R$1.800	R$10.800

Entre os três métodos exemplificados, verifica-se que o total depreciado é o mesmo. Entretanto, pelo primeiro método seu valor é constante em todos os períodos, enquanto o uso do segundo ou do terceiro métodos resulta em valores desiguais, afetando significativamente o resultado de cada período da empresa, como se pode notar no quadro acima. Há uma relação estreita entre a concentração de ativo imobilizado de uma empresa e o nível de sensibilidade do lucro em relação ao método de depreciação utilizado. Quanto mais intensiva a utilização de ativo imobilizado, maior será essa relação. Esse fato pode ser importante para o investidor que se depara com a necessidade de avaliar os resultados esperados de um investimento, porém são poucas as companhias que divulgam informações suficientes para se proceder a uma análise do impacto da depreciação sobre seus resultados, além das companhias abertas brasileiras.

Benjamin Graham[22] recomenda que os investidores respondam a três questões quando estiverem analisando os efeitos da depreciação nas empresas.

1– A depreciação é apresentada na demonstração de resultados?

2– A administração usa taxas de depreciação conservadoras e (sempre que possível) adequadas?

3– Os custos e bases de cálculo da depreciação são adequadamente apurados?

Para Hendriksen[23], a depreciação contábil "é uma forma de amortizar o custo de um ativo ao longo de sua vida útil". O problema resi-

---

22 GRAHAM, Benjamin; DODD, David. Security Analysis: The Classic 1940 Edition. McGraw-Hill; 2ª ed. 2002. p. 543.
23 HENDRIKSEN, Eldon S.; VAN BREDA, Michael F. Op. Cit. p. 331.

de no método a ser utilizado, sendo o método da linha reta o preferido devido a sua simplicidade, embora gerencialmente o método por quotas variáveis seja o que representa maior realismo com os fatos. A utilização de ambos os métodos requer muito cuidado com os fatores vida útil e valor residual.

A operacionalização de qualquer dos métodos deve seguir os preceitos de limite máximo de taxa e mínimo de tempo aplicados sobre cada bem identificado individualmente. Portanto, nenhum bem será depreciado por taxa periódica superior e nem em período inferior ao estabelecido. Para tanto, a taxa de depreciação periódica é aplicada sobre cada item imobilizado, não permitindo que ele seja depreciado por taxa superior e nem que o valor total da sua depreciação ultrapasse 100%.

Algumas empresas utilizam o benefício fiscal da depreciação para reduzir seu lucro, aplicando a taxa diretamente sobre o saldo da conta, sem considerar cada item individual. Deixando de lado o aspecto gerencial, e atendo-se apenas ao fiscal, não há qualquer problema no uso desta sistemática enquanto a empresa não atingir o limite máximo de vida útil dos bens que compõem cada conta. Por exemplo, se a conta máquinas e equipamentos, constituída por bens que têm vida útil de 10 anos, está sendo depreciada à razão de 10% ao ano ou de 0,83333% ao mês aplicada sobre o saldo da conta, o valor está correto até o final do 10º ano ou do 120º mês. O mesmo raciocínio aplica-se à conta veículos, cujos bens têm vida útil de 5 anos e taxa de depreciação anual de 20% ou 1,66667% ao mês. A partir deste limite, em que os bens adquiridos no primeiro mês já estão totalmente depreciados e os valores de aquisição correspondentes compõem o saldo da conta, a taxa não pode mais ser aplicada sobre o saldo total da conta, pois isso leva a uma taxa maior aplicada sobre bens adquiridos recentemente, ou aqueles adquiridos primeiramente continuam sendo depreciados e ultrapassam o limite de 100%.

Significa que para usufruir do benefício fiscal da depreciação com segurança, as empresas não podem negligenciar integralmente o controle do imobilizado. É necessário minimamente controlar o total adquirido em cada mês para excluir do saldo a depreciar os valores correspondentes às aquisições efetuadas nos meses anteriores ao prazo de vida útil, seja 5, 10, ou qualquer número de anos, sem contar ainda os bens baixados antes de esgotada a vida útil.

Em última análise, é importantíssimo — para não dizer indispensável — controlar, item por item, cada bem que compõe o ativo imobilizado, a fim de não constituir uma contingência fiscal na empresa. O mercado oferece sistemas bastante simples de controle que devem ser utilizados, podendo até ser uma planilha eletrônica desenvolvida internamente na própria empresa.

Vale ressaltar que dos métodos existentes, a legislação brasileira só admite o uso consistente de um dos seguintes:
a) quotas constantes ou lineares (linha reta);
b) quotas variáveis (volume de produção); ou
c) quotas crescentes (menores no início).

3.5 Períodos de ocorrência

Embora a aquisição e a baixa de bens possam ocorrer em datas diferenciadas, a legislação fiscal dispensa o ajuste da quota mensal da depreciação para período inferior, permitido desconsiderar o mês integral ou fração dele, em ambas as situações. Tecnicamente, a depreciação deve ser calculada proporcionalmente à fração do número de dias do período em que o bem esteve disponível e em operação. Entretanto, em razão da liberalidade das autoridades fiscais, as empresas podem adotar consistentemente uma das práticas:
a) fração do período mensal de uso nas aquisições e nas baixas;
b) mês integral, independentemente das datas de aquisição e de baixa;
c) mês integral nas aquisições ocorridas até o dia 15 e nas baixas ocorridas após o dia 15, em razão de o número de dias de utilização ser maior do que 50%;

d) no mês da aquisição e não no da baixa, independentemente da data desses eventos, compensando um com outro;
e) no mês da baixa e não no da aquisição, independentemente da data desses eventos, pela mesma justificativa.

O critério a ser adotado deve constar das normas de cada entidade a fim de que seja utilizado continuamente e com uniformidade em todos os períodos, por qualquer profissional e sobre todas as operações.

A omissão ou o uso de taxas inferiores às admitidas pela autoridade fiscal em qualquer período não pressupõe renúncia à sua utilização. O que não é permitido é a utilização da taxa de período renunciado ou com aplicação de percentual inferior, cumulativamente em período posterior. Na prática, o que acontece, nesses casos, é o prolongamento da vida útil até completar os 100% do valor depreciável do bem.

Sob o aspecto legal, a depreciação deve ser iniciada, e pode ser deduzida, a partir do momento em que o bem é instalado, posto em serviço ou em condições de produzir, mesmo que antes de efetivamente produzir ou de ser utilizado; a depreciação cessa quando o bem é baixado ou quando classificado como mantido para venda. Essa amplitude em relação ao início e ao término do período de depreciação parece descasada dos conceitos de aplicação na atividade e de desgaste pelo uso, e o CPC 27 – Ativo Imobilizado, apesar de confirmar essas condições, ressalva que, quando utilizado o método de depreciação por quotas variáveis (volume de produção), a depreciação só poderia ter início com o uso efetivo do bem e cessaria quando de sua paralisação. Ou seja, segundo o CPC 27, a depreciação poderia ser iniciada antes da produção, porém no início da utilização do bem, fato que ocorre com aqueles bens utilizados em projetos ainda nas fases de pesquisa e desenvolvimento, período em que a depreciação é debitada diretamente em despesa ou em custo a apropriar no futuro. Outra condição é o de um bem adquirido pela entidade para ser utilizado na obra de edificação onde funcionará a área fabril ou na ampliação de uma área já existente em que a depreciação inicia com o uso do equipamento e o seu custo é apropriado à imobilização da edificação, que só sofrerá depreciação quando a instalação fabril iniciar a produção.

De forma semelhante, as interrupções de uso por períodos significativos devem provocar suspensão da depreciação, com a consequente ampliação da vida útil estimada do bem. É o caso das manutenções por longos períodos e das atividades sazonais como a de produção de açúcar e álcool, considerando o período de entressafra da cana-de-açúcar, que é de aproximadamente cinco meses no ano, quando a produção é paralisada. Ocorre também na industrialização de determinada espécie de pescado, quando, no período do defeso, a pesca é suspensa e os equipamentos de captura e beneficiamento ficam parados, a não ser nos casos de utilização dos barcos em outra espécie de peixe cuja pesca esteja liberada ou da alta capacidade de congelamento ou do beneficiamento de pescado oriundo de outras áreas livres da proibição. Essa decisão está em linha com o *princípio da realização da receita com a confrontação da despesa*, ou seja, se não há receita não deve haver despesa. Já no exemplo acima, em que o bem usado na obra de construção tem a sua depreciação compondo o custo da edificação, ela só passará a integrar a despesa no final da construção e no início de sua utilização, através da posterior depreciação da edificação, de cujo valor ela é um dos componentes.

No caso das edificações, a quota de depreciação é aceita pela autoridade fiscal como dedutível a partir do início da utilização, e o valor das luvas relativas ao direito de utilização de espaço locado só é amortizável se constar do contrato de locação que o período de utilização é por prazo determinado.

3.6 Taxas definidas pelo órgão fiscal

Deveria sempre se proceder a um estudo econômico a fim de estabelecer a equação que relacionasse custo de aquisição e capacidade operativa do bem. Considerando que tal opção é trabalhosa e nem sempre proporciona o melhor benefício fiscal para o contribuinte, normalmente utiliza-se o método de depreciação por quotas constantes (linha reta), em que a maioria das classes de bens tem vida útil de 10 anos e taxa anual de depreciação de 10%, reconhecidas e aceitas como usuais pela fiscalização. Algumas das principais taxas anuais e prazos de vida útil diferenciados constantes do Anexo III da IN nº 1.700 da RFB para incidir sobre outras classes de bens são:

Item	Prazo	Taxa
Guarnições de cama, mesa, banho e louças de hotéis	5 anos	20% a.a.
Veículos de passageiros	5 anos	20% a.a.
Veículos de carga e de mais de 10 passageiros	4 anos	25% a.a.
Animais vivos: bovino, suíno, caprino, ovino, equino	5 anos	20% a.a.
Animais vivos: aves – matrizes	2 anos	50% a.a.
Vasilhames e engradados de plástico	5 anos	20% a.a.
Artigos de laboratório e farmácia	5 anos	20% a.a.
Materiais têxteis para revestimento de piso	5 anos	20% a.a.
Pontes, torres e pórticos em ferro ou aço	25 anos	4% a.a.
Recipientes para gases comprimidos ou liquefeitos	5 anos	20% a.a.
Caixas de fundição, modelos e moldes	3 anos	33,3% a.a.
Câmaras de televisão e vídeos	5 anos	20% a.a.
Motociclos	4 anos	25% a.a.
Barcas, chatas e rebocadores	20 anos	5% a.a.
Barcos infláveis	5 anos	20% a.a.
Edifícios e benfeitorias	25 anos	4% a.a.
Tratores, niveladoras, escavadeiras, compactadores	4 anos	25% a.a.
Computadores e periféricos, inclusive software	5 anos	20% a.a.
Correias transportadoras: couro, plástico	2 anos	50% a.a.

A fiscalização permite a utilização de taxas maiores e a consequente redução da vida útil em relação àquelas definidas por ela como usuais, para os bens aplicados exclusivamente na exploração de minas, jazidas e florestas cujo período de exploração total seja inferior ao tempo de vida útil desses bens. Oficialmente, essa opção poderá ser definida com base no prazo de concessão ou do contrato de exploração ou ainda considerando o volume de produção de cada período em relação à possança conhecida da mina ou da dimensão da floresta explorada.

Respeitados os limites, mínimo de tempo e máximo de taxas, a depreciação pode ser computada para fins fiscais em qualquer percentual.

Tratando-se de bens adquiridos já usados por terceiros, deve ser seguido o mesmo critério da aquisição de um bem novo. Isto é, devem ser definidos a vida útil remanescente e o valor residual para estabelecer o valor depreciável e a taxa de depreciação a ser aplicada. Entretanto, considerando o prazo de vida útil desde a data da primeira instalação para utilização, a autoridade fiscal indica que poderá ser aceita a maior entre as seguintes alternativas:

a) metade do prazo de vida útil do bem; ou
b) restante da vida útil do bem.

As mesmas providências adotadas nos casos de bens novos devem ser seguidas para bens já usados, sendo o cálculo da depreciação efetuado pelo critério da lei societária e ajustado, se for o caso, pela legislação fiscal para apuração dos impostos. Assim, pelo critério fiscal, um veículo adquirido após 3 anos de uso teria uma vida útil remanescente de 2 anos, com quota de depreciação anual de 50%. No entanto, como a vida útil do veículo novo é de 5 anos, a legislação fiscal determina a sua depreciação em 2,5 anos, correspondente à metade do prazo, e a taxa anual será de 40%. Caso o mesmo veículo tivesse apenas um ano de uso por ocasião da aquisição, ele seria depreciado em 4 anos, que é o saldo da sua vida útil, sendo a taxa, portanto, de 25% ao ano.

Bens em almoxarifado aguardando a ocasião de entrar em operação não são depreciáveis. Também não são depreciáveis os terrenos, assim como os prédios e as construções que não produzam rendimentos e os bens que normalmente aumentam de valor, como obras de arte e antiguidades. Assim, é necessário que nos documentos de aquisição de imóveis seja segregado o valor do terreno daquele das benfeitorias. Quando isso não ocorrer, tal segregação deve basear-se em laudo pericial. Essa regra fiscal aplica-se ao conjunto de bens com taxas diferenciadas de depreciação, razão pela qual, nos documentos de aquisição, cada item deverá estar separado para evitar a obrigatoriedade da utilização da menor taxa dentre as diferentes taxas indicadas. Quando houver essa separação no documento de aquisição, embora o desejável seja o registro de cada item separadamente, é aceita a aplicação da taxa média para o conjunto dos bens, se o contribuinte assim preferir registrá-los.

As interrupções para a realização de pequenos reparos e manutenções periódicas (assim como os bens de uso sazonais) não ensejam reflexos na depreciação, posto que se supõe que tais atividades são consideradas na determinação da taxa. Apenas as desativações por longos períodos para a execução de reformas completas impõem a cessação da depreciação até que o bem retorne ao serviço. Caso a reforma resulte em acréscimo de vida útil em relação àquela inicialmente prevista para o bem, desde que superior a um ano, o valor despendido deverá ser ativado para servir de base às futuras depreciações. Nesse caso, haverá necessidade de redimensionar a taxa de depreciação para adequá-la à nova expectativa de vida útil para o bem, assim como recalcular o valor do bem, agregando-se ao valor contábil (original menos depreciações já contabilizadas) a parcela correspondente à reforma.

As melhorias realizadas em bens do imobilizado também devem ser ativadas e depreciadas uma vez que tenham duração prevista para mais de um exercício e prolongue a vida útil do bem principal. Aquelas que são de aproveitamento universal (adaptações que possam ser utilizadas em várias máquinas, por exemplo) são depreciáveis independentemente das máquinas que tenham sido objeto de tais melhorias, considerando-se a sua expectativa de vida isolada. Se forem do tipo que são aproveitadas somente na máquina na qual foi realizada, as melhorias serão depreciadas em função do tempo restante de duração da respectiva máquina.

A taxa de amortização é, semelhante à de depreciação, fixada em função do período em que o gasto proporcionará benefícios. Assim, a taxa de amortização referente aos gastos incorridos em melhoria de bens de terceiros é definida tendo em vista o número de anos restantes da existência do direito ou do prazo legal ou contratual de utilização dos bens. Pode-se citar como exemplo uma empresa que tenha realizado em 1º de maio de x0 benfeitorias em bens locados de terceiros, conforme contrato firmado em qualquer data anterior, e a terminar em 30 abril de x2. O prazo contratual restante durante o qual as benfeitorias poderão ser aproveitadas é de 2 anos (maio/x0 a abril/x2) e, portanto, a taxa anual admitida é de 50%.

3.7 Depreciação acelerada

Além da depreciação normal dos ativos, que é calculada através da utilização de diferentes métodos, como visto anteriormente, existe ainda a depreciação acelerada, que se subdivide em dois tipos: a depreciação acelerada pelo uso do bem e a depreciação acelerada incentivada. Assim, pode-se dizer que existem três tipos de depreciação, ou seja, a depreciação normal, a depreciação acelerada pelo uso e a depreciação acelerada incentivada.

Em relação à depreciação acelerada pelo uso, quando a utilização de bens móveis ocorre em mais de um turno de trabalho, a legislação fiscal brasileira autoriza a aceleração das respectivas taxas de depreciação mediante aplicação de um coeficiente multiplicador:

a) 1,5 quando se tratar de dois turnos de oito horas; ou
b) 2,0 quando se tratar de três turnos com igual duração diária.

Nessas condições, um bem com vida útil de 10 anos e taxa de depreciação anual de 10% poderá ser depreciado em 15% se operar 16 horas por dia, ou em 20% se operar 24 horas por dia. É importante notar que se for utilizado o método de depreciação por quotas variáveis, os turnos extras já estariam contemplados pelo volume diferente obtido na produção.

Assim, com exceção dos bens imóveis (construções e benfeitorias em terrenos), sobre todos os demais bens podem ser aplicadas as taxas aceleradas. Esse tipo de aceleração não se confunde com a aceleração incentivada, pois enquanto esta é meramente fiscal, isto é, não tem natureza econômica, a depreciação acelerada pelo uso representa um desgaste efetivo do bem em função de turnos extras de trabalho, razão pela qual recebe essa denominação, e deve ser reconhecida contabilmente.

A depreciação acelerada pelo uso está definida na legislação fiscal e pode ser utilizada em qualquer período que ocorram aquelas condições, ao passo que a depreciação acelerada incentivada é estabelecida caso a caso, devendo haver indicações pontuais das áreas ou atividades abrangidas, bem como o período de vigência. Já houve casos de depreciação integral de bens em um ano de uso e outros de períodos limitados e definidos, de uma determinada data a outra.

Como o benefício fiscal da aceleração da depreciação sem qualquer contestação restringe-se apenas aos bens móveis, é conveniente fazer a distinção entre o que é considerado bem imóvel do que é bem móvel sob o aspecto jurídico. São considerados bens imóveis o solo com sua superfície, os acessórios e adjacências naturais, compreendendo as árvores e os frutos pendentes, o espaço aéreo e o subsolo, tudo quanto o homem incorporar permanentemente ao solo, como a semente lançada à terra, os edifícios e construções, de modo que não se possa retirar sem destruição, modificação, fratura ou dano. Bens móveis são considerados aqueles suscetíveis de movimento próprio ou remoção por força alheia, sem destruição, modificação, fratura ou dano. Resumindo, tudo o que é plantado ou construído, agregando-se ao solo, inclusive ele próprio, é imóvel; o restante que é colocado sobre o solo, porém não se agregando a ele de forma irremovível, é móvel.

Desse modo, não resta dúvida de que os terrenos e as eventuais respectivas construções e benfeitorias são imóveis e não estão sujeitos à aceleração da depreciação, sendo que os terrenos não estão sujeitos a qualquer tipo de depreciação. Já os veículos, móveis e utensílios, máquinas e equipamentos dispostos sobre o solo são móveis, podendo se beneficiar da depreciação acelerada. Mas, como se classificam, por exemplo, as bases de concreto construídas especificamente para assentamento de máquinas e equipamentos, que podem ser consideradas como gastos acessórios necessários a sua instalação? Elas estão exatamente no limite entre uma e outra das duas classes. São elementos de ligação entre um bem imóvel (a superfície da construção ou do terreno) e outro móvel (a máquina). Apesar de ser possível considerar essas bases como integrantes das máquinas que elas suportam, sob o aspecto de aplicação da taxa de aceleração da depreciação por trabalho em mais de um turno recomenda-se considerá-las como um bem apartado da máquina, classificando-as na conta instalações de máquinas e equipamentos ou construções acessórias, pois, na verdade, representam uma construção e não podem ser removidas sem dano ou destruição e, portanto, não estão sujeitos à depreciação acelerada.

Podem servir como elementos comprobatórios da efetiva utilização de um bem em mais de um turno entre outros:
a) a folha de pagamento relativa a 2 ou 3 operadores diários para um mesmo equipamento que necessite de um único operador durante o período de 8 horas;
b) a quantidade de unidades produzidas condizente com o número de horas de operação do equipamento;
c) o consumo de energia correspondente ao número de horas de operação do equipamento;
d) gráficos de registro de número diário de horas de operação;
e) o mapa de controle operacional comprovando o número diário de horas de funcionamento;
f) as tabelas de turno de revezamento de operários.

Esses elementos referentes ao período de aplicação da depreciação acelerada deverão ser arquivados para prova junto à autoridade fiscal.

A omissão ou a utilização de taxas inferiores em um ou mais períodos não significa renúncia ao direito de utilização de taxas aceleradas, quando for o caso, segundo a óptica das autoridades fiscais. Em função disso, as empresas com bens utilizados em mais de um turno poderão planejar-se fiscalmente para só utilizar a aceleração nos períodos em que tal prática for benéfica. Assim, nos períodos em que for apurado prejuízo fiscal, pode ser limitado o percentual de aceleração a um mínimo que não provoque prejuízo desnecessário cuja compensação ocorrerá a longo prazo.

Além da depreciação acelerada calculada em função da duração da jornada diária de uso, que representa o desgaste econômico dos bens, a legislação tributária pode permitir ainda uma depreciação adicional durante certo prazo, a título de incentivo fiscal, com o propósito de estimular o desenvolvimento de determinadas atividades, regiões e setores econômicos. Esse benefício fiscal tem o objetivo de incentivar a implantação, renovação ou modernização de instalações e equipamentos utilizados em determinadas atividades ou regiões e até o setor fabricante do equipamento. Assim, esse tipo de depreciação acelerada distingue-se do outro tipo tratado acima (depreciação acelerada pelo uso) e é denominado depreciação acelerada incentivada.

O incentivo fiscal, não tendo qualquer relação com o consumo de valores para obtenção de receitas, não é registrável na contabilidade. A sua dedução é de natureza exclusivamente fiscal e cumulativa com aquela resultante da aceleração por turnos adicionais de utilização, devendo ser exercida e registrada diretamente no Livro de Apuração do Lucro Real (LALUR).

O total da depreciação acumulada calculada por qualquer dos métodos — incluindo a normal, a acelerada pelo uso e a acelerada incentivada — não poderá ultrapassar o custo de aquisição do bem. A partir do exercício social em que for atingido esse limite, a depreciação normal ou a acelerada pelo uso, que continuará a ser registrada na escrituração comercial, deverá ser adicionada ao lucro líquido para efeito de determinar o lucro real sobre o qual serão calculados os impostos.

3.8 Exercícios de fixação

1 – Assinale "V" para a afirmativa verdadeira e "F" para a falsa.

( ) Depreciação representa o desgaste ou a perda da capacidade de utilização (vida útil) de bens físicos.
( ) O valor total da depreciação acumulada, incluindo a normal e a acelerada (tanto a incentivada quanto a decorrente do uso por mais de um turno), não poderá ultrapassar o custo de aquisição do bem ou do direito.
( ) Terrenos são bens classificados no imobilizado do ativo permanente e, portanto, podem ser depreciados.
( ) Bens tangíveis têm sempre, por menor que seja, um valor residual no final da sua vida útil, não devendo ser 100% depreciado.
( ) O valor residual é um valor estimado e, portanto, dispensa maiores cuidados, estudos e pesquisas na sua determinação.
( ) Dos bens pesquisados no mercado e que compõem uma amostra para determinação do valor residual de um bem adquirido, devem ser excluídas as melhorias agregadas nos elementos da amostra e não existentes no avaliando.
( ) Um bem com valor residual atualizado periodicamente dispensa um laudo de avaliação para trazê-lo a valor de mercado.
( ) O método de depreciação por quotas crescentes é aceito pela legislação fiscal brasileira.
( ) O método de depreciação por quotas constantes ou lineares (linha reta) é pouco utilizado pela complexidade dos cálculos para a determinação do valor das quotas.
( ) Como as autoridades fiscais não exigem o rateio da quota de depreciação em períodos menores que o mês, pode-se depreciar um ativo integralmente a partir do mês de aquisição ou a partir do mês seguinte ao da aquisição.
( ) No decorrer da vida útil dos bens, a omissão do aproveitamento da quota de depreciação de um período pode ser aproveitada em duplicidade em outro período posterior.

3 – Depreciação

( ) Os bens adquiridos através de *leasing* financeiro só têm a depreciação iniciada quando do término do contrato.
( ) A depreciação pode ser estabelecida em percentual diferente do definido fiscalmente, desde que obedecido ao limite de taxa.
( ) Segundo as autoridades fiscais, os bens adquiridos de segunda mão só podem ser depreciados pelo prazo restante de sua vida útil, considerada a data da primeira aquisição.
( ) Somente bens móveis podem, fiscalmente, sofrer depreciação acelerada pelo uso.
( ) A omissão da utilização da depreciação em um ou mais períodos significa que fiscalmente ela foi perdida, não podendo mais depreciar 100% do bem, quer normal ou aceleradamente.
( ) Embora o bem não tenha ainda entrado em operação, fiscalmente ele pode ter a sua depreciação computada se ele já estiver instalado e em condições de produzir.
( ) A taxa de depreciação mensal pode ser integral nas aquisições e baixas efetuadas no curso do mês em que tais eventos ocorrerem.
( ) O tempo total que o bem ou direito proporcionará benefícios é chamado de vida útil.
( ) Um bem com vida útil de 10 anos operando ininterruptamente (3 turnos de 8 horas diárias) poderá usar uma taxa de depreciação de 20% ao ano e terá uma depreciação acumulada ao final da sua vida útil igual ao dobro do seu valor de aquisição.

2 – Um bem adquirido novo por R$8.400,00, com vida útil de 10 anos, sem valor residual e sendo depreciado de acordo com o método linear, após 15 meses de uso apresenta o valor contábil de:
(A) R$5.880,00.
(B) R$7.350,00.
(C) R$1.050,00.
(D) R$1.500,00.

Gestão Patrimonial

3 – Se o bem do exercício anterior tiver um valor residual estipulado em 20% do seu valor de aquisição, o seu saldo contábil após 5 anos de uso, considerando vida útil de 10 anos, será de:
(A) R$4.200,00.
(B) R$3.360,00.
(C) R$5.040,00.
(D) R$6.720,00.

4 – Um veículo usado é adquirido após ter sido posto em funcionamento pela primeira empresa que o adquiriu há exatos 3 anos. Sob o aspecto fiscal, que admite vida útil de 5 anos, a taxa de depreciação anual que poderá ser utilizada por esta última empresa será de:
(A) 50%.
(B) 20%.
(C) 40%.
(D) 10%.

5 – Se o bem do exercício anterior for adquirido pelo valor de R$6.000,00, o seu valor contábil após 18 meses de uso, sem considerar o valor residual, será de:
(A) R$4.800,00.
(B) R$3.600,00.
(C) R$3.000,00.
(D) R$2.400,00.

6 – Um caminhão utilizado na produção foi adquirido novo em 01/08/x0 por R$180.000,00. Considerando a taxa anual de depreciação de 20% (1 turno), o encargo de depreciação dedutível correspondente ao período-base encerrado em 31.12.x0 é de:
(A) R$12.000,00.
(B) R$15.000,00.
(C) R$24.000,00.
(D) R$36.000,00.

3 – Depreciação

7 – Uma companhia de mineração adquiriu uma área de terra contendo jazida de minério por R$1.000.000,00, sendo 50% correspondentes ao valor da terra e o restante aos direitos de exploração mineral. Antes do início da exploração e após a realização da pesquisa, prospecção e estudos geológicos iniciais, aplicou o montante de R$1.500.000,00 na fase de desenvolvimento. Sabendo-se que a possança conhecida é de 100.000 toneladas, a quota de exaustão por tonelada de minério é de:
(A) R$25,00.
(B) R$20,00.
(C) R$15,00.
(D) R$10,00.

8 – Uma empresa alugou um terreno e nele realizou benfeitorias no valor de R$72.000,00 para uso em seus negócios sociais. A operação foi realizada no mês de setembro de x0 e o contrato de locação está previsto para 4 anos a partir desse mês. O valor da amortização anual a ser lançada em cada período-base a partir de x1 é de, respectivamente:
(A) R$18.000,00, R$18.000,00, R$18.000,00 e R$18.000,00.
(B) R$12.000,00, R$18.000,00, R$18.000,00 e R$18.000,00.
(C) R$18.000,00, R$18.000,00, R$18.000,00 e R$12.000,00.
(D) R$ 6.000,00, R$18.000,00, R$18.000,00 e R$18.000,00.

9 – Uma companhia efetuou gastos no valor de R$150.000,00 com conservação e reparos em uma máquina cuja vida útil de 10 anos foi aumentada em mais três. Antes da reforma, a máquina já estava depreciada em 70%. O valor correspondente a este acréscimo, que poderá ser registrado anualmente na conta de depreciação acumulada, é de:
(A) R$ 7.500,00.
(B) R$ 8.750,00.
(C) R$17.500,00.
(D) R$35.000,00.

Gestão Patrimonial

10 – Uma empresa adquiriu uma máquina (10 anos de vida útil) por R$100.000,00 e em 31/12/x9 o respectivo saldo de depreciação acumulada era de R$90.000,00. Durante o ano x10, a sua utilização ocorreu em 3 turnos de 8 horas diárias. O encargo anual de depreciação que poderá ser lançado pela empresa em 31.12. x10, não havendo valor residual, será de:
(A) R$ 5.000,00.
(B) R$ 10.000,00.
(C) R$ 15.000,00.
(D) R$20.000,00.

11 – Um bem com vida útil de 5 anos adquirido por R$15.000,00 é arrendado (*leasing*) por 24 meses a R$900,00 por mês. Utilizando-se o método de depreciação em linha reta, o valor depreciado pela arrendatária após 12 meses do início do arrendamento, considerando 5% de valor residual contido nas parcelas, é de:
(A) zero.
(B) R$108,00.
(C) R$150,00.
(D) R$180,00.

12 – Considerando os dados do exercício anterior, após 30 meses o valor é de:
(A) zero.
(B) R$108,00.
(C) R$180,00.
(D) R$540,00.

13 – Se o valor residual for de R$3.600,00 não incluso nas parcelas, após 36 meses a resposta do exercício 11 seria:
(A) R$ 720,00.
(B) R$ 1.200,00.
(C) R$ 1.800,00.
(D) R$2.160,00.

3 – Depreciação

14 – Considerando-se um bem adquirido por R$6.000,00, sem valor residual (sucata) e utilizando-se o método de depreciação em quotas variáveis, cuja capacidade de produção é de 1 milhão de unidades, em 10 anos de vida útil o seu valor contábil ao final de um período em que ele já tenha acumulado uma produção de 450.000 unidades será de:
(A) R$3.300,00.
(B) R$2.700,00.
(C) R$1.800,00.
(D) R$ 600,00.

15 – Considerando-se um valor residual (sucata) de 20%, a resposta do exercício anterior será:
(A) R$ 660,00.
(B) R$ 2.160,00.
(C) R$ 2.640,00.
(D) R$3.840,00.

16 – Com os dados do exercício 14, se fosse utilizado o método de depreciação por quotas crescentes pela forma simplificada (soma dos dígitos) e tivessem decorridos 4 anos de uso, a conta depreciação acumulada apresentaria um saldo de:
(A) R$4.909,09.
(B) R$3.709,09.
(C) R$1.090,91.
(D) R$ 436,36.

17 – Se o bem do exercício 14 tivesse apenas 5 anos de vida útil e fosse utilizado o método de depreciação por quotas crescentes pela metodologia dos fundos de amortização e tivesse decorrido metade da vida útil de uso, o saldo da depreciação acumulada seria de:
(A) R$1.862,68.
(B) R$2.327,89.

(C) R$3.000,00.
(D) R$3.600,00.

18 – Um bem com 10 anos de vida útil foi adquirido por R$200.000,00 e depreciado em 50%. Através de um laudo de avaliação, foi-lhe atribuído o valor recuperável de R$80.000,00. O valor referente ao total anual de depreciação, se não houver aumento de vida útil, será de:
(A) R$ 8.000,00.
(B) R$ 16.000,00.
(C) R$ 20.000,00.
(D) R$28.000,00.

19 – Com os dados do exercício 18, o valor referente ao total anual de depreciação se a vida útil remanescente passar para 8 anos será de:
(A) R$ 8.000,00.
(B) R$ 10.000,00.
(C) R$ 20.000,00.
(D) R$25.000,00.

20 – A empresa "A" efetuou, no início do exercício, avaliação dos bens do seu ativo imobilizado e com eles integralizou capital na empresa "B". Os dados são os seguintes:

Bens	Aquisição	Depreciação	Valor contábil	Avaliação
Soma	1.800.000	720.000	1.080.000	2.000.000

Considerando apenas os efeitos dessa operação e que a vida útil remanescente dos bens será de 8 anos e o valor residual zero, as empresas "A" e "B" apresentam os seguintes valores de depreciação anual, respectivamente:

3 – Depreciação

(A)　　　zero e R$135.000.
(B) R$225.000 e R$250.000.
(C)　　　zero e R$250.000.
(D) R$135.000 e R$160.000.

21 – Considerando os mesmos dados do exercício anterior, porém com valor residual de R$650.000,00, as empresas "A" e "B" apresentam os seguintes valores de depreciação anual, respectivamente:
(A) zero e R$135.000.
(B) zero e R$168.750.
(C) zero e R$250.000.
(D) zero e R$160.000.

Solução dos exercícios de fixação:

1 – a (V); b (V); c (F); d (F); e (V); f (V); g (F); h (V); i (F); j (V); k (F); l (F); m (V); n (F); o (V); p (F); q (V); r (V); s (V); t (F).
2 (B); 3 (B); 4 (C); 5 (D); 6 (B); 7 (B); 8 (C); 9 (C); 10 (B); 11 (A); 12 (D); 13 (A); 14 (A); 15 (D); 16 (D); 17 (B); 18 (B); 19 (B); 20 (C); 21 (B).

4
Avaliação de Bens

Resumo

Os bens do imobilizado são registrados pelo valor despendido na sua aquisição, deduzido da depreciação e das perdas por redução ao valor recuperável, sendo o resultado denominado valor contábil. Com o decorrer do tempo, ele pode apresentar defasagem em relação ao seu valor recuperável. Se for positiva, a defasagem deve ser registrada como perda no ativo, com contrapartida no patrimônio líquido. Se negativa, isto é, se a defasagem for menor que o valor recuperável, não pode ser registrada na contabilidade, porém pode ser mensurada e constar do relatório da administração, pois a valorização dos bens, apesar de não alterar os valores registrados na contabilidade, reflete com mais fidedignidade o valor da empresa.

A legislação societária permite a integralização de capital social com bens, porém não determina que método utilizar na avaliação; já o CPC 01, utilizado na determinação do valor recuperável, recomenda o uso do método do valor justo ou do valor em uso, o que for maior.

A Associação Brasileira de Normas Técnicas – ABNT, através das diversas partes da norma NBR 14.653, estabelece padrões e critérios para efetuar as avaliações das diferentes espécies de bens.

4.1 Considerações iniciais

Os bens do ativo imobilizado são registrados pelo custo histórico de aquisição, pelas deduções da depreciação e das perdas por redução ao valor recuperável, sendo o resultado obtido por esse cálculo designado valor contábil. Esse parâmetro pode ficar defasado em relação ao valor recuperável do ativo com o decorrer do tempo como consequência de variados fatores. Entende-se por valor recuperável aquele que o ativo pode gerar para a entidade e, segundo o CPC 01 – Redução ao Valor Recuperável de Ativos, ele pode ser determinado pelo método do valor justo deduzido das despesas de venda ou pelo método do valor em uso. A defasagem pode ser positiva se o valor recuperável for superior ao valor contábil, sendo esta a ocorrência mais frequente; ou negativa, se o valor recuperável for inferior ao valor contábil, situação menos frequente, uma vez que é obrigatório o reconhecimento contábil dessa redução de valor, periodicamente, conforme determina o CPC 01.

A defasagem positiva, isto é, valor recuperável superior ao valor contábil, pode ocorrer como consequência de:
a) implantação de serviços públicos nas proximidades ou melhoria dos existentes, valorizando o bem;
b) programa de manutenção preventiva eficiente, mantendo o bem em boas condições operacionais, aproximando-as das originais;
c) aplicação de taxa de depreciação incompatível, utilizando parcelas maiores do que a desvalorização efetiva do bem pelo desgaste;
d) adoção de valor residual muito baixo ou inexistente, provocando uma depreciação excessiva e um valor contábil muito inferior ao efetivo valor;
e) desvalorização da moeda no tempo, gerando inflação e aumentando o valor de aquisição de bens similares no mercado.

Em contrapartida, a defasagem negativa indica que o valor recuperável é inferior ao valor contábil. Isso significa que o valor que o mercado está disposto a pagar em uma eventual alienação do ativo ou o fluxo de caixa descontado que ele consegue gerar é insuficiente para recuperar seu valor registrado, ou seja, ele está superavaliado.

Essa situação contraria o princípio contábil de que os valores registrados no ativo devem ser apresentados pelo menor valor e os do passivo pelo maior deles, entre duas alternativas válidas. Isso, por si só, já justificaria o reconhecimento e o registro contábil dessa perda e, para reforçar, o CPC 01 estabeleceu as condições e a metodologia para sua mensuração.

O valor recuperável inferior ao valor contábil pode ser consequência de vários fatores, entre eles os seguintes:
a) desvalorização da região, com o surgimento de favelas ou construção de conjuntos residenciais populares nas proximidades;
b) deixar de depreciar por períodos ou usar taxas menores do que o desgaste real;
c) manutenção deficiente, utilizando peças não originais nas reposições, acelerando o desgaste;
d) adoção de valor residual muito alto, provocando uma depreciação abaixo do normal e um valor contábil muito superior ao efetivo valor;
e) degradação ambiental nas proximidades, colocando a área sob risco iminente de acidente natural.

Como citado, a pouca probabilidade de ocorrência da defasagem negativa deve-se à obrigatoriedade da execução periódica do teste de recuperabilidade (*impairment test*) determinada pelo Pronunciamento técnico CPC 01, mantendo seu valor contábil sempre abaixo ou no limite do valor recuperável. A perda verificada em razão de o valor contábil ser superior ao da avaliação, seja ele obtido pelo maior entre o valor obtido pelo método do valor justo ou pelo método do fluxo de caixa descontado, é diretamente reconhecida no resultado.

Até o exercício de 2009, para corrigir uma defasagem positiva, ou seja, valor recuperável superior ao valor contábil, a empresa promovia uma avaliação do imobilizado, e o subgrupo que apresentasse a diferença positiva tinha seu valor total reavaliado e reconhecido contabilmente. Com o registro contábil efetuado, as demonstrações contábeis da empresa eram apresentadas com valores mais condizentes com a realidade do mercado. Entretanto, com a reforma da lei societária em 2007, essa possibilidade foi inviabilizada a partir de 2008 e posteriormente adiada para 2010, com a publicação da Interpretação Técnica ICPC 10 – Interpretação sobre a Aplicação Inicial ao Ativo Imobilizado e à Propriedade para Investimento dos Pronunciamentos Técnicos CPC 27, 28, 37 e 43, que permitiu uma última reavaliação em 2009, para ajustar os valores no balanço patrimonial de abertura do exercício de 2010. Tal ajuste, representado pelo valor justo, foi denominado "custo atribuído" (*deemed cost*).

A reavaliação do imobilizado objetivava que os valores do balanço patrimonial se aproximassem da sua efetiva realidade econômica em termos de ativos e, consequentemente, de patrimônio líquido, uma vez que a contrapartida do aumento do imobilizado era creditada em uma das contas do patrimônio líquido denominada "Reserva de reavaliação". Essa prática permitia, ainda, que os valores reavaliados fossem apropriados aos custos ou às despesas através da depreciação e, com isso, os resultados operacionais ficavam mais consentâneos com o conceito de reposição dos ativos. O patrimônio líquido da empresa passava a refletir de modo mais adequado a relação entre o capital próprio e o capital de terceiros. Além disso, o seu quociente de endividamento era reduzido, possibilitando o aporte de mais recursos de terceiros para suprir suas necessidades financeiras e alavancar suas atividades, pois ele indica a capacidade de endividamento e se constitui em um dos índices mais observados pelos analistas de crédito para a concessão de financiamentos.

Apesar da vedação legal do reconhecimento contábil da reavaliação, nada impede — e é até recomendável — que a empresa proceda, não a uma reavaliação, mas a uma avaliação dos seus bens imobilizados suportada por laudo técnico.

É função da Contabilidade divulgar ao público em geral informações atualizadas do desempenho de uma empresa, e a realização de avaliação periódica dos bens do seu acervo atende a esse objetivo sob o aspecto gerencial, representando um ponto positivo de gestão eficiente. Além disso, há que se considerar a obrigatoriedade da avaliação periódica para atestar a capacidade de recuperação do valor dos bens imobilizados, em observância ao disposto no Pronunciamento técnico CPC 01 – Redução ao Valor Recuperável de Ativos.

Embora, sob o aspecto normativo, uma diferença positiva resultante de uma avaliação de bens não possa alterar os números registrados pela contabilidade para refletir positivamente no balanço patrimonial da empresa, uma síntese do laudo — destacando os principais dados e valores — deve ser divulgada no Relatório da Administração, uma das peças integrantes das demonstrações contábeis. Com essa providência, a empresa estaria:

i) evidenciando sua preocupação com a divulgação de dados atualizados;
ii) facilitando a obtenção de financiamento para as suas operações em uma eventual necessidade;
iii) dispondo de valor atualizado nas negociações de cessão de participação; e
iv) contratando seguro dos bens com valores mais realistas e atualizados.

O acréscimo de valor nos bens do imobilizado constatado no laudo de avaliação não pode ser contabilizado, permanecendo os valores históricos antes registrados, que contemplam o valor de aquisição deduzido da depreciação e da perda por redução ao valor recuperável. Os valores da avaliação são utilizados para fins gerenciais e para demonstrar o valor patrimonial da empresa em termos atualizados, embora não registrados.

Os números do imobilizado registrados pela contabilidade com base em documentação hábil não podem ser alterados, a não ser para menos, se ficar demonstrada a incapacidade de recuperação do valor do bem em função do teste de recuperabilidade, de acordo com o CPC 01 – Redução ao Valor Recuperável de Ativos. O ajuste para menos no valor contabilizado deve ter a sua contrapartida registrada na conta do patrimônio líquido "Ajustes de avaliação patrimonial", que recebe ainda ajustes de outras contas, tanto ativas quanto passivas.

4.2 Métodos de avaliação

Apesar de definir a qualificação dos profissionais ou da empresa avaliadora, a legislação societária não define a metodologia a ser seguida na avaliação de bens. Não obstante, foram desenvolvidos vários métodos de avaliação, cada um deles seguindo uma sistemática própria e sendo utilizado de acordo com a finalidade e os objetivos da avaliação. Os métodos utilizados variam desde a simples indexação até a referência a valor de mercado ou a valor em uso, além do valor de reposição, dependendo da finalidade e do rigor da avaliação, expressos pelos graus de fundamentação e de precisão a serem obtidos.

Para a definição do valor recuperável, o CPC 01 determina expressamente a utilização do método do valor justo ou do valor em uso, e a adoção do maior valor apurado entre os dois. Significa que caso a utilização de qualquer dos dois métodos resulte em valor recuperável superior ao valor contábil, não é necessário utilizar usar o outro método; caso contrário, ou seja, o valor obtido por um dos métodos for inferior ao valor contábil, deve ser utilizado o outro método na expectativa de obter um valor maior que desobrigue o reconhecimento da perda por desvalorização.

Ainda segundo o CPC 01, **valor justo** é o preço que seria recebido pela venda de um ativo ou que seria pago pela transferência de um passivo em uma transação não forçada entre participantes do mercado na data de mensuração e **valor em uso** é o valor presente dos fluxos de caixa futuros esperados que devem advir de um ativo ou de uma unidade geradora de caixa. O primeiro é obtido pela observação de unidades semelhantes negociadas ou ofertadas no mercado com os devidos ajustes; o segundo é obtido pelo fluxo de caixa descontado que o ativo pode gerar durante o período estimado da sua utilização.

A Associação Brasileira de Normas Técnicas – ABNT estabeleceu padrões e critérios para efetuar as avaliações de bens através da norma NBR 14.653, subdividida em partes para avaliação das diferentes espécies de bens, a saber:

a) *Parte 1 – Procedimentos gerais*: trata da conceituação geral, estabelecendo as diretrizes aplicáveis indistintamente às diferentes espécies de bens a serem avaliados, deixando os assuntos específicos sob a tutela de cada uma das partes subsequentes, com os conceitos referentes à espécie a serem observados. Nos subitens 7 desta parte da norma estão estabelecidas as diretrizes para a utilização de cada método, inclusive recomendando o mais adequado a ser utilizado em função da natureza do bem a ser avaliado e da quantidade de informações disponíveis no mercado, devendo a sua escolha ser justificada. Podem surgir situações atípicas em que se comprove a impossibilidade de aplicação da metodologia preconizada na norma, condição que permite ao profissional avaliador a utilização de procedimento não previsto, embora mantenha a necessidade de justificar a sua adoção;
b) *Parte 2 – Imóveis urbanos*: trata dos conceitos, procedimentos, limites e da metodologia aplicáveis aos imóveis urbanos;
c) *Parte 3 – Imóveis rurais*: de forma análoga, aplica-se aos imóveis rurais;
d) *Parte 4 – Empreendimentos*: da mesma forma, estabelece as regras a serem obedecidas e os conceitos aplicáveis ao conjunto de bens que não devem ser tratados individualmente, por se tratar de diferentes espécies de bens utilizados em conjunto em atividades específicas;
e) *Parte 5 – Máquinas, equipamentos, instalações e bens industriais em geral*: aplica-se a tais bens individualizadamente;
f) *Parte 6 – Recursos naturais e ambientais*: estabelece conceitos, regras e procedimentos a serem observados na avaliação dessas espécies de bens;
g) *Parte 7 – Bens de patrimônios históricos e artísticos*: de forma idêntica, estabelece as diretrizes, regras, métodos, procedimentos e padrões a serem observados na avaliação de imóveis do patrimônio histórico e artístico e eventuais bens a eles integrados.

Além dos padrões e critérios estabelecidos pela ABNT, existem outros métodos que podem ou não utilizar algumas das recomendações desse órgão.

O método da **indexação** é o mais simples, fácil, rápido e de execução menos trabalhosa, requerendo, assim, menos empenho de horas dos profissionais avaliadores. Prevê a utilização de um índice de reajuste de preço, devendo tal índice ser representativo da atividade que exerce influência sobre o bem, ou a moeda de aquisição, em se tratando de bem importado. A quantidade do índice correspondente ao valor do bem na data da aquisição é determinada dividindo-se esse valor pelo do índice representativo e, ao multiplicar-se pelo valor dele na data da avaliação, obtém-se assim o seu valor atualizado. Um exemplo bastante utilizado é o CUB – Custos Unitários Básicos de Construção do Sinduscon (R$/m^2), para edificações. Em seguida, deduzem-se as parcelas relativas a desgaste, obsolescência, estado de conservação e outras, observadas e constatadas pelo profissional avaliador, obtendo o valor do bem nas condições atuais. Este método é também conhecido como **custo histórico**, de aplicação bem simples. Os resultados por ele apresentados são menos confiáveis, e o método é utilizado em avaliações de menor vulto e de pouca complexidade. Ele representa mais uma estimativa sem grande rigor matemático. Simplificadamente, representa o valor histórico de aquisição corrigido monetariamente e ajustado para menos para compensar seu estado de conservação e obsolescência.

O método **comparativo de dados de mercado** baseia-se em pesquisa de valor dos bens semelhantes aos que foram negociados e que estão sendo oferecidos no mercado nas operações de compra e venda. Ele se apresenta sob duas modalidades, conforme descritas a seguir. A modalidade **direta** é representada simplesmente pela cotação de preço junto ao fabricante ou distribuidor, considerando os impostos (quanto a sua incidência e recuperação) e efetuando as mesmas deduções referidas no método anterior. A metodologia utilizada é semelhante à utilizada pelo método da indexação, diferindo apenas o valor inicial adotado: enquanto este último parte do custo histórico da aquisição e atualiza o custo por um índice, o método comparativo de dados de mercado na modalidade direta já considera o valor inicial atualizado, uma vez que é o praticado pelo fornecedor ou distribuidor naquele momento. O método **comparativo de dados de mercado** na modalidade **indireta** *é* também chamado de método de **substituição** e define o valor de reposição considerando a cotação de bens encontrados no mercado com características técnicas e operacionais semelhantes, devido à inexistência de bens nas mesmas condições. Nesse caso, ocorre um tratamento estatístico, considerando os ajustes dos diversos fatores sobre cada um dos componentes da amostra em função das diferenças que se apresentam entre eles. Deve ser representado pelo valor médio de um bem com as mesmas características de capacidade produtiva ou de utilização, que poderia ser adquirido no mercado. Entretanto, não existe um bem exatamente igual a outro e, se existir algum muito semelhante, dificilmente será encontrado em quantidade suficiente para formar uma amostra representativa. Assim, é necessário homogeneizar os elementos de uma amostra composta por bens semelhantes, porém apresentando diferenças em alguns fatores. A primeira providência para o uso desse método nessa modalidade é a formação da amostra, que consiste na identificação dos elementos comercializados no mercado, tanto os que estão em oferta quanto os que tiveram a venda concretizada. Em seguida, é realizada uma análise criteriosa dos elementos amostrais identificados para a garantia da qualidade, precisão e fundamentação do laudo. Aqueles elementos que possuem fatores com valores muito discrepantes do conjunto devem ser descartados. Segundo o item b.2.2. da NBR 14.653-2:2011, aplicada em avaliações de imóveis urbanos, "considera-se como dado de mercado com atributos semelhantes aqueles que em cada um dos fatores de homogeneização, calculados em relação ao avaliando ou ao paradigma, estejam contidos entre 0,5 e 2,0". Significa que os limites recomendáveis são o dobro ou a metade do valor apresentado pelo elemento a ser avaliado ou da média dos componentes da amostra inicial. Assim, a amostra a ser efetivamente utilizada na avaliação é a resultante da eliminação de alguns dos componentes selecionados, representados pelos elementos fora desses limites. Como exemplo, os elementos com área superior a 2.000ha e inferior a 500ha devem ser eliminados da amostra para ser utilizada na avaliação se a média dos componentes da amostra inicial, antes da depuração, ou a do imóvel a ser avaliado for 1.000ha.

As avaliações de bens devem ser feitas por avaliadores qualificados, sejam eles profissionais atuando de maneira independente ou através de empresa especializada. Além da competência e da experiência profissional, da objetividade e do conhecimento técnico, o avaliador deve usar o bom senso, levando em consideração todas as variáveis que podem influenciar os valores efetivos de negociação, tais como as condições de utilização e as particularidades da atividade, bem como as mudanças tecnológicas, econômicas e ambientais, estabelecendo as relações entre elas após eleger aquelas que estão presentes no elemento em avaliação e, em princípio, são relevantes para a formação do valor.

Uma das variáveis a ser considerada é o fator **fonte**, que representa a origem dos dados divulgados no mercado sobre os elementos que comporão a amostra, sendo primordial a confiança nessas fontes de informações e sua idoneidade. Além disso, deve-se considerar a diferença, se houver, entre o valor anunciado e o valor negociado, ou seja, uma coisa é o valor que se pretende receber e outra coisa é o que se consegue obter em uma operação de compra e venda. Como o valor da avaliação deve ser aquele obtido na venda concretizada, considera-se o valor integral dos bens negociados e aplica-se um redutor no valor pretendido para aqueles em oferta. Tal redutor pode variar entre 5% e 40% em função das condições da oferta, por exemplo, o tempo em que o bem está sendo ofertado sem concretização da venda, se o bem é isolado ou se faz parte de um conjunto, ou seja, é um único terreno ou faz parte de um loteamento imobiliário, se é um equipamento ou faz parte de um grupo em oferta. Outra condição de oferta é a velocidade da comercialização, isto é, há quanto tempo o bem está sendo anunciado e qual o percentual vendido, obviamente quanto mais alto for esse percentual de venda, menor é o percentual de redução a ser aplicado. Para imóveis, sugerem-se índices entre 0,80 e 0,95 para ofertas existentes e 0,60 até 0,80 para lançamentos planejados; para equipamentos em geral, entre 0,85 e 0,95.

Área é outro fator importante no caso de imóvel, pois pode-se estabelecer uma relação entre a área de cada elemento da amostra e a do avaliando em função das condições de comercialização de imóveis com área de diferentes dimensões, de modo que o de área maior é de comercialização mais difícil e o de área menor, mais fácil. Em vários trabalhos acadêmicos e diversos laudos de avaliação, tem sido utilizada a fórmula abaixo, que estabelece ajustes adequados que devem sofrer os dados dos elementos que compõem uma amostra de bens imóveis, considerando a diferença de área de cada elemento da amostra em relação à do avaliando:

$(Ap / Aa)^{0,25}$, se a diferença de área for menor do que 30%;

$(Ap / Aa)^{0,125}$, se a diferença de área estiver entre 30 e 150%; e

$(Ap / Aa)^{0,0625}$, se a diferença de área estiver acima de 150 e até 450%, sendo:

Ap = área do elemento da amostra; e

Aa = área do elemento avaliando.

Na avaliação de imóvel rural há que se considerar todas as variáveis que podem influenciar as diferenças de valor. Além dos fatores fonte e área, já comentados, e sem limitar os exemplos, podem ser citados:

i) distância (em metros ou quilômetros):
- do centro urbano,
- da sede do município,
- da fonte de energia.

ii) posição: quantidade de frentes (uma, duas, três ou quatro),

iii) recurso hídrico disponível:
- rio caudaloso, grande, médio ou pequeno,
- riacho, valão ou brejo,
- represa ou açude,
- córrego ou lagoa,
- poço artesiano, caixa d'água ou bebedouro,
- rede pública ou cisterna.

iv) acessibilidade:
- quantidade de acessos,
- tipo de pavimentação,
- distância de rodovia principal,
- condições de trafegabilidade.

v) relevo:
- grau de aclividade e de declividade,
- percentagem inclinada em relação à área total.

vi) utilização:
- lavoura,
- pastagem,
- reflorestamento,
- aquicultura.

Na avaliação de imóveis urbanos devem ser observadas e consideradas as variáveis acima que influenciam na sua avaliação e acrescentadas outras específicas dos imóveis urbanos, tais como:

i) proximidade de comércio:
- supermercados,
- shopping center.

ii) proximidade de atividades públicas:
- escolas,
- teatros e cinemas,
- agência postal.

iii) condições de transporte público:
- ônibus,
- trem,
- metrô,
- barca.

Se o objetivo é avaliar o bem o mais próximo possível do seu valor no mercado, cada elemento pesquisado deve ter seu valor corrigido em função de seus fatores serem melhores ou piores para torná-lo equivalente ao avaliando. Exemplifica-se com a avaliação de um imóvel rural que dispõe de uma amostra composta por elementos distantes 0km, 20km, 40km, 60km, 80km e 100km da sede do município, e o avaliando distando 50km. Significa que, por ser o padrão de comparação, o avaliando deve receber o índice 1,00. Os elementos da amostra enquadrados nas três primeiras distâncias (0km, 20km, 40km), que são menores que a do avaliando (50km), devem receber índice multiplicador menor que 1,00; os que estão a mais de 50km da sede do município (60km, 80km e 100km) devem receber índice maior que 1,00. Assim, os elementos mais próximos do fator **distância da sede do município** recebem índices que os ajustem para menos, pois são mais valiosos, e os mais distantes desse fator recebem índices que os ajustem para mais, pois são menos valiosos que o avaliando nesse quesito. É evidente que, em relação a essa variável, os elementos enquadrados nas primeiras distâncias valem mais e os que estão nas últimas valem menos que o avaliando e, para torná-los equivalentes e aproximá-los do valor do elemento em avaliação, os primeiros têm seu valor reduzido e os últimos o valor aumentado. Em um segundo exemplo, considerando que o avaliando esteja no limite da sede do município (0km) e os elementos da amostra distribuídos nas distâncias do exemplo anterior, os índices multiplicadores deverão ser todos crescentes a partir de 1,00, significando que os elementos que estivessem na mesma distância do avaliando não sofreriam correção em relação ao fator distância da sede do município, tendo em vista estarem à mesma distância (0km) e os demais elementos teriam seus valores corrigidos para mais por apresentarem condições piores, isto é, distantes da sede do município — e, quanto maior essa distância, maior deve ser o índice de correção.

Ao avaliar um veículo, além da redução de valor por se tratar de oferta, como comentado no exemplo de imóveis, outros parâmetros devem ser considerados pela influência sobre os valores das unidades ofertadas. A amostra coletada no mercado pode estar composta por ofertantes proprietários ou por revendedores que adquiriram veículos desses ofertantes. Significa que a avaliação deve levar em conta o valor bruto do ofertante proprietário, uma vez que as condições do seu veículo devem se aproximar mais das apresentadas pelas condições do avaliando; ao passo que o valor requerido pelo revendedor já deve estar acrescido de quantia referente a pequenos reparos, garantia e lucro, acréscimo esse que deve ser expurgado para tornar a oferta equivalente ao veículo em avaliação.

O bom senso, o conhecimento técnico e a experiência do avaliador devem sempre prevalecer no estabelecimento da escala de correção, tendo em vista as características dos elementos disponíveis na região para a composição da amostra. Considerando o exemplo da avaliação de um imóvel rural localizado em uma região em que tanto ele próprio quanto os elementos negociados ou ofertados e disponíveis para compor a amostra estão muito dispersos em relação ao quesito distância da sede do município, os índices de ajuste a serem utilizados devem contemplar distâncias maiores. Já a localização em uma região onde os elementos amostrais e o avaliando estão mais concentrados, esses índices devem contemplar distâncias menores. No primeiro caso, cada índice de variação poderia ser adequado para ajustar intervalos de 10km de diferença, significando que tanto a sede do município como qualquer elemento, incluindo o avaliando, guardam uma distância máxima de 60km entre eles. No segundo caso, o mesmo índice de variação poderia ser usado para cada 100m de diferença, o que significa uma distância máxima de 600m entre os elementos.

Quando no mercado livre não existirem bens com as mesmas características sendo comercializados, deve-se considerar o comportamento do mercado em relação a outros bens da mesma espécie e extrapolar para aquele que se deseja avaliar. Assim, a mesma comparação do valor que pode ser praticada para automóvel popular com a mesma idade negociado ou ofertado em relação ao valor do novo pode ser utilizada para outros bens, evidentemente considerando os ajustes em relação às diferenças entre os bens. A título de exemplificação, um automóvel popular com 5 anos de uso e vida útil fiscalmente considerada esgotada é normalmente comercializado por um percentual em torno de 40% do valor de seu congênere novo. Nessas avaliações, é evidente que devem ser considerados outros fatores influentes na negociação, como a existência ou não de mercado regular e ativo daquele tipo de bem.

Condições atípicas de momento devem ter os seus efeitos descartados. No período crítico da pandemia da COVID-19 (2020/2021), em que os hábitos de locomoção foram alterados devido ao perigo de contaminação, houve um aumento significativo na demanda por automóveis usados no mercado brasileiro, dada a necessidade premente de pessoas com menor poder aquisitivo adquirirem um veículo para sua locomoção, chegando o valor de venda de um veículo nas condições do exemplo acima a atingir 60% do valor de seu congênere novo. Ou seja, uma variação de 50% em relação aos períodos de normalidade, devendo os avaliadores considerarem tais fatos e efetuar os ajustes necessários, uma vez que no primeiro teste de recuperabilidade essa diferença deverá ser evidenciada e registrada como perda, retornando o valor para aqueles vigentes nas condições de normalidade do mercado.

O método do **valor em uso** considera, além do valor do bem em si, estabelecido de acordo com os mesmos conceitos usados para o método comparativo de dados de mercado, todos os demais gastos para colocar o bem em uso, inclusive os financeiros. A premissa desse método é que apenas o valor de aquisição de um bem ou de um conjunto deles para se criar uma empresa não é suficiente para que se tenha a correspondente geração de receitas. É necessário despender recursos para colocar o bem em operação, além dos gastos aplicados apenas em sua aquisição. Portanto, o valor em uso deve considerar não apenas o seu valor de aquisição, mas também todos os demais gastos necessários para que ele inicie a produção, inclusive a remuneração do capital investido durante o período de demarragem do projeto. Por outro lado, quando se adquire um bem já em operação, o recurso aplicado neste tipo de aquisição gera receita imediatamente, ou melhor, já estava e continua gerando receita, sem intervalo de tempo entre a aplicação do recurso e a geração de receita.

Conceitualmente, os dois métodos abordados acima são diferentes e, como consequência, os valores podem apresentar diferenças significativas, normalmente maiores pelo método do **valor em uso** do que pelo método de **dados do mercado**. Além disso, este último método pode sofrer variações importantes em função das oscilações do comportamento da economia, ao passo que o método do valor em uso não está tão sujeito a tais oscilações. Por conservadorismo, a Contabilidade normalmente opta pela utilização do valor obtido pelo método de dados do mercado, sendo ele expressamente indicado pelo FASB[24], através da norma SFAS[25] 141.

O método do **valor de reprodução** ou **valor de reposição** é frequentemente utilizado para instalações prediais para as quais há dificuldade de se encontrar similares no mercado. Ele é definido através da utilização de índices diferenciados da construção civil, considerando-se os diferentes níveis de classificação da obra. Existem associações e órgãos especializados que fazem acompanhamento permanente do custo das construções e publicam os valores atualizados do metro quadrado (m^2) por região. O Sindicato da Construção Civil – SINDUSCON é uma das entidades que acompanham o custo das construções e efetuam os cálculos em cada Estado do país, publicando-os periodicamente segregados por tipo e padrão de acabamento:

a) residencial – nos padrões baixo, normal e alto, subdivididos em diferentes níveis;
b) comercial – nos padrões normal e alto, subdivididos nos diferentes níveis para lojas, andares corridos e salas;
c) galpões industriais e lojas.

Independentemente da conceituação contábil e fiscal da depreciação, a tabela de Depreciação Ross-Heidecke é amplamente utilizada nas avaliações de imóveis para a correção do valor da edificação em função da vida útil decorrida, do nível de desgaste sofrido durante o uso e do estado de conservação, enquadrando o bem pelo nível de intervenção recomendado para tornar o seu uso eficiente.

---

[24] Financial Accounting Standard Board (Comitê Norte Americano de Normatização de Contabilidade Financeira).
[25] Statements Financial Accounts Standard (Procedimentos Norte Americanos de Contabilidade Financeira).

Gestão Patrimonial

A tabela é composta por nove colunas, sendo a primeira a do percentual de vida decorrida e as oito subsequentes as do estado de conservação (de A até H) do bem. Os índices são representados nas diversas células das linhas. Para fins ilustrativos, segue abaixo a **Tabela de Ross-Heidecke**, reproduzida de maneira seccionada por economia de espaço, apenas para ser utilizada em um exemplo.

% DE VIDA DE-CORRI-DA	ESTADO DE CONSERVAÇÃO							
	A	B	C	D	E	F	G	H
2,00%	1,02	1,05	3,51	9,03	18,90	39,30	53,10	75,40
4,00%	2,08	2,11	4,55	10,00	19,80	34,60	53,60	75,70
6,00%	3,18	3,21	5,62	11,00	20,70	35,30	54,10	76,00
8,00%	4,32	4,35	6,73	12,10	21,60	36,10	54,60	76,30
10,00%	5,50	5,53	7,88	13,20	22,60	36,90	55,20	76,60
12,00%	6,72	6,75	9,07	14,30	23,60	37,70	55,80	76,90
14,00%	7,98	8,01	10,30	15,40	24,60	38,50	56,40	77,20
16,00%	9,28	9,31	11,60	16,60	25,70	39,40	57,00	77,50
18,00%	10,60	10,60	12,90	17,80	26,80	40,30	57,60	77,80
20,00%	12,00	12,00	14,20	19,10	27,90	41,80	58,30	78,20
22,00%	13,40	13,40	15,60	20,40	29,10	42,20	59,00	78,50
24,00%	14,90	14,90	17,00	21,80	30,30	43,10	59,60	78,90
26,00%	16,40	16,40	18,50	23,10	31,50	44,10	60,40	79,30
28,00%	17,90	17,90	20,00	24,60	32,80	45,20	61,10	79,60
30,00%	19,50	19,50	21,50	26,00	34,10	46,20	61,80	80,00
32,00%	21,10	21,10	23,10	27,50	35,40	47,30	62,60	80,40
34,00%	22,80	22,80	24,70	29,00	36,80	48,40	63,40	80,80
....	....	....	....	....	....	....	....	....
....	....	....	....	....	....	....	....	....
....	....	....	....	....	....	....	....	....
96,00%	94,10	94,10	94,20	94,60	95,10	96,00	97,20	98,50
98,00%	97,00	97,00	97,10	97,30	97,60	98,00	98,00	99,80
100,00%	100,00	100,00	100,0	100,00	100,00	100,0	100,0	100,00

Legendas dos estados de conservação da tabela:
(A) Novo;
(B) Entre novo e regular;
(C) Regular;
(D) Entre regular e reparos simples;
(E) Reparos simples;
(F) Entre reparos simples e importantes;
(G) Reparos importantes; e
(H) Entre reparos importantes e sem valor.

Considerando que a vida útil de uma edificação seja definida em 80 anos e que a propriedade objeto da avaliação (a avalianda) tenha 24 anos de idade desde o final de sua construção, conclui-se que foram utilizados 30,0% (24 ÷ 80 × 100) dela. Ou seja, os 24 anos de utilização dos 80 disponíveis correspondem a 30% de vida útil decorridos e, como consequência, a propriedade ainda dispõe de 70% a serem utilizados.

Na vistoria técnica, o avaliador constatou boa aparência e condições normais de uso, requerendo, no entanto, a utilização de mão de obra especializada, de materiais diversos e de equipamentos e ferramentas especiais para:

a) executar pequenos reparos resultantes de desgastes naturais;
b) eliminar fissuras localizadas e superficiais;
c) recompor partes do revestimento do piso; e
d) efetuar pintura geral.

Como consequência, enquadrou o estado de conservação do imóvel objeto da avaliação no nível "D – Entre regular e reparos simples", da tabela.

Com esses dados, são identificadas na tabela a linha correspondente ao percentual de 30% da primeira coluna (% de vida decorrida) e a coluna D, correspondente ao estado de conservação do imóvel que está sendo avaliado. O encontro das duas linhas ocorre na célula de valor 26,00, que significa o percentual de depreciação do imóvel ao se considerar esses dois parâmetros (% de vida decorrido e estado de conservação).

Considerando-se um galpão com 800m² e custo da construção da região equivalente a R$1.200,00/m², obtido de publicação do SINDUSCON, apura-se o valor de R$960.000,00 e, ao aplicar o percentual de depreciação de 26%, determina-se o valor final de R$710.400,00 (R$960.000,00 – 26%).

A alínea "a" do item 7.7.1 da norma NBR 14.653-1: 2019 permite que o avaliador arredonde o valor calculado em até 1% (um por cento). Usando essa prerrogativa, pode-se adotar qualquer valor redondo dentro do intervalo de R$703.296,00 a R$717.504,00 como valor final da avaliação do imóvel exemplificado.

Se o imóvel exemplificado acima (com a mesma vida decorrida e custo de construção de R$960.000,00) apresentasse condições muito ruins e tivesse o seu estado de conservação enquadrado no nível "H – Entre reparos importantes e sem valor" da tabela, o encontro das duas linhas ocorreria na célula de valor 80,00, e o valor de avaliação seria reduzido dos R$710.400,00 apurados no exemplo anterior para R$193.920,00 (R$960.000,00 – 80%).

Em regiões urbanas densamente povoadas, a área de terreno ocupada pela edificação não apresenta variações muito significativas, mantendo percentual de ocupação semelhante entre os diversos elementos ofertados e negociados que poderão compor a amostra. Nesse caso, pode-se considerar o valor do conjunto, área de terreno equivalente e edificação, desde que utilizada uma amostra composta apenas por imóveis com essas características e da mesma região.

Entretanto, se a região é menos povoada e seus imóveis apresentam uma variação proporcional considerável entre a área do terreno e a área construída, é recomendável desmembrar o imóvel, utilizando o método de **valor de mercado** de uma amostra de terrenos ofertados ou negociados na região para avaliar o terreno e o método do **custo de reposição** para avaliar a edificação, somando os dois valores para alcançar o valor do imóvel como um todo.

Mesmo no primeiro caso, em que a avaliação pode determinar o valor global do imóvel, é imperiosa a segregação dos valores do terreno e da edificação, uma vez que apenas esta última é depreciável, servindo esta segregação de parâmetro para uma divisão proporcional no valor contabilizado, caso o seu registro ainda esteja englobado.

Qualquer que seja o tipo de bem e o método adotado, os seguintes aspectos devem ser considerados:

a) características técnicas e operacionais do ativo;
b) custos atuais referentes à aquisição de outro bem novo, incluindo material, mão de obra e outros para instalação e torná-lo operante;

c) idade, condições de uso e manutenção em comparação com outro novo;
d) consideração dos demais fatores relevantes na formação de valor.

Como citado antes, na determinação do valor recuperável, além do método do valor justo, o CPC 01 admite a utilização do método do valor em uso, que corresponde ao fluxo de caixa descontado, caso o ativo seja uma unidade geradora de caixa ou faça parte de um conjunto gerador de caixa.

A avaliação para determinar o valor recuperável do ativo imobilizado deve ser efetuada quando houver indicações de sua desvalorização.

Administrativamente, a capacidade de recuperação de valor dos bens do ativo pode ser constatada se a empresa estiver gerando resultado positivo, estável ou crescente, pois somente com todos os componentes do conjunto produtivo funcionando em boas condições é que a empresa conseguirá gerar resultado positivo e, como consequência, todos os bens que integram o conjunto de produção estarão gerando caixa positivo, o que atesta a sua capacidade de recuperação. Assim, a avaliação com a finalidade apenas de atestar essa capacidade pode ser dispensada nessas circunstâncias, não devendo dispensá-la em função dos demais benefícios por ela proporcionados.

Adicionalmente, podem ser citados alguns indicadores de desvalorização de ativos listados no CPC 01 e que requerem a determinação da sua capacidade de recuperação:

a) indicações observáveis de que o valor do ativo diminuiu significativamente durante o período, mais do que seria de se esperar como resultado da passagem do tempo ou do uso normal;
b) mudanças significativas com efeito adverso sobre a entidade ocorreram durante o período, ou ocorrerão em futuro próximo, no ambiente tecnológico, de mercado, econômico ou legal, no qual a entidade opera ou no mercado para o qual o ativo é utilizado;

c) as taxas de juros, de retorno sobre investimentos ou outras taxas de mercado aumentaram durante o período, e esses aumentos provavelmente afetarão a taxa de desconto utilizada no cálculo do valor em uso de um ativo e diminuirão materialmente o valor recuperável do ativo;
d) o valor contábil do patrimônio líquido da entidade é maior do que o valor de suas ações no mercado;
e) evidência disponível de obsolescência ou de dano físico de um ativo;
f) relatório interno indicando que o desempenho econômico de um ativo é ou será pior que o esperado.

Como demonstrado, muitos aspectos devem ser observados e considerados na escolha do método a ser utilizado, necessitando uma capacidade de análise muito grande que só um profissional experiente pode definir.

4.3 Laudo de Avaliação

A avaliação é utilizada para expressar sempre o valor monetário de um bem, valor esse que será utilizado como recurso para cumprir alguma exigência, legal ou particular, devendo satisfazer a diferentes objetivos. Em se tratando de uma avaliação simples e sem maior observância de rigor, ela se constitui em uma estimativa, não devendo ser considerada como laudo. Quando a avaliação é mais complexa e abrangente, com utilização da metodologia recomendada e do rigor a ser atingido seguindo as determinações previstas nas normas e regulamentos, com definição dos graus de fundamentação e de precisão obtidos, ela deve estar fundamentada em um laudo de avaliação.

Alguns atos e fatos envolvendo bens devem se basear em valores determinados por laudo de avaliação emitido em observância aos princípios e limites definidos em normas e legislações, entre as quais a Lei das Sociedades por Ações (Lei nº 6.404/76), que elenca a obrigatoriedade da sua emissão para as seguintes finalidades:

a) incorporação ao capital e à formação do capital;
b) subscrição particular para constituição de companhia;
c) aumento de capital;
d) incorporação, cisão e fusão de empresa.

Como citado, quando se trata de integralização de capital social subscrito com bens, a Lei nº 6.404, em seu art. 8º, determina que o laudo de avaliação elaborado com tal finalidade deve ser emitido por três peritos ou por empresa especializada nomeados em assembleia geral de acionistas, laudo esse fundamentado, com indicação dos critérios de avaliação e dos elementos de comparação adotados.

A assembleia geral para nomeação dos peritos deverá contar, na primeira convocação, com a presença de subscritores que representem pelo menos metade do capital social e com qualquer número em segunda convocação.

A escolha dos peritos ou da empresa especializada responsáveis pela nova avaliação do bem é, portanto, ato privativo dos acionistas reunidos em assembleia. Entende-se que, da mesma forma, essa decisão deve ser ato exclusivo dos sócios quotistas nas sociedades por quotas, em proporções idênticas.

Não prevê o dispositivo legal qualquer obstáculo na escolha dos peritos em virtude de eventuais relações ou vínculos que possam ter com a sociedade ou seus sócios. É evidente que peritos experientes, com reconhecida capacidade técnica e independentes, ou seja, desvinculados da entidade e de seus sócios, asseguram, além da qualidade, mais confiança e credibilidade ao laudo, ao eliminar o conflito de interesses.

Concluídos os trabalhos com a emissão do laudo de avaliação, será convocada nova assembleia geral para sua aprovação, à qual os avaliadores deverão estar presentes para prestarem as informações que lhes forem solicitadas.

Como já mencionado anteriormente e exigido pela Lei nº 6.404/76, o laudo deverá ser fundamentado, com indicação dos critérios utilizados e dos elementos de comparação adotados. Além disso, deverão ser relacionados os documentos relativos aos bens avaliados, bem como definida a vida útil remanescente do bem.

Sempre que o laudo considerar como vida útil remanescente um período diferente daquele usualmente admitido e em uso, a taxa de depreciação do bem deverá ser readequada a esse prazo, o que ocasionará um ajuste no seu valor nominal. Assim, se um determinado laudo afirmar que um bem imóvel possui vida útil remanescente de 50 anos, a partir da data do laudo a taxa de depreciação deverá se adequar a esse prazo remanescente, ou seja, a taxa será de 2,0% ao ano, independentemente da taxa utilizada até então.

Além da composição e qualificação dos integrantes da equipe responsável pela emissão do laudo, é importante se considerar a idoneidade, experiência e capacidade técnica dos envolvidos na sua elaboração, bem como o atendimento aos demais preceitos estabelecidos pela Associação Brasileira de Normas Técnicas — ABNT, que dispõe de normas específicas — citadas anteriormente — para os diversos tipos de bens.

O laudo deverá identificar e descrever, individualizadamente, os bens avaliados por conta contábil em que estão escriturados e indicar a data e o valor de aquisição, seu valor contábil e de mercado, valor residual, vida útil remanescente e taxa de depreciação, além de indicar as fontes de informação dos dados que foram utilizados na avaliação.

A determinação do valor é resultante de uma série de cálculos que utilizam fórmulas e dados estabelecidos nas normas e regulamentos, ajustados por índices conhecidos no mercado de avaliações.

Outras circunstâncias podem requerer a emissão de laudos de avaliação para determinação de valor de bens, tais como:
a) cálculo da capacidade de recuperação do valor (*impairment test*) dos bens, determinado pelo Comitê de Pronunciamentos Contábeis, através do CPC 01;
b) negociação entre partes independentes;
c) indenização de bens desapropriados por interesse público;
d) base para definição de sentença judicial;
e) definição do valor justo por ocasião da alienação do bem.

4.4 Exercícios de fixação

1 – Quando o valor de mercado de um bem é superior ao seu valor contábil como resultado do teste de recuperabilidade, pode ocorrer:
(A) aumento da sua vida útil com redução da taxa de depreciação.
(B) registro do aumento no Imobilizado pagando imposto sobre o ganho.
(C) aumento do patrimônio líquido.
(D) nenhum registro contábil.

2 – Deixar de depreciar por algum período e manutenção deficiente podem tornar o valor contábil do bem maior do que seu valor recuperável, ocasionando:
(A) redução da sua vida útil com aumento da taxa de depreciação.
(B) registro da perda em conta redutora do Imobilizado.
(C) aumento do patrimônio líquido.
(D) nenhum registro contábil.

3 – Embora valores expressivos apurados em laudo de avaliação superiores aos registros contábeis não possam ser contabilizados, devem ser divulgados no Relatório da Administração a fim de:
(A) evidenciar a preocupação com a divulgação de dados atualizados.
(B) facilitar a obtenção de recursos para financiar as operações.
(C) contratar seguro dos bens com valores mais realistas.
(D) todas as alternativas.

4 – O valor dos bens imobilizados determinado no laudo de avaliação só pode ser contabilizado se o valor contábil existente antes da avaliação for:
(A) menor.
(B) maior.
(C) igual.
(D) todas as alternativas.

5 – Valores expressivos apurados em laudo de avaliação superiores aos registros contábeis, **quando admitida a sua contabilização como reavaliação**, provocava aumento do Patrimônio líquido e o índice de endividamento da empresa ficava:
(A) menor.
(B) maior.
(C) inalterado.
(D) todas as alternativas.

6 – O método de avaliação de bens do imobilizado mais fácil, rápido e de execução menos trabalhosa, requerendo menos empenho de horas dos profissionais avaliadores, é o método designado por:
(A) indexação.
(B) comparativo de dados de mercado – modalidade direta.
(C) comparativo de dados de mercado – modalidade indireta.
(D) fluxo de caixa descontado.

7 – A amostra a ser utilizada em uma avaliação deve ser composta por elementos com fatores que apresentem características e valores semelhantes às do avaliando, de modo que devem ser descartados aqueles cujas diferenças estejam no limite de:
(A) menos 10%.
(B) menos 30%.
(C) menos 50%.
(D) nenhuma das alternativas anteriores.

8 – A formação de uma amostra a ser utilizada em uma avaliação pode ser composta por elementos que apresentam fatores com valores diferentes dos do avaliando. Para tornar os elementos equivalentes ao avaliando, seus fatores devem ser homogeneizados de modo que aqueles com valores piores e os com valores melhores do que o do avaliando devem ser:
(A) reduzidos e aumentados, respectivamente.
(B) aumentados e reduzidos, respectivamente.

(C) aumentados, ambos.
(D) reduzidos, ambos.

9 – O CPC 01 admite o uso do método do valor justo (pesquisa de bens semelhantes no mercado) ou do valor em uso (fluxo de caixa descontado) para definição do valor recuperável. Entretanto, utilizado um deles, a adoção do outro só é necessária se o valor obtido comparado ao valor contábil for:
(A) menor.
(B) maior.
(C) menor ou maior.
(D) todas as alternativas.

10 – Um bem com 10 anos de vida útil foi adquirido por R$200.000,00 e depreciado em 50%. Através de um laudo de avaliação, foi-lhe atribuído o valor recuperável de R$80.000,00. O novo valor contábil será de:
(A) R$ 20.000,00.
(B) R$ 80.000,00.
(C) R$120.000,00.
(D) R$180.000,00.

11 – A empresa "A" efetuou, no início do exercício, avaliação dos bens do seu ativo imobilizado e com eles integralizou capital na empresa "B". Os dados são os seguintes:

Bens	Aquisição	Depreciação	Valor contábil	Avaliação
Soma	1.800.000	720.000	1.080.000	2.000.000

Considerando apenas os efeitos no momento dessa operação, as empresas "A" e "B" apresentam os seguintes saldos no seu imobilizado, respectivamente:
(A)   Zero e R$1.080.000.
(B) R$1.800.000 e R$2.000.000.
(C)   Zero e R$2.000.000.
(D) R$1.080.000 e R$1.280.000.

Solução dos exercícios de fixação:

1(D); 2(B); 3(D); 4 (B); 5 (A); 6 (A); 7 (C); 8 (B); 9 (A); 10 (B); 11 (C).

5
Controle Físico

Resumo

Este capítulo detalha os procedimentos da gestão dos bens do imobilizado, definindo as rotinas, obrigações e responsabilidades de cada órgão da entidade envolvido na gestão do imobilizado, constituindo-se em um mini manual a ser seguido. Diversas atividades encontram-se conceituadas e detalhadas; assim, as etapas de aquisição, baixa e transferência são descritas nas suas diferentes formas de ocorrência — por compra, venda, permuta, doação, extravio ou perda total. Trata ainda do Termo de Responsabilidade, outro instrumento de controle que possibilita cobrar a atuação do gestor de cada dependência; ali são definidos o emitente e o destinatário, além das situações em que o documento é criticado e atualizado. O capítulo sugere formas de identificação dos bens, evidenciando as vantagens e desvantagens de cada uma delas em função das características do bem, recomendando uma padronização para o seu posicionamento, além de indicar o material mais adequado para confecção e fixação das plaquetas. São listados os benefícios obtidos com o uso de um sistema de gestão eficiente e estabelecidas as responsabilidades dos diferentes segmentos hierárquicos da organização, fixando os itens mais relevantes que devem ser observados por cada um dos envolvidos. Finalmente, o inventário físico tem as suas etapas de execução descritas e alocadas em um cronograma a ser elaborado em função da quantidade e da complexidade dos bens de cada dependência a ser inventariada, e culmina com o dimensionamento e o número de equipes a ser utilizado para cumprir os prazos estabelecidos. São sugeridos modelos de formulários e de cronogramas de execução utilizados nos inventários de bens.

5.1 Conceituação

O controle físico dos bens de uma entidade é um dos instrumentos mais importantes da gestão patrimonial e deve ser exercido através do registro de todos os dados de cada bem, definindo a responsabilidade de cada membro da organização nos diversos eventos que envolvem tais bens.

O sistema de controle a ser utilizado deve contemplar o registro de todos os fatos ocorridos, com base em documentos utilizados para cada um dos diversos eventos, conforme modelos sugeridos nos anexos ao final do livro, embora sua emissão formal possa ser substituída pela eletrônica, desde que utilizadas todas as informações previstas nos modelos.

O controle deve ser feito individualizadamente, ou seja, bem a bem, embora em algumas situações específicas possa e deva ter sua execução efetuada de forma coletiva, pela dificuldade e inviabilidade do controle individual. Podem ser exemplificados por:
a) estrados (*pallets*) nas extensas áreas de armazenamento de produtos e mercadorias;
b) vasilhames nos fabricantes e distribuidoras de bebidas;
c) câmeras de segurança em áreas e atividades de grande circulação de pessoas, cujo controle e registro da movimentação é necessário;
d) moldes e fôrmas utilizados na fabricação de pequenos produtos;
e) caixas de armazenamento e transporte de produtos agrícolas.

A gestão do sistema de controle deve ser exercida pelo órgão de controle patrimonial, embora, em certos tipos de bens, ele possa ser feito pelo órgão especializado que o gerencia. É o caso das bibliotecas quando existentes nas empresas. Se elas possuem pequena quantidade de volumes, devem ser geridas pelo mesmo sistema de controle patrimonial, sob a responsabilidade do gestor do patrimônio geral da empresa, sendo tratadas como bem imobilizado comum. Porém, se possuem grande quantidade de volumes, como as existentes nas entidades de ensino e pesquisa, não é necessário um tratamento especial a cada item, uma vez que já utilizam um sistema próprio e específico para administrar a sua movimentação. Neste caso, deve ser dispensado o sistema de controle patrimonial centralizado, fazendo uso apenas do específico, desde que este disponha de recursos que atendam ao aspecto contábil e desde que o órgão gestor do patrimônio tenha acesso ao mesmo.

Devem ser elaboradas e implantadas normas e rotinas que estabeleçam os procedimentos de cada órgão envolvido nas diversas atividades em que se subdivide o controle físico dos bens da entidade.

5.2 Aquisição

As aquisições de bens patrimoniais podem ocorrer por três formas distintas:
a) compra;
b) permuta; e
c) doação.

A **compra** de bens patrimoniais deve ser efetuada após a emissão de um formulário designado por pedido de compra ou solicitação de compra, devendo o responsável pela área solicitante mencionar, obrigatoriamente, o item com a especificação completa e a verba orçamentária prevista e aprovada.

Quando a compra do bem patrimonial não está prevista no orçamento da área solicitante ou a verba orçamentária aprovada não é suficiente para cobertura do compromisso, algumas situações podem justificar a compra, tais como:
a) quebra de um bem essencial por acidente;
b) melhoria tecnológica em bem constante do orçamento, com mudança em seu valor;
c) surgimento de bens com tecnologia mais avançada que melhorarão o desempenho da atividade e ainda não constantes do orçamento;
d) substituição por outro bem orçado, com valor equivalente.

Nessas circunstâncias, o formulário de compra deve conter as justificativas e sua aprovação deve ser feita por dois diretores, diminuindo esse nível de decisão até o de um gerente, de acordo com os limites de alçada estabelecidos pela entidade.

Aprovada a compra, o processo deverá ser iniciado pela realização da tomada de preços, utilizando-se de um formulário no qual constem a descrição detalhada e clara da especificação e a quantidade a ser adquirida, já preenchidas pela entidade compradora; além disso, deverá apresentar espaços a serem preenchidos pela potencial entidade fornecedora referentes a pelo menos os seguintes parâmetros:

a) preço unitário;
b) prazo de entrega;
c) condições de pagamento;
d) alíquota dos tributos não inclusos no preço;
e) prazo e abrangência das garantias;
f) assistência técnica;
g) frete e seguro; e
h) outros itens influentes na escolha do fornecedor.

A tomada de preços deve ser enviada aos diversos potenciais fornecedores em número tal que possa se obter resposta de, pelo menos, três deles. Após a devolução com os campos preenchidos, será montado o mapa de cotação de preços, no qual estarão demonstradas as condições oferecidas por cada um de modo a dar uma visualização ampla que facilite a seleção daquele que oferece o melhor conjunto de condições. Esse conjunto significa que, em alguns casos, pode não se limitar ao menor preço. Podem ser as condições de pagamento ou o prazo de entrega, ou ambos, os fatores preponderantes, juntamente com o preço, para decidir pela escolha do fornecedor.

Uma vez aprovado, o proponente selecionado deverá ser formalmente comunicado e, ao mesmo tempo, deve ser enviada correspondência aos demais participantes do processo comunicando a escolha de outro proponente que apresentou condições mais favoráveis e agradecendo a participação de cada um. Em seguida será emitida a autorização de fornecimento e enviada ao fornecedor escolhido. Tal autorização deverá conter todas as formalidades para que se constitua em um contrato de fornecimento no qual serão estabelecidas todas as obrigações a serem cumpridas por ambas as partes.

Ao receber a autorização de fornecimento, e estando em condições de remeter o bem, o fornecedor emitirá nota fiscal, em pelo menos duas vias, efetuando o seu despacho.

Existem situações especiais que recomendam o recebimento do bem no próprio local de sua instalação e utilização, dadas as suas características que dificultem sua movimentação (como peso e volume), ou no local de sua fabricação, pela necessidade de inspeção da qualidade durante o período de sua elaboração. Salvo nessas situações, a entrega deverá ser efetuada no almoxarifado da entidade adquirente, onde o bem será inspecionado para comprovar o atendimento às especificações e demais condições em que ele se encontra. Na estrutura dos almoxarifados, normalmente, não existem profissionais capacitados para inspecionar e atestar as condições de todo tipo de bens adquiridos. A variedade é muito grande, desde simples materiais de expediente como lápis, caneta e papel de impressão, até equipamentos de análises como microscópios, pipetas e analisadores, culminando com outros maquinários e equipamentos mais sofisticados. Para bens semelhantes aos do primeiro exemplo, é lógico que um profissional sem conhecimentos específicos, componente da lotação do próprio almoxarifado, pode atestar as condições para recepcionar sua aquisição. Entretanto, para os do segundo grupo é recomendável e prudente a convocação de profissional da área requisitante da compra para atestar as especificações e responsabilizar-se pela aceitação.

Se nessa inspeção de recebimento for detectado algum problema, este será comunicado imediatamente ao fornecedor e o bem não deverá ser recebido — sua devolução deverá ser providenciada para que sejam efetuados os devidos reparos e posterior entrega. Caso contrário, o bem é recebido, sendo o solicitante da compra comunicado sobre a sua disponibilidade para uso. Ao mesmo tempo, é efetuada a identificação do bem, sendo a respectiva documentação remetida ao

Gestão Patrimonial

órgão de controle de patrimônio, com todos os dados para inclusão no cadastro e para que sejam processados os procedimentos subsequentes. Todos os dados significam:
a) descrição principal – três palavras, no máximo:
   - cadeira giratória,
   - mesa de centro,
   - torno mecânico,
   - bomba de sucção,
   - cama mecanizada,
   - caminhão basculante,
   - trator de esteira,
   - bisturi eletrônico digital,
   - escada extensível.
b) descrição complementar – liberdade de quantidade de palavras:
   - material aplicado:
     √ madeira,
     √ aço,
     √ tecido,
     √ plástico,
     √ curvim,
     √ MDF.
   - mobilidade:
     √ sobre rodízios,
     √ fixo,
     √ deslizante.
   - cor:
     √ branco,
     √ preto,
     √ marrom,
     √ rosa.
   - dimensão – ordem de largura, altura e profundidade (LAP):
     √ 120 x 080 x 060,
     √ 120 x 080 x 045,

√ 180 x 210 x 030,
√ 120 x 180 x 040,
√ 320 x 110 x 050.
- outros atributos.
  a) fabricante;
  b) marca;
  c) modelo;
  d) capacidade;
  e) potência;
  f) número de série;
  g) número da plaqueta de identificação.

Todos esses dados, aparentemente dispensáveis, são muito importantes tanto no dimensionamento do espaço a ser ocupado quanto na facilidade de movimentação, além da sua relevância por ocasião da tomada de preço no mercado de bens similares para proceder à avaliação, a fim de determinar o seu valor recuperável e no cotejamento com os dados contábeis quando da implantação do controle patrimonial na entidade. Em se tratando de equipamentos, máquinas e veículos, podem ser classificados como indispensáveis a anotação do número de série (chassis), o modelo, a marca e o fabricante, nessa ordem de importância, evidentemente quando existentes.

Na aquisição por **permuta**, deverá ser efetuada uma avaliação dos bens de ambas as entidades envolvidas na operação, com o objetivo de definir o seu valor justo (*fair value*), para que não ocorra benefício de uma parte em detrimento da outra. Entende-se por valor justo (*fair value*) a importância pela qual um ativo pode ser transacionado entre comprador e vendedor bem-informados e dispostos a realizar a transação sem favorecimento para qualquer dos dois.

O relatório de avaliação deve ser elaborado por profissionais de ambas as empresas envolvidas na permuta, que devem chegar a um consenso sobre as condições da sua realização, ou por empresa externa especializada. O relatório deve detalhar os parâmetros que justifiquem a permuta, descrever cada um dos bens a serem cedidos e recebidos mutuamente, estabelecer as diferenças, se houver, e sugerir uma forma de compensação. Após a análise do relatório, um diretor (ou diretores) com poderes para tal, conforme estabelecido no estatuto ou contrato social, deverá analisar os dados e decidir pela aprovação ou não da operação.

Definidas as condições para a permuta e após a sua aprovação, o departamento de almoxarifado deverá providenciar a documentação de cessão, fazendo constar ali as especificações completas e a data de aquisição inicial dos bens cedidos, solicitando ainda que a documentação da cedente referente aos bens recebidos na permuta inclua os mesmos dados.

Os procedimentos de inspeção de recebimento de bens resultantes de permuta podem se restringir apenas à verificação da ocorrência de danos ocorridos durante o transporte, já que os demais itens foram verificados tanto pelo órgão usuário do bem quanto pelos avaliadores durante o período de negociação da permuta. Para o preenchimento da ficha cadastral, o departamento de controle patrimonial deverá ser informado dos mesmos dados previstos na compra.

Nas aquisições por **doação**, são necessários os mesmos procedimentos de avaliação para possibilitar o registro contábil do ganho auferido pela empresa que recebe o bem. A empresa recebedora da doação deverá evidenciar a utilidade daquele bem pelo futuro órgão usuário e ter a aceitação da oferta aprovada pela sua direção. Isso evitará a ocorrência de uma doação que resulte em desvantagem, tal como o recebimento de um bem cujo custo de manutenção e conservação seja muito elevado e incompatível com o benefício que ele proporcionará. Processada a doação, o almoxarifado deverá observar os mesmos procedimentos da permuta quanto à documentação.

Em qualquer das três formas de aquisição (compra, permuta ou doação), o órgão receptor do bem deve identificá-lo da maneira mais adequada e efetuar a anotação do número de identificação no documento de aquisição, bem como a complementação da descrição, convocando a participação do usuário do bem e do fornecedor, se for o caso; além disso, deve informar a localização do bem e o órgão que o detém. Deve ainda notificar a área de controle de patrimônio para providenciar não apenas o registro dos dados do bem, preenchendo todos os campos da Ficha de Controle de Bens Patrimoniais – FCBP (Anexo "G"), como também a emissão de nova listagem de controle físico, gerando novo termo de responsabilidade com o bem incluído.

Nas aquisições por compra ou por permuta com diferença a pagar, o documento de aquisição será enviado para o departamento de contas a pagar, que providenciará a programação do pagamento. Se na permuta ocorrer diferença a receber, o documento de aquisição será enviado para o departamento de contas a receber, que providenciará a programação do recebimento. Em ambos os casos, o documento será enviado para a tesouraria, onde o respectivo pagamento ou recebimento será processado, e para a contabilidade, que efetuará o registro contábil.

5.3 Baixa

A baixa é caracterizada pela operação de retirada de bens patrimoniais de uso em caráter definitivo. Ela pode ser determinada quando ocorrer venda, permuta, doação, extravio, ou perda total de um bem patrimonial. Tal baixa caracteriza-se pela exclusão do patrimônio da entidade, podendo ocasionar variação ao se apurar o ganho ou perda na operação. As baixas também podem ocorrer de maneira independente de qualquer das cinco situações acima: é o caso de baixas contábeis das contas do imobilizado por transferências para contas de outro grupo contábil. São as reclassificações de imobilizados para contas do realizável a longo prazo ou do circulante nas baixas de bens para futura venda; ou para investimentos, se a transferência não objetivar venda, mas sim renda ou valorização.

Venda, permuta ou doação de bens patrimoniais caracterizam-se pela cessão a terceiros de bens patrimoniais não mais suscetíveis de uso na entidade. Tal cessão é feita mediante o pagamento ou assunção da obrigação por terceiros, no caso de venda propriamente dita; ou pelo recebimento de outros bens e de diferença monetária a receber ou a pagar, se ocorrer, em função do valor tecnicamente estabelecido, no caso de permuta. A venda, permuta ou doação de bens patrimoniais devem ser justificadas e previamente aprovadas por prepostos, estabelecidos no estatuto ou contrato social, ou por delegação expressa de tais poderes, pelos proprietários. Tal como na aquisição, o valor para venda ou permuta deve ser estabelecido por uma comissão ou por empresa especializada, utilizando-se das técnicas de avaliação aplicáveis. Os cuidados quanto à documentação e a inspeção são semelhantes aos recomendados na aquisição através de permuta.

Configura-se extravio de bens patrimoniais desaparecidos da área na qual estão alocados ou durante a sua locomoção para outra área quando fracassarem todas as tentativas de localização pelo órgão responsável pelo controle dos bens ou pelo órgão de segurança da empresa. Para baixa de bens patrimoniais por extravio, será necessário o relatório das duas últimas áreas citadas acima informando que foram esgotadas todas as tentativas de sua recuperação, inclusive anexando documento de registro policial e cópia de aviso publicado na imprensa, quando for o caso.

A perda total dos bens patrimoniais configura-se quando eles sofrem um acidente e seus custos de recuperação não viabilizam o reaproveitamento, devendo tal fato constar de um relatório circunstanciado elaborado por profissional capacitado e aprovado pela chefia do órgão que detém o bem.

A doação de bens patrimoniais deve ter aprovação semelhante à de uma venda ou permuta. Ela pode acontecer quando um bem patrimonial é cedido gratuitamente a outra entidade, necessitando de justificativa e aprovação para tal fato. A doação só deverá ser processada e concretizada na empresa doadora depois que a disponibilidade do bem for analisada e justificada pelo respectivo órgão usuário, não houver interesse dos demais órgãos da entidade e, finalmente, for aprovada pela direção. Se o último órgão usuário do bem não for o seu usuário normal, isto é, aquele em que o bem permaneceu por mais tempo em operação, este último deverá participar da análise e justificativa da doação.

As solicitações de baixa de bens patrimoniais devem ser feitas através de um documento emitido pela área detentora do bem e encaminhado para o órgão de controle de bens. Nessa solicitação devem constar as seguintes informações:
a) área e centro de custo detentor do bem;
b) descrição do bem e número da plaqueta de identificação;
c) relato sucinto da ocorrência com o bem, indicando as razões da baixa, com anexação de cópia do relatório e dos documentos.

5.4 Transferência

A transferência é o processo de movimentação de um bem patrimonial de um determinado órgão para outro, ou entre dependências de um mesmo órgão quando localizadas em endereços diferentes. Ela pode ocorrer em caráter definitivo ou temporário. Em ambos os casos devem ser analisadas as condições de disponibilidade e de viabilidade da cessão. Estando o bem disponível e sendo viável, a transferência em caráter definitivo ocorre somente quando o bem for cedido em caráter permanente; ou ocorrerá em caráter temporário quando ele for cedido por empréstimo e por prazo determinado.

Todo e qualquer tipo de transferência física de bens patrimoniais deve, obrigatoriamente, estar suportado por um documento emitido pelo órgão detentor do bem e ter uma das vias encaminhada para o órgão de destino e outra para o órgão de controle patrimonial. O documento deve conter as seguintes informações:
a) designação e centro de custo do órgão detentor do bem;
b) descrição do bem e número da plaqueta de identificação;
c) designação e centro de custo do órgão de destino do bem transferido;
d) justificativa da transferência;
e) indicação se a transferência é definitiva ou o prazo de duração, em caso contrário.

Gestão Patrimonial

Não há necessidade de emitir o documento de transferência de bens patrimoniais nos seguintes casos:
a) utilização por outro órgão em prazo muito curto (dias);
b) substituição de bens patrimoniais em caráter temporário, em função de manutenção corretiva ou preventiva.

O controle das transferências dos bens patrimoniais é exercido pelo órgão de controle patrimonial.

Todas as movimentações — definitivas ou temporárias — deverão ser comunicadas ao órgão controlador dos bens através do Documento de Movimentação de Bens Patrimoniais (Anexo "F"), excetuadas as situações de curto prazo caracterizadas acima.

De posse do documento de transferência, o órgão controlador dos bens procederá às alterações no cadastro e emitirá, em duas vias, um novo termo de responsabilidade com as alterações efetuadas e o enviará aos órgãos cessionário e cedente, que conferirão e devolverão uma das vias assinada ao órgão controlador dos bens. Ocorrendo divergência entre os bens constantes da relação e sua existência física, o termo de responsabilidade será devolvido, assinalando tal divergência para análise do órgão de controle patrimonial e sua reemissão, se procedente a divergência.

As portarias ou os postos de vigilância são responsáveis pela entrada ou saída de qualquer bem patrimonial no caso de transferências efetuadas para outros endereços da empresa ou recebidas de outros, devendo exigir do responsável pelo transporte a apresentação da nota fiscal, além do documento de transferência.

O Documento de Movimentação de Bens Patrimoniais deve ser assinado pelos gerentes das áreas cedente e receptora do bem, além da área de controle patrimonial.

Embora as transferências tenham sido tratadas até aqui apenas do ponto de vista físico, deve-se lembrar que podem ocorrer transferências sob o aspecto estritamente contábil. Elas consistem na mudança de um bem (ou de um grupo de bens) de um subgrupo contábil para outro ou de uma conta para outra, com o objetivo de melhorar a classificação ou mesmo corrigir aquela efetuada inadequadamente em ocasião anterior, ou ainda devido a mudanças nas condições de uso e de permanência do bem na empresa. Como citado no item 5.3 acima, esses casos podem ocorrer com bens que não estão sendo utilizados nas atividades da empresa e devem ser reclassificados contabilmente para outra conta. Por exemplo, um bem destinado à alienação será reclassificado da conta operacional para a conta de bens destinados à venda, pertencente ao grupo realizável a longo prazo ou ao ativo circulante; um bem imóvel que deixou de ser utilizado na operação da empresa e é alugado a terceiros será reclassificado para a conta de bens para renda, pertencente ao subgrupo propriedade para investimento do grupo investimentos.

5.5 Termo de Responsabilidade

O Termo de Responsabilidade (Anexo "E") é o instrumento destinado a fixar as responsabilidades da chefia de cada uma das diversas dependências da entidade sobre os bens patrimoniais sob sua guarda e utilização, além de se constituir no documento que suprirá o órgão gestor do patrimônio com os dados que possibilitarão exercer controles adequados quanto a sua correta localização. Assim, ele deve ser definido em nível gerencial da dependência detentora dos bens patrimoniais, podendo descer a níveis inferiores (setor, seção, local), se assim ficar estabelecido pela política de imobilização da entidade.

O detentor do Termo de Responsabilidade é o responsável pela sua manutenção, custódia e assinatura, sendo representado por toda e qualquer chefia das diversas áreas da entidade que tem sob sua responsabilidade a guarda, o uso, a conservação, a manutenção e a segurança dos materiais e equipamentos classificados no imobilizado. Isso não isenta qualquer empregado subordinado de observar os cuidados na sua utilização e movimentação. O Termo de Responsabilidade é emitido pelo órgão de controle dos bens patrimoniais, e nele devem estar relacionados todos aqueles bens que estiverem alocados à respectiva dependência, constando o número de identificação e a descrição principal.

Os responsáveis pelos bens patrimoniais, ao receberem o Termo de Responsabilidade, devem conferi-lo, cotejando os itens constantes ali com a respectiva existência física, e assinar uma das vias para devolução ao órgão de controle ou notificá-lo imediatamente das divergências identificadas e aguardar a nova remessa com as correções efetuadas. A execução dessas tarefas pode ser delegada a subordinados, porém não transfere a responsabilidade, que continua sendo do detentor do termo.

A distribuição, a atualização e o controle do Termo de Responsabilidade são atribuições do órgão de controle dos bens. Ele é atualizado e reemitido sempre que houver movimentação de bem de alguma área, seja por aquisição, baixa ou transferência.

5.6 Identificação

A identificação de um bem do ativo imobilizado pode ser efetuada por qualquer meio disponível, desde que se possa estabelecer o reconhecimento de cada item separadamente. Significa que a plaqueta de identificação — fixada no bem pelo seu fabricante, indicando as suas características, especificação, data de fabricação, modelo e número de série — é suficiente para identificá-lo.

Em uma empresa podem existir várias unidades padronizadas de um mesmo tipo de bem sem que seu fabricante defina uma identificação própria que as individualize (sendo exemplificadas por mesas e cadeiras), além daquelas fabricadas sob medida e especificadas pelo adquirente. Neste último caso, para a identificação de cada uma delas individualmente, é necessário utilizar recursos extras, normalmente representados por plaquetas específicas, que podem, no entanto, ser substituídas pela gravação ou simplesmente pela cravação de um número diretamente no corpo do bem através de equipamento próprio, ou pela pintura com tinta, cuja especificação resista aos agentes a que os mesmos são submetidos, além de outros instrumentos menos comuns como anéis, argolas, brincos e mais recentemente "chips" eletrônicos.

Embora a identificação preferencialmente deva ser efetuada de forma individualizada, possibilitando o cadastramento, o registro e a contabilização por item, existem bens que, de acordo com a característica, a padronização e o valor unitário baixo adquiridos na mesma ocasião, podem ser identificados de forma coletiva, pelo conjunto. São exemplificados por:
a) coleções de livros;
b) câmeras de segurança;
c) leitoras óticas;
d) caixas de movimentação de materiais;
e) cadeiras populares, moldes; e
f) fôrmas de pequeno valor.

Nesses casos, a plaqueta correspondente é anexada ao processo de aquisição do conjunto de bens, ou o seu número é simplesmente anotado no documento de aquisição, ou ainda são utilizadas plaquetas com o número repetido, porém com uma extensão, numérica ou alfabética, fixada em cada unidade do conjunto.

Existem ainda bens cuja manutenção é efetuada na base de troca, em que a empresa especializada que a executa deixa uma unidade e leva a existente a fim de reduzir os custos de transporte. É o caso dos extintores de incêndio portáteis, cuja identificação deve ser por conjunto (como descrito acima) ou ainda com uma etiqueta de papel gomado, que pode ser facilmente reemitida e afixada no bem substituto da troca. Deve-se ressaltar a possibilidade do uso de etiqueta confeccionada em polipropileno, com impressão por etiquetadora simples, que pode resolver o problema do custo elevado da substituição frequente.

Uma terceira forma é a identificação por unidade operacional em que um conjunto de itens não padronizados constitui uma unidade autônoma de operação, formando um sistema operacional. Bons exemplos desta alternativa são as imobilizações de unidades fixas ou móveis de geração de imagem e som nas empresas de rádio e televisão e nas produtoras de filmes e vídeos; de redes de água, de esgoto e de energia elétrica, nas concessionárias desses serviços públicos, cuja unidade imobilizada deve ser a etapa do serviço executado e constante do boletim de medição que acompanha a nota fiscal. Mesmo que esta forma de identificação seja utilizada, deve-se segregar individualizadamente o maior número possível de componentes que possuem características específicas individualizadas e que podem ser trocados por outros, deixando na unidade operacional os demais que se agregam definitivamente ao seu conjunto.

Embora sejam aceitas as três formas de identificação, conforme comentado, por eficiência gerencial, a primeira forma deve ser a preferida, procurando segregar as parcelas do total nas aquisições por valor global. Com essa providência, torna-se mais fácil baixar dos registros contábeis os valores correspondentes às substituições das partes, simplificando a apuração do resultado (ganho ou perda) nas alienações.

O material mais comumente utilizado nas plaquetas de identificação é o alumínio anodizado, pintado fotomecanicamente com camada anódica em várias cores, com o desenho do logotipo da instituição e, obrigatoriamente, com numeração ordinal. De maneira geral, utiliza-se o código de barras obedecendo à sequência normal da numeração ordinal. As dimensões das plaquetas devem ser compatíveis com o tamanho dos bens que elas identificarão, embora o mais comum é padronizá-las em um só tamanho em torno de 40mm x 12mm x 0,5mm.

Apesar de todas as vantagens e benefícios proporcionados pela identificação através da plaqueta metálica, existem espécies de bens para os quais é desaconselhada a utilização desse tipo de identificação, não só pela impossibilidade de sua fixação, mas até pela agressão que pode provocar no bem, danificando-o, ou pelos riscos de acidente que podem ocasionar em seus usuários. Eis alguns exemplos:

a) livros, para os quais o uso da etiqueta de papel gomado é mais adequado;
b) rouparias de hotéis e clínicas, em que a pintura do número de identificação na própria peça ou em etiqueta de pano nela costurada é a solução mais prática e viável;

c) vidraria de laboratório e bisturi cirúrgico cujas características desaconselham e, às vezes, até impossibilitam sua fixação, devendo ser anotado o número de identificação no processo de aquisição;
d) animais, que têm a pele marcada com tipos aquecidos ou umedecidos com substâncias químicas, modalidades que os agridem fisicamente, e razão pela qual vêm sendo utilizados anéis, argolas, brincos e até "chips" eletrônicos em sua substituição.

Na impossibilidade da identificação do bem, a autoridade fiscal determina, por ocasião da sua baixa, que ela seja considerada como se fosse a daquele bem mais antigo (método PEPS – Primeiro a Entrar é o Primeiro a Sair) e, portanto, o bem de valor contábil (aquisição menos depreciação) mais baixo, pois, quanto mais antiga for a aquisição maior a depreciação e menor o valor contábil do bem. Como é evidente, esse fato apresenta o resultado menos favorável para a entidade do ponto de vista fiscal (valor da venda menos valor contábil), ocasionando, na maioria dos casos, tributação evitável se existisse uma identificação individualizada.

A tradicional e utilíssima plaqueta metálica de identificação padronizada com o logotipo da empresa tem o seu uso amplamente justificado não só pela padronização em si e pelo marketing que faz da instituição, mas, muito mais, pelo efeito psicológico exercido sobre as pessoas, no sentido de reforçar o direito de propriedade de um bem que tenha uma plaqueta de identificação marcada com o nome e logotipo da entidade que o detém. Isso inibirá as pessoas de se apropriarem indevidamente do bem, dificultando o seu extravio e possibilitando a identificação do órgão responsável, quando o extravio ocorrer.

Embora as etiquetas metálicas continuem sendo amplamente utilizadas, o mercado disponibiliza outras com os mesmos recursos, mas com a vantagem de serem gomadas e confeccionadas em material sintético, o que as torna resistentes à umidade e a elementos químicos.

Elas podem ser impressas na própria empresa ou em alguma firma terceirizada incumbida da gestão do patrimônio, sendo necessária apenas a utilização de uma impressora especial (mas de baixo valor de aquisição) que poderá emitir etiquetas em qualquer quantidade, apresentando grande redução de custo nas reposições daquelas poucas que se perdem.

Nos casos da identificação de forma coletiva, como em coleção de livros, conjuntos de fôrmas, de moldes e de cadeiras populares em teatros, cinemas e templos religiosos, é aconselhável ter uma extensão no número da etiqueta — quer ela seja metálica, plástica, de papel ou de qualquer outro material. A extensão deve contemplar não só a sequência numérica natural, mas também o número que indica o total de itens que compõem aquele conjunto. Isso possibilita detectar qualquer um dos itens que estejam faltando durante a verificação física, seja ele o primeiro, um dos intermediários ou o último. Segue abaixo um exemplo de identificação de uma obra literária cujo título é constituído por cinco volumes e que tem como número básico de identificação 10.118:

1º volume ou volume 1 -> 10.118 – 01/05
2º volume ou volume 2 -> 10.118 – 02/05
3º volume ou volume 3 -> 10.118 – 03/05
4º volume ou volume 4 -> 10.118 – 04/05
5º volume ou volume 5 -> 10.118 – 05/05

Outra modalidade de identificação para controle de bens é a identificação por radiofrequência (*RFID – radio-frequency identification*), amplamente utilizada nas atividades de produção, armazenamento, distribuição e comercialização de bens e bastante popularizada na atividade varejista para controlar a movimentação de mercadorias, evitando desvios. Essa tecnologia está sendo introduzida no controle de bens do imobilizado, apesar das limitações para sua aplicação em grandes áreas e nas estruturas metálicas dos bens, o que acarreta emprego de equipamentos e componentes mais potentes e adaptações que elevam o custo não só da sua implementação e operação, mas também da confecção das etiquetas, uma vez que ela se baseia em circuitos integrados (*chips*) com antena e coletores de dados cuja potência está relacionada a essas limitações. A grande vantagem desse tipo de controle é verificada quando da realização de inventários periódicos, pois, após a implantação inicial, esse método dispensa o contato pessoal com o bem para atestar a sua existência física e localização, dependendo desse contato apenas para a informação sobre o estado de conservação, a fim de recomendar a continuação do seu uso ou a sua alienação, assim como nos casos de avaliação.

Embora a preferência deva ser pela fixação da plaqueta identificadora em um dos lados na parte frontal, superior e externa do bem, tornando-a bem visível, não existe uma regra rígida sobre essa opção. Porém, cada entidade deve buscar manter uma padronização com respeito a essa localização em cada tipo de bem, obedecendo às suas características e à sua disposição física no ambiente. Assim, antes de decidir pela melhor posição onde o bem será identificado, a entidade deve realizar uma vistoria prévia para certificar-se da disposição física do bem em suas diversas dependências, de modo que as plaquetas sejam fixadas da maneira mais padronizada possível em todos os bens da mesma espécie. Assim, devem ser eleitos um dos lados (esquerdo ou direito) e uma das partes (superior ou inferior, frontal ou lateral, anterior ou posterior e interna ou externa) para fixação da plaqueta no bem. Por exemplo, em um arquivo metálico, deverá ser no seu lado esquerdo, superior, frontal e externo; em uma máquina ou equipamento, deverá ser junto à etiqueta do fabricante que contém as suas especificações; em um móvel, no lado esquerdo, na parte frontal, superior externa; em animais, na parte inferior da orelha esquerda; em obras literárias, na parte inferior da lombada de cada volume.

Existem casos esdrúxulos — para não dizer vergonhosos — de verdadeira bagunça sobre o posicionamento das plaquetas de identificação nos bens. Essa é a sensação que se tem ao adentrar um auditório e se deparar com o conjunto de poltronas lá existentes com plaquetas de identificação fixadas na parte posterior do encosto, porém nas mais diferentes posições, ou seja, umas a 10, outras a 20, a 30, a 40 e até a 50 cm de um dos lados e nas mesmas distâncias no sentido vertical, sem citar algumas inclinadas para a direita, outras para a esquerda e algumas até de cabeça para baixo. Um verdadeiro absurdo, razão mais do que preocupante para que os responsáveis pela supervisão de tais serviços promovam uma reunião prévia com todas as equipes de inventário, chamando a atenção para tais cuidados. Qualquer que seja o local da fixação, a plaqueta deve estar preferencialmente na posição horizontal ou, em alguns casos, na posição vertical, porém, sempre obedecendo a uma padronização rigorosa.

Deve ser editado um manual simples contendo tais observações para servir de guia não só nas identificações por ocasião do inventário inicial e geral, mas também nas aquisições posteriores, tendo em vista a sua execução por pessoas que possivelmente não participaram da identificação inicial.

5.7 Instrumento gerencial

O controle patrimonial é um excelente instrumento gerencial sobre os bens do ativo imobilizado, que é o componente mais importante do patrimônio total da maioria das entidades. É esse controle que possibilita a correta localização do bem e, consequentemente, sua utilização mais conveniente para a entidade, evitando a ociosidade; permite a alocação correta de custos e despesas aos centros de custos que compõem a entidade, apurando o desempenho de cada um deles com mais exatidão; reduz o excesso de aplicação de recursos em bens do imobilizado, pela facilidade de identificação daqueles necessários a uma unidade e que estão disponíveis em outra; mantém valores segurados atualizados, possibilitando redução de prêmios e facilitando a liquidação de sinistro após os acidentes, além de transmitir maior credibilidade às seguradoras quando da comunicação dos sinistros; evita a permanência desnecessária de bens em determinado centro de custos, uma vez que tal ação indevida ocasionará redução no seu resultado, com reflexos negativos nos índices de desempenho do órgão e do seu responsável e até, em alguns casos, na diminuição de gratificações e prêmios ao pessoal daquela equipe, quando a entidade estabelece premiação com base em resultados.

O controle individualizado do patrimônio evita perdas por dedução de despesas nas épocas próprias, melhorando a estrutura fiscal, pois possibilita a segregação de taxas de depreciação diferenciadas de acordo com a jornada diária de trabalho, além de facilitar avaliações periódicas, o que melhora a posição da empresa ao pleitear um financiamento.

Com a globalização da economia e a ampliação da diversidade de produtos ofertados, aumentou a demanda de bens e serviços de melhor qualidade e de menor custo. A melhor qualidade é atingida por melhoria dos processos, modernização das instalações e engajamento do pessoal — fatores que provocam, muitas vezes, o aumento de custos. Bens a menores custos são conseguidos normalmente através do aproveitamento de todos os benefícios que a legislação permite e de formas mais econômicas de executar as tarefas, tais como projeto de fácil elaboração e com minimização do desperdício dos fatores utilizados, bem como arranjo físico funcional e com redução de tempo de execução. O ativo imobilizado, no contexto das empresas, representa uma fonte significativa de eliminação de custos e normalmente é uma área que, apesar dos esforços da administração, não consegue proporcionar todos os benefícios possíveis, podendo ocasionar prejuízos significativos, pois uma inadequada gestão desse patrimônio pode resultar em prejuízos financeiros consideráveis para a empresa, comprometendo, portanto, a sua competitividade no mercado.

O controle adequado pode proporcionar os seguintes benefícios, entre outros:

a) *Facilidade de localização dos bens*

Com o controle implantado e em pleno funcionamento, pode ser visualizada a localização dos bens nas diversas unidades da empresa ou do grupo empresarial. O acesso ao sistema dará resposta imediata e poderá ser feito por número de identificação, pela primeira palavra da descrição, por espécie, por conta contábil, por dependência etc. Este recurso possibilitará a priorização do uso de um bem de um órgão ou filial por outro que apresente maior necessidade de utilização, naquele momento, reduzindo a sua ociosidade.

b) *Divulgação do patrimônio com valor mais realista*
Será um suporte eficiente para a auditoria testar a existência física do que está registrado na contabilidade. A falta de controle cria restrições sobre os controles internos, possibilitando o levantamento de pontos com repercussão negativa sobre a eficiência da administração da entidade e até a responsabilizando, em alguns casos extremos, pelo descontrole. É o caso veiculado na imprensa indicando que o presidente da multinacional italiana de alimentos Parmalat estava sendo acusado de provocar falência fraudulenta e tinha ordem de prisão decretada. Sobre o assunto, um dos seus advogados alegava "que nenhum dinheiro foi roubado do grupo, mas que havia uma declaração de bens não existentes no balanço geral da empresa. Nenhum dinheiro desapareceu, havia apenas bens não existentes"[26]. Supondo que realmente não tenha havido fraude e que a alegação de seu advogado fosse verdadeira, ele estaria sendo responsabilizado por não ter exercido um controle eficiente sobre os bens do 8º maior grupo empresarial italiano, na época com 37 mil empregados, com atuação em 30 países.

c) *Dificuldade de desvio de bens, evitando perdas*
A implantação de um sistema de controle e o seu funcionamento eficiente permite a cobrança de responsabilidade do gestor dos bens de cada área, pois ele deve assinar um termo de responsabilidade contendo a relação daqueles que estão sob a sua guarda. O uso ostensivo de plaquetas — ou de outra forma de identificação — com o logotipo da empresa causa efeito psicológico muito positivo nos usuários, fazendo-os ter mais cuidado com o uso e inibindo-os quanto à sua indevida apropriação pessoal.

d) *Apuração de prejuízo dedutível na alienação dos bens*
A identificação individualizada de cada bem — e mesmo a coletiva de grupos de pequenas unidades, porém com regis-

---

26 JORNAL BRASIL – Seção Economia & Negócios: Rio de Janeiro, 29 de dezembro de 2003, p. A22.

tro das respectivas quantidades — possibilita a apuração de resultado (ganho ou perda) com mais fidedignidade. Isso se explica pelo fato de que se não houver controle, não é possível identificar cada bem e, quando da alienação de um deles, as autoridades fiscais obrigam a baixa do bem registrado como primeira aquisição (método do "primeiro a entrar é o primeiro a sair" – PEPS), independentemente de qual seja o item efetivamente alienado. Com isso, se a baixa for efetuada para o primeiro adquirido, ou seja, o mais antigo a entrar na empresa, o seu valor residual será o menor, pois ele teve maior tempo de depreciação e, ao compará-lo com o valor obtido na sua venda, apresentará saldo positivo, na maioria dos casos. Esse ganho apurado na alienação do bem, que com o devido controle poderia ser registrado como perda, será levado como ganho ao resultado e tributado.

e) *Atribuição de responsabilidade ao gestor dos bens de cada área sob sua supervisão*

Através do termo de responsabilidade no qual são relacionados todos os bens de cada área, o gestor sente mais intensamente a importância dos cuidados que ele deve dispensar aos mesmos. Embora ele possa delegar as tarefas rotineiras de administração do imobilizado a algum componente do grupo sob sua supervisão, a responsabilidade continua sendo dele. Com isso, as irregularidades detectadas nessa gestão poderão implicar em demérito profissional, que pode influenciar negativamente a sua avaliação de desempenho.

f) *Reconhecimento da depreciação com taxas diferenciadas, reduzindo a carga tributária*

A legislação fiscal admite a aplicação de taxas diferenciadas de acordo com o tipo de bem e o regime de seu uso. O controle permite realizar a segregação de parte de um conjunto que tenha taxa mais elevada, beneficiando fiscalmente a entidade ao postergar o recolhimento dos impostos. É o caso de conjuntos que tenham parte constituída por equipamentos de informática, perfeitamente segregável dos demais componentes, em que é possível aplicar taxa maior sobre o valor da primeira parte; ou o caso de bem trabalhando em mais de um turno diário de 8 horas, em que é possível usar um multiplicador maior do que 1 sobre a taxa normal admitida fiscalmente para aquele tipo de bem, considerando que bens imóveis não usufruem desse benefício.

g) *Melhoria da estrutura fiscal*
Para efeito de tributação, a empresa fica mais bem estruturada, tendo em vista a possibilidade do melhor planejamento da sua carga tributária, alongando o recolhimento dos impostos quando ela exerce um controle efetivo sobre os bens do seu ativo imobilizado, segregando-os por espécie, por regime e por condições de trabalho a que estão submetidos.

h) *Efeitos nos lucros distribuídos aos proprietários*
A parcela do lucro a ser distribuída aos proprietários pode ser aumentada em função de:
  i. desimobilização dos bens que não geram benefícios, direcionando os recursos para outras atividades mais rentáveis;
  ii. postergação do pagamento de impostos, melhorando seu fluxo de caixa;
  iii. redução da ociosidade dos bens, maximizando a sua utilização;
  iv. diminuição do valor dos prêmios de seguros, segurando apenas bens de utilidade para as atividades, com valores próximos da realidade;
  v. conhecimento e controle dos gastos de manutenção dos bens, possibilitando definir o nível em que se torna mais vantajosa a sua substituição.

i) *Facilidade de comprovação da existência física quando da liquidação de sinistros*
A liquidação de seguro quando da ocorrência de sinistro é facilitada pela credibilidade que o controle interno evidencia,

dando segurança ao corretor na defesa dos interesses do segurado junto ao segurador.

j) *Atribuições de valores segurados adequados*
É possível acompanhar as condições de uso do bem e o seu estado de conservação ao longo do tempo, com valores individualizados próximos da realidade, o que possibilita segurá-lo por valores adequados, reduzindo os custos e melhorando o resultado.

k) *Facilidade de avaliações futuras*
Com uma listagem da existência física apresentando os valores contábeis (aquisição menos depreciação) atualizados, o trabalho de avaliação é muito facilitado, permitindo inclusive uma decisão prévia sobre o resultado final a ser alcançado. O custo da execução de uma avaliação de bens pode ter um valor superior aos respectivos benefícios proporcionados e o controle possibilita a seleção prévia dos grupos que devem ser avaliados para atingir o objetivo final.

l) *Redução dos prêmios de seguros*
Com informações mais seguras sobre os bens devido à existência de relações atualizadas que informem não apenas valores contábeis individualizados dos bens mas também seu estado de conservação, é possível reduzir os prêmios das apólices de seguro para valores mais realistas, ao evitar superavaliação desnecessária e irreal.

m) *Identificação da disponibilidade de bens de modo a evitar a ociosidade e a utilização inadequada*
O sistema de gestão segrega os bens de cada setor, possibilitando o monitoramento do seu uso, detectando sua ociosidade e permitindo a sua utilização mais adequada no próprio setor ou transferindo-o para outro que necessite dele.

n) *Vantagem competitiva no mercado*
Aumenta a possibilidade de sucesso nas concorrências para a execução de serviços com uso intensivo de equipamentos. O controle eficiente permite que os tomadores de serviço te-

nham maior confiança ao tomar conhecimento da capacidade de cessão de equipamentos, através de relatório contendo a descrição, a especificação e as demais características dos bens que podem ser utilizados durante a execução normal do contrato ou de acordo com as necessidades eventuais do contratante.

5.8 Responsabilidade no processo

5.8.1 Empregado em geral

Desde o mais humilde ao mais graduado, como usuário direto dos bens, o funcionário tem sua responsabilidade estabelecida em função da conscientização, da exigência e da cobrança de seu supervisor, além da observação de qualquer outro colega que possua senso de responsabilidade em relação à preservação dos bens da entidade. Assim, todos devem ser incentivados a usar os bens de maneira segura e adequada e providenciar para que os danos ocasionados sejam reparados o mais breve possível a fim de não agravá-los. Além disso, devem ser encorajados a opinar sobre a repetição de reparos em um mesmo bem, indicando, se for o caso, que o custo incorrido pode acumular um valor superior ao de sua substituição. Devem informar ao superior imediato os bens sem condições de utilização para que seja providenciada sua remessa para o órgão que providenciará sua alienação. Não é incomum que plaquetas de identificação sejam encontradas no ambiente de trabalho — principalmente por funcionários da limpeza, mas também por outros lotados em áreas diversas — sem que estejam fixadas em algum bem. A atitude correta é encaminhar a plaqueta encontrada ao órgão de controle dos bens ou ao chefe do órgão onde foi encontrada. Existem casos de várias plaquetas com números diferentes estarem fixadas em um mesmo bem. É importante salientar que os funcionários nunca devem tentar recolocar uma plaqueta de identificação, uma vez que desconhecem certos fatos, tais como:

a) o bem que ela realmente identifica;
b) o material de fixação adequado; e
c) a padronização para a sua fixação, se:
   - frontal, posterior, lateral direita ou esquerda,
   - no lado esquerdo, direito ou centralizado,
   - na parte superior, central ou inferior.

5.8.2 Chefia de dependências usuárias

A chefia de dependências usuárias solicita aquisição, acréscimo e substituição de bens, verificando o atendimento às especificações, sendo responsável pela manutenção, conservação, guarda e informação sobre sua movimentação, fazendo com que o patrimônio como um todo tenha maior durabilidade e sua localização facilitada. Incentiva os empregados sob sua supervisão a comunicar qualquer irregularidade ou inadequação em relação ao uso do bem, de modo a prolongar ao máximo o tempo de vida útil. Acompanha a frequência e o custo de reparo de bens para reunir argumentos convincentes nas solicitações das substituições. Opina sobre o programa de manutenção preventiva dos bens, sugere o arranjo (*lay-out*) mais adequado, fiscaliza a utilização ideal e mais segura, informa a jornada de utilização diária, assim como o índice de desempenho, objetivando a maximização do seu uso. Ao receber o Termo de Responsabilidade, emitido em duas vias pelo órgão de controle patrimonial e contendo a relação dos bens sob sua guarda, deve conferi-lo e apontar as divergências, se houver, assinando-o em seguida e devolvendo uma das vias ao órgão emitente.

Assim, embora as atividades operacionais sobre o imobilizado da sua área possam ser delegadas a seus funcionários subordinados, a responsabilidade continuará sendo do detentor do cargo hierárquico estabelecido como responsável pela política de imobilização da entidade.

5.8.3 Segurança patrimonial

A área de segurança patrimonial deve estar atenta à movimentação dos bens no controle de entradas e saídas, mantendo sua guarda e integridade, além de exigir que essas operações nas dependências da entidade só ocorram quando acompanhadas de documentação que as autorizem, devidamente assinada.

5.8.4 Órgão responsável pelo transporte

O órgão responsável pelo transporte cuida da movimentação segura dos bens, dentro do prazo e ao menor custo.

5.8.5 Órgão de compras

Compete ao órgão de compras não apenas realizar aquisições, mas também cuidar para que as especificações sejam obedecidas e disponibilizadas claramente nos documentos de fornecimento de bens. Na emissão da autorização ou contrato de fornecimento deverá ser expressamente exigido que o fornecedor faça constar dos documentos de venda (Nota Fiscal) a descrição clara do bem, quantidade, valor unitário, marca, modelo, número de série, capacidade etc. Na impossibilidade de algum desses dados constar da nota fiscal, esta deverá vir acompanhada de um romaneio contendo tal dado. Ao adquirir conjunto de bens por um valor total, o órgão de compras deve participar, junto com o pessoal do almoxarifado, das providências para a segregação da parcela referente a cada um deles.

5.8.6 Almoxarifado

O órgão de almoxarifado ocupa-se da recepção dos bens adquiridos, utilizando os conhecimentos técnicos do pessoal do órgão usuário ou de entidades de pesquisas técnicas para conferir e atestar as especificações dos bens mais complexos. Identifica os bens recebidos, fixa as plaquetas de identificação, registra seu número no documento de aquisição e os encaminha para o setor requisitante, comunicando ao órgão de controle patrimonial. Mesmo aqueles bens que, por suas características, são entregues diretamente aos usuários — sem necessidade de passar fisicamente pelo almoxarifado — devem ter o emplaquetamento efetuado sob sua responsabilidade. O almoxarifado solicita o pagamento das faturas, enviando a documentação de aquisição às áreas de contas a pagar, contabilidade e controle patrimonial, informando a esta última o local e o órgão de destino dos bens. Observa as descrições constantes da documentação de aquisição, decodificando-as e complementando-as, quando for o caso, com a ajuda do pessoal de compras e de outras áreas com conhecimento específico do tipo de bem adquirido. Segrega cada uma das unidades autônomas quando a aquisição ocorre por conjunto, atribuindo o valor mais próximo do real a cada uma delas; ou, pelo contrário, agrega em um item autônomo os valores das diversas partes que o compõem, quando o documento de aquisição registra cada componente. As figuras a seguir (5.1, 5.2 e 5.3) exemplificam os principais dados que devem compor as notas fiscais. Nos exemplos, a razão social, a inscrição nos órgãos fiscalizadores, o endereço e outros dados específicos tanto da fornecedora quanto da compradora são fictícios, por razões de confidencialidade. Porém, os dados referentes à descrição, quantidade, valores e outros itens são autênticos e referem-se a aquisições realmente ocorridas. Nelas, podem ser observados alguns problemas que dificultam a descrição e individualização dos componentes e o valor de cada bem.

A figura 5.1 refere-se a uma nota fiscal de venda emitida por uma empresa multinacional fictícia fabricante de equipamentos de informática, que discrimina alguns itens por código sem relacioná-los a um bem específico. O órgão de recepção do almoxarifado da empresa compradora (a adquirente dos bens) verificou que alguns itens são componentes de um bem considerado principal. A análise de cada item constante da nota fiscal identificou a aquisição de sete monitores de vídeo (sendo cinco de 17" e dois de 15") e mais sete computadores (CPU), com 256 megabytes de cache e 10,2 gigabytes de memória RAM (sendo cinco deles com unidade leitora de discos compactos, outro com DVD e outro com unidade leitora e gravadora de disco compacto), todos estes itens com valores sem problemas para a individualização. Porém, os demais itens constantes da nota fiscal não apresentam a mesma facilidade. Para identificar o que deve ser agregado a cada equipamento principal foi necessário convocar o pessoal do setor de informática, que resolveu o problema com a seguinte agregação:

a) cada uma das sete placas de rede a cada um dos sete computadores; e
b) cada um dos cinco microfones e das cinco caixas amplificadoras seriam agregados apenas aos respectivos computadores dotados de unidade leitora de discos.

Resumindo, obteve-se:
a) cinco computadores no valor unitário de R$4.996,00 (R$4.798,00 + R$11,00 + R$160,00 + R$27,00), com acessórios individualizados em cada um;
b) um computador no valor de R$5.295,00 (R$5.135,00 + R$160,00);
c) um computador no valor de R$5.527,60 (R$5.367,60 + R$160,00);
d) cinco monitores de vídeo de 17" ao valor unitário de R$806,00; e
e) dois monitores de vídeo de 15" ao valor de R$475,00, totalizando o valor da compra em R$40.782,60.

Expressão Componentes e Serviços Ltda. Rua do Café, xx - Nilópolis-RJ - CEP 99999-999 Fone (21) 1234-5678			Nota Fiscal – Fatura Nº (X) Saída ( ) Entrada 999999 CNPJ 99.999.999/9999-99		
Natureza da Operação Vendas de Mercadorias	CFOP 9.99	Inscr. Estadual 999/9999999	Data da Emissão XX/XX/200X	Data Saída/Entrada XX/XX/200X	
Destinatário					
Nome/ Razão Social Programadores de Sistemas S/A.			CNPJ/CPF 00.000.000/0000-00		
Endereço Estrada São Matheus, xxx Jardim Botânico - CEP.:00000-000			Município Rio de Janeiro		UF RJ
Descrição dos Produtos	Unid.	Quant.	Valor Unitário		Valor Total
Infpiii500tb 256mb n10. 26b cd401	PÇ	5	4.798,00		23.990,00
Microfone p/ microcomputador	PÇ	5	11,00		55,00
Vídeo color 17" 0.28/69khz/qdc/obd	Unid.	5	806,00		4.030,00
3c9056-txnm eth xl pci-10-100 base tx	PÇ	7	160,00		1.120,00
Caixas amplificadas	PÇ	5	27,00		135,00
Infpiii500 256mf w10 2gb dvd	PÇ	1	5.135,00		5.135,00
Inf piii500tb 256 mb cdr cd40x	PÇ	1	5.367,60		5.367,60
Vídeo color 15" 0,28 mm	PÇ	2	475,00		950,00
VALOR TOTAL DOS PRODUTOS 40.782,60			VALOR TOTAL DA NOTA 40.782,60		

Figura 5.1 Campos principais de nota fiscal de compra

5 – Controle Físico

Expressão Comercial do Brasil Ltda. Av. Megabite, xxx – Rio de Janeiro -RJ - CEP 99999-999 Fone (21) 1234-5678			Nota Fiscal – Fatura (X) Saída ( ) Entrada CNPJ 99.999.999/9999-99		Nº 999999
Natureza da Operação Vendas de Mercadorias	CFOP 9.99	Inscr. Estadual 999/9999999	Data da Emissão XX/XX/200X	Data Saída/Entrada XX/XX/200X	Hora Saída XX:XX
Destinatário					
Nome/ Razão Social Usuários de Internet Ltda.				CNPJ/CPF 00.000.000/0000-00	
Endereço Rua do Quintal, xx - B. Jardim do Ipê - CEP:00000			Município Duque de Caxias	UF RJ	
Descrição dos Produtos			Quant.	Valor Unitário	Valor Total	Valor do IPI
Servidor PowerEdge 4400, Processador Pentium III Xeon 1GHZ, 25 KB de Cache			1	3,44	3,44	0,07
Monitor de 15 polegadas, Cinza, E551			1	684,99	684,99	17,70
Baia para 8 discos rígidos, frontal, 1.0, c/ backplane dividido 2x4			1	1.201,32	1.201,32	24,03
Placa Controladora SCSI integrada, RAID, 2 canais, 128 MB cache, ultra160			1	1.635,05	1.635,05	32,70
Disco Rígido, 36GB, 10kpm, Ultra 3 SCSI, 1			1	2.096,30	2.096,30	41,93
Disco Rígido, 36GB, 10kpm, Ultra 3 SCSI, 1			1	2.096,30	2.096,30	41,93
Disco Rígido, 36GB, 10kpm, Ultra 3 SCSI, 1			1	2.096,30	2.096,30	41,93
4 Discos Rígidos, 36GB, 10kpm, 1 pol., Ultra 3 SCSI, 1			1	8.385,22	8.385,22	167,70
Placa de Rede Gigabit Ethernet Altheon, para conexão de cobre			1	891,53	891,53	17,83
Fonte de potência redundante, 330w, PE4400			1	52,56	52,56	2,63
Duas placas de memória DIMM com 512 MB			1	340,76	340,76	6,82
Processador Pentium III Xeon 1 ghz, 256 kb de cache, para servidor PE 4400			1	6.708,85	6.708,85	134,18
Total dos Serviços 7.066,25		Valor Total do IPI 529,45	Valor Total dos Produtos 19.483,77	Valor Total da Nota 27.079,47	

Figura 5.2 Campos principais de nota fiscal de compra

Com as mesmas observações feitas sobre a figura anterior, a figura 5.2 identificou um monitor de 15" no valor de R$702,69, considerando o IPI (R$684,99 + R$17,70). Os demais itens, incluindo serviços (no valor de R$7.066,25), que somam R$23.376,78, foram considerados como computador/servidor, naturalmente com a participação do pessoal da área de informática. Chamou a atenção o insignificante valor de R$3,51 do primeiro item, embora na empresa compradora seja irrelevante porque faz parte de um valor maior e significativo, atribuído ao computador.

Uma grande empresa de móveis de escritório efetuou a venda de móveis modulados, cujos campos da nota fiscal com os dados que interessam ao assunto estão reproduzidos na figura 5.3. Nela podem ser observados que os 45 armários "extra-altos" são perfeitamente identificáveis, apresentando inclusive as medidas, o que também acontece com os dois tipos de mesa. Porém, isso não se verifica nas conexões.

Por algumas características, optou-se por agregar as três conexões de 90º à mesa lateral e a conexão para superfícies de trabalho à mesa auxiliar. Assim, o total de R$23.143,05 constante da nota fiscal foi distribuído da seguinte forma:
a) Armários (45 unidades + IPI):
R$21.971,25 (R$20.925,00 + IPI de R$1.046,25).
Cada unidade = R$488,25 (R$21.971,25 ÷ 45)
b) Mesa lateral quadrada (1 un. + 2 conexões 90º + 1 conexão 90º, incluindo IPI):
R$413,70 (R$245,70 + R$105,00 + R$63,00).
c) Mesa auxiliar "express" (4 unidades + 5 conexões "express", incluindo IPI):
R$758,10 (R$432,60 + R$325,50).
Cada unidade = R$189,52 (2) e 189,53 (2)

Expressão Móveis de Escritório Ltda. Av. dos Mascates, 1 – Niterói-RJ - CEP 00000-000 Fone (21) 1234-5678			Nota Fiscal – Fatura Nº (X) Saída ( ) Entrada 999999 CNPJ 99.999.999/9999-99		
Natureza da Operação Vendas de Mercadorias	CFOP 9.99	Inscr. Estadual 999/9999999	Data da Emissão XX/XX/200X	Data Saída/Entrada XX/XX/200X	Hora Saída XX:XX
Destinatário					
Nome/ Razão Social Artud Indústria e Comércio Ltda.				CNPJ/CPF 00.000.000/0000-00	
Endereço R. Francisco Bicalho, 000 - B. Bossa Nova - CEP.:00000			Município São Gonçalo	UF RJ	
Descrição dos Produtos			Quant.	Valor Unitário	Valor Total	Valor do IPI
AEA 24G OV1-Armario Extra-Alto Metalmina Ovo 80X47X204			45	465,00	20.925,00	1.046,25
MLQ OV1- Mesa Lateral Quadrada Mdf Ovo			1	234,00	234,00	11,70
EX 0651 – Mesa Auxiliar Express Post-Forming Ovo			4	103,00	412,00	20,60
EXQ 088 – Conexão Para Superfícies de Trabalho Express			5	62,00	310,00	15,50
CLD 56 0 OV – Conexão 90º para Mesas MDF Ovo			2	50,00	100,00	5,00
CLD 56 E CV – Conexão 90º para Mesas MDF Ovo			1	60,00	60,00	3,00
Valor Total do IPI 1.102,05		Valor Total dos Produtos 22.041,00		Valor Total da Nota 23.143,05	

Figura 5.3 Campos principais de nota fiscal de compra

Trata-se apenas de uma amostra dos transtornos que podem ocorrer em um inventário, como resumidos a seguir:

a) descrições incompletas ou codificadas;
b) descrições englobando conjuntos ou separando itens que podem compor diferentes bens sem identificá-los na mesma nota fiscal ou em notas diferentes, o que dificulta ainda mais;
c) atribuição aleatória de valores a alguns itens não condizentes com o bem, muitas vezes a fim de obter benefícios fiscais, reduzindo aleatoriamente os valores de itens por causa da incidência de impostos de maiores alíquotas e aumentando a parcela referente aos serviços de montagem em que o imposto (ISS) tem menor alíquota.

São também atribuições do almoxarifado armazenar os bens em desuso e informar ao controle de bens aqueles a serem baixados por venda, permuta ou doação, responsabilizando-se pela emissão do documento fiscal, enviando-o para os setores de contabilidade e de contas a receber. Tratamento semelhante deve ser dispensado aos bens transferidos para outros órgãos.

5.8.7 Engenharia

Além da definição e especificação do arranjo físico (*lay-out*) mais adequado dos bens, compete ao *órgão de engenharia* a fiscalização dos recursos aplicados em obras para instalação de bens, segregando as parcelas relativas a cada unidade instalada e informando-as com detalhes à contabilidade e ao órgão de controle de bens. Nas atividades que utilizam bens conectados a instalações extensas, como as concessionárias dos serviços públicos de água, esgoto, eletricidade etc., bem como em atividades privadas similares como oleodutos, minerodutos, rede férrea etc., é o órgão de engenharia que deve providenciar o corte mais adequado para estabelecer o limite que melhor possa caracterizar uma unidade autônoma. Nas instalações existentes, fiscalizará os recursos aplicados nos acréscimos, reduções e substituições, além da emissão de relatório informando se tais eventos alteraram — ou não — a vida útil do bem. Nas entidades que não possuem órgão de engenharia, essas funções, importantíssimas para o controle patrimonial, deverão ser desempenhadas pelas chefias dos órgãos onde elas são realizadas, requerendo laudos e pareceres de empresas especializadas, quando for o caso. Podem existir taxas de depreciação diferenciadas para cada bem, além de quocientes de aceleração para bens específicos que requerem a segregação do valor despendido em cada um deles.

5.8.8 Manutenção e obras

O *órgão de manutenção e obras* ocupa-se das atividades de manutenção, conservação e reparos dos bens, quer diretamente como executante ou indiretamente como fiscalizador quando elas forem efetuadas por terceiros, atestando a execução e autorizando seu pagamento após a conclusão. Deve apropriar os recursos aplicados e segregar a parcela referente a cada item quando as melhorias resultantes proporcionarem aumento de vida útil do bem, informando tal fato ao órgão de controle patrimonial e à área de contabilidade, ao término de cada tarefa. Além disso, elabora e propõe programas de manutenção, sugerindo alterações para otimizar os processos.

5.8.9 Controle patrimonial

O *órgão de controle patrimonial* é o principal responsável pela atividade, fiscalizando o cumprimento das normas de controle, pois se trata do especialista no assunto e deve exigir a remessa regular das informações da movimentação e dos demais fatos referentes aos bens imobilizados. Controla o registro das entradas e saídas no cadastro de bens e o mantém atualizado. Emite, atualiza e controla o Termo de Responsabilidade (Anexo "E") correspondente a cada órgão, reeditando-o a cada movimentação e enviando a versão mais recente para o respectivo responsável. Efetua inventários periódicos para comprovar a existência física e a localização dos bens da empresa, ou fiscaliza-os quando da sua execução por terceiros, responsabilizando-se pela redação e envio do Comunicado da Realização de Inventário Físico (Anexo "D") a todos os órgãos envolvidos antes do início da tarefa.

Confere os saldos apurados, compara-os com os dos registros contábeis e participa da elaboração das normas de imobilização da entidade. Processa a contabilização das entradas e saídas dos bens ou envia à área de contabilidade o documento próprio para tal.

5.8.10 Contabilidade

Cabe ao órgão de contabilidade gerir o plano de contas da empresa, criando novas contas, quando necessário, visando sempre a facilitar as análises e conciliações, mantendo contas analíticas para registro segregado de todos os bens com características semelhantes e com mesma taxa de depreciação. O órgão ainda recebe e confere a documentação de movimentação dos bens; seleciona e disponibiliza a documentação dos bens nos cotejamentos daqueles inventariados; classifica e registra as operações, efetuando os lançamentos mediante a documentação recebida ou analisa-os quando os lançamentos forem efetuados por outros órgãos, no caso de contabilização descentralizada; e garante a integridade dos lançamentos contábeis. No entanto, entre suas atribuições mais importantes estão a análise de cada conta, conferindo a classificação e os saldos contábeis com os do sistema de controle, assim como a apuração do resultado das alienações de bens, fazendo o seu registro e a elaboração e emissão dos mapas periódicos de movimentações. Além disso, a contabilidade deve participar ativamente das decisões de imobilização, funcionando, para os demais órgãos da entidade, como uma verdadeira assessoria contábil e fiscal no assunto.

5.8.11 Contas a pagar

O órgão de contas a pagar recepciona e confere a documentação das aquisições e efetua os respectivos pagamentos conforme solicitação dos responsáveis por sua autorização.

5.8.12 Contas a receber

O órgão de contas a receber efetua as mesmas operações do órgão anterior, relativas às baixas, procedendo os seus recebimentos.

5.8.13 Comitê do ativo imobilizado

Em algumas empresas de maior porte deve ser criado um Comitê do Ativo Imobilizado — formado por representantes dos diversos órgãos envolvidos — para elaborar, analisar e aprovar as normas e manuais que definem a política de imobilização, estabelecendo, entre outras coisas, a periodicidade do inventário em cada órgão, os limites de imobilização e os tipos de bens imobilizáveis, independentemente dos critérios fiscais. Além disso, o Comitê analisa anualmente as propostas de aquisições de bens e, se aprovadas, autoriza a inclusão no orçamento do ativo imobilizado, e ainda autoriza as baixas daqueles que não interessam às atividades da entidade, seja sob a forma de venda, permuta ou doação.

5.9 Inventário físico

O inventário físico dos bens do ativo imobilizado pode ser realizado sobre a totalidade ou apenas sobre parte dos bens. No primeiro caso, ele abrange todas as dependências da entidade ou do grupo de entidades. No segundo caso, ele abrange todos os bens pertencentes a determinada dependência, ou todos aqueles de um mesmo tipo de uma ou de várias dependências, sendo realizado periodicamente com o objetivo de manter os registros sempre atualizados, selecionando-se a dependência ou o tipo de bem a ser inventariado.

Tratando-se do inventário parcial, uma das maneiras de realizá-lo consiste em selecionar a dependência "X" e gerar uma relação em ordem alfabética ou numérica dos bens a ela pertencentes. Em seguida, procede-se ao inventário para detectar as eventuais divergências, assinalando as existentes na relação e adicionando os bens encontrados na dependência e não constantes da respectiva relação. De outra forma, embora menos comum, a seleção é por tipo de bem (cadeira, mesa ou computador, por exemplo), sendo gerada a relação daquele tipo de bem por ordem alfabética ou numérica de cada dependência. A seguir, procede-se ao inventário de todos os bens daquele tipo em toda a organização, conferindo sua atual localização e estado de conservação e efetuando o mesmo procedimento com as divergências, ou seja, confirmando a localização ou anotando a atual, se diferente.

O inventário sobre a totalidade dos bens ocorre quando a empresa não tem controle e quer implantá-lo; ou quando um controle existente tenha se desatualizado. O inventário geral envolve um número maior de pessoas, que normalmente não estão disponíveis no efetivo permanente da empresa, justificando a terceirização através da contratação de uma empresa especializada, embora a responsabilidade continue sendo do órgão de controle patrimonial, obrigando-o a uma rigorosa fiscalização das diversas etapas do trabalho.

Seja com a existência de controle apenas para atualização, seja sem qualquer controle para início de sua implantação, o inventário sobre a totalidade dos bens deve ser feito sempre considerando todos aqueles existentes em cada órgão, até que o procedimento seja finalizado. Deve-se proceder como em uma "operação arrastão", em que, indistintamente, todos os bens de um local são inventariados e só se inicia em outro órgão a partir do encerramento no anterior.

Se existe controle, deve-se partir de uma relação em ordem numérica de identificação, contendo também a descrição sucinta, o complemento da descrição e o código do órgão ao qual o bem pertence. Um dos integrantes da equipe de levantamento físico lê o número de identificação existente no bem e outro integrante o localiza na relação. Em seguida, este último lê a descrição e o complemento e confere o código do local que, se coincidente, recebe apenas um visto ao lado, assinalando tal fato. Se não coincidente, deve receber uma anotação do novo local no qual o bem foi localizado. Deve-se aproveitar a oportunidade para imputar no sistema de controle dados importantes como modelo, número de série e dimensão, que, eventualmente, não tenham sido anotados por ocasião do inventário anterior, tornando-o mais completo e atualizado.

Se não existe controle, deve-se utilizar o formulário Relatório de Contagem Física de Bens Patrimoniais – RCFBP (Anexo "A"), para posterior digitação no sistema de controle a ser utilizado, iniciando-se assim a gestão dos bens. Neste caso, a descrição deve ser rica de detalhes e dividida em duas partes — principal, com no máximo três palavras e complementar, com o número de palavras necessário para se obter uma descrição completa e detalhada — a fim de permitir um cotejamento bem próximo da realidade.

Imagine, por exemplo, o levantamento físico dos bens de uma empresa no qual tenha sido constatada a existência de 300 mesas nas suas diferentes dependências. Ao realizar a confrontação com os registros contábeis, é muito difícil, para não dizer quase impossível, "casar" cada uma das 300 mesas exatamente com o documento pelo qual elas foram adquiridas, com aquisições ocorridas em um espaço de tempo variando de meses a anos. Na prática, considera-se que a coincidência da descrição seja suficiente para se aceitar que o documento se refere àquele bem específico. Entretanto, não é conveniente para quem executou o trabalho se, após uma análise superficial, ficar constatado que determinada mesa com características de aquisição recente tenha sido considerada como pertencente a um documento de aquisição muito antigo.

Assim, é importante questionar o usuário do bem e registrar a data de aquisição aproximada e o estado de conservação quando do levantamento físico, a fim de evitar esse tipo de controvérsia e contestação, embora nem sempre o usuário atual do bem seja o mesmo da época da aquisição. É lógico que não se pode caracterizar perfeitamente um bem comum, como mesa, sem a identificação normal do fabricante, mas também não se podem desprezar certas informações simples que podem ser facilmente registradas. Até bens com placa de identificação do fabricante que registram potência, número de série, modelo, ano de fabricação, entre outros, não têm esses dados registrados no documento de aquisição, dificultando enormemente o seu cotejamento com o registro contábil. Para superar esses problemas, por ocasião da recepção de aquisição, o órgão receptor deve se empenhar no sentido de registrar no documento a maior quantidade possível de informações.

Se o diretor de uma empresa quiser se desfazer da mesa que está usando e que foi adquirida há um ano, será necessário verificar o valor contábil — valor de aquisição menos depreciação — a fim de apurar o ganho ou a perda na alienação desse bem. Não é concebível que o responsável pelo controle do imobilizado o informe que o valor é zero porque no cotejamento foi considerado que o documento de aquisição dessa mesa foi o de outra mesa adquirida há dez anos e, portanto, já totalmente depreciada. A situação inversa tem o mesmo reflexo, ou seja, uma mesa velha que será vendida por um valor insignificante, como sucata, pode ter o seu valor contábil elevado porque foi considerada como o item de um documento de aquisição recente e ainda pouco depreciado.

Todas essas incoerências são evitadas quando o controle do imobilizado é implantado desde o início das atividades da empresa, quando a cada aquisição são feitas as correções e complementações necessárias nos documentos de aquisição e quando são efetuados corretamente tanto o registro quanto a identificação de cada bem.

A realização dessa atividade, tanto pelo pessoal interno quanto pelo terceirizado, deve envolver todos os funcionários do grupo, desde o mais humilde ao mais graduado, pois cada um deles utiliza, direta ou indiretamente, esporádica ou frequentemente, um bem de propriedade da entidade.

Como já destacado anteriormente, a legislação fiscal brasileira considera bem imobilizável todo aquele que tem vida útil superior a um ano — ou seja, uma durabilidade na empresa maior do que doze meses — e valor superior a R$1.200,00.

Entretanto, parâmetros diferentes desses — e mais representativos — podem ser estabelecidos pela empresa, ajustando-se os efeitos que podem ser gerados, quais sejam:
a) perda de despesa dedutível através da depreciação, não imobilizando bem com valor acima do limite fiscal;

b) adiamento de aproveitamento de despesa nas imobilizações de bem abaixo do limite fiscal, uma vez que se poderia de imediato considerar o valor total como custo ou despesa e optou-se por imobilizar e distribuir o custo ou a despesa ao longo da vida útil, através da depreciação.

Contabilmente, imobilizado é todo bem de caráter duradouro e que se destine aos objetivos sociais da entidade, ou seja, utilizado nas suas operações, e que não perca a sua utilidade em período menor que um ciclo operacional.

Apesar de a contabilidade não se referir a valor mínimo para a imobilização de um bem, admite-se, pelo princípio da materialidade, que bens de pequeno valor unitário não devem ser imobilizados, embora estejam satisfazendo às demais condições, que são vida útil superior a um ano ou a um ciclo operacional e destinados aos objetivos sociais da entidade. Tal conceito coincide com o aspecto fiscal. A dificuldade é quanto ao conceito de materialidade, pois, enquanto fiscalmente trata-se de um valor fixo estabelecido em R$1.200,00 para empresa de qualquer porte, contabilmente ele deve ser um valor relativo. Significa que essa importância pode ser bem relevante em uma microempresa, por exemplo, se seu imobilizado total for menor do que R$24.000,00 uma vez que aquele valor corresponderá a mais de 5% de todo o grupo. Já em empresas de maior porte, valores maiores podem ser imateriais se comparados com o vultoso valor total do seu grupo imobilizado.

Além do órgão de controle patrimonial, terão participação destacada nos inventários os órgãos de contabilidade, de segurança e de material, além das responsabilidades dos demais órgãos. A contabilidade atua na seleção e disponibilização da documentação suporte, assim como esclarece as situações duvidosas; o segundo órgão evita, durante o período do inventário, a movimentação dos bens entre as empresas e suas dependências sem documentação; o órgão de material envolve-se na observância da emissão da documentação (Nota Fiscal, Requisição, Documento de Movimentação de Bens Patrimoniais) que deve acompanhar a movimentação dos bens, além de se preocupar com a descrição clara, a quantidade, o preço e a identificação de cada item.

Indistintamente, cada um dos órgãos inventariados tem participação ativa na parte prática e operacional do inventário, que é a ajuda para descrever mais adequadamente o bem e a lembrança da existência de bens de pequeno porte na posse de empregados ou no interior de armários. Pode-se considerá-la indispensável quando se tratar de um órgão eminentemente técnico, pois existem especificações e detalhes que só mesmo um especialista na área pode esclarecer. Neste particular, é primordial a participação do órgão de engenharia ou de controle e fiscalização das obras de instalação de bens.

5.9.1 Cronograma das etapas do inventário físico

O inventário físico dos bens de uma empresa envolve a execução de várias etapas que abrangem o planejamento do trabalho, o levantamento físico e a emissão de relatórios, com os necessários desmembramentos de cada uma delas. Um exemplo sucinto do cronograma das tarefas está apresentado em um gráfico de barras no Anexo "B".

5.9.2 Cronograma do levantamento físico

O levantamento físico, chamado genericamente de tombamento, identifica os bens através de seu emplaquetamento constatando assim a sua existência física. Constitui-se na etapa do trabalho global que envolve um número maior de participantes. Como interage nos diversos órgãos da entidade, podendo causar reflexos até na sua atividade final, o levantamento físico requer um cronograma específico para melhor controle e gerenciamento, a fim de minimizar os problemas causados por sua interferência nas atividades normais de cada dependência inventariada.

O cronograma do levantamento físico é elaborado considerando a maior ou a menor complexidade da descrição dos bens, a quantidade de equipes e o número estimado de bens em cada um dos diversos órgãos da empresa — ou de cada uma delas, quando se tratar de um grupo empresarial. Durante a execução da atividade, podem ser feitos ajustes no cronograma e na equipe de execução para que a data final de conclusão seja mantida.

Uma análise detalhada das características de cada órgão e local deve ser feita levando em conta o regime de operação, os períodos de interrupção, a restrição de acesso, a confidencialidade das atividades e, em função disso, ordenar a sequência de execução priorizando as áreas mais críticas para não comprometer o prazo final do trabalho. Eis algumas áreas e atividades que demandam prioridade e atenção especial:

a) tesouraria de instituições financeiras, que, por questão de segurança, em alguns casos, possui horário aleatório e não rotineiro de liberação do acesso;
b) laboratórios de pesquisa e desenvolvimento de novos produtos em indústrias, em função da proteção do segredo de fabricação;
c) salas de elaboração e guarda de provas de concurso público, pelo sigilo e confidencialidade;
d) enfermarias e centros cirúrgicos de hospitais, por se tratar de dependências ocupadas por pacientes cujo estado de saúde pode ser modificado inesperadamente e necessitar de socorro emergencial, além da possibilidade de contágio;
e) câmaras frigoríficas, por limitação de tempo de exposição.

Há ainda outros setores e atividades com características semelhantes consideradas problemáticas, que, apesar de estarem programadas no cronograma, devem oferecer liberdade e prioridade para execução antecipada, fora da programação. Atenção especial deve ser dedicada a elas, não deixando que a dificuldade natural provoque o deslocamento da sua execução para o final do período. Isso com certeza acumulará uma série de locais e atividades com restrições para execução e acarretará atraso no cronograma geral, com grande ociosidade das equipes, provocando um acréscimo de custos perfeitamente evitável se atenção especial for dedicada a essas situações.

Cada equipe de levantamento físico pode ser constituída por um, dois, três ou até quatro componentes, dependendo das características das áreas a serem inventariadas e da quantidade de bens padronizados na mesma área. Entretanto, de modo geral, pode-se afirmar que "um é pouco, dois é bom, três não é tão bom e quatro é demais", significando que, na maioria das situações, o ideal é uma equipe formada por dois inventariadores. Em se tratando de uma empresa sem qualquer controle, sem bens identificados e sem uma listagem que os contenha, um dos inventariadores deverá estar munido de instrumentos de medição — fita métrica, trena, balança, paquímetro, lupa — a fim de verificar as especificações e descrever as características dos bens, ditando-as para o outro integrante da equipe. Este último registrará as informações no formulário Relatório de Contagem Física de Bens Patrimoniais – RCFBP, descrito adiante, em versão em papel apoiada sobre uma prancheta ou em versão digital em um computador portátil.

Se, embora desatualizado, existir um controle que permita a emissão de uma listagem em ordem numérica dos bens identificados, conforme descrito anteriormente, um dos inventariadores lerá o número de identificação do bem e o outro o localizará na listagem. Em seguida, este último lerá a descrição sucinta para confirmar que se trata efetivamente daquele bem e anotará o código do local se constar outro diferente na listagem, ou simplesmente assinalará que foi encontrado se coincidir o local com o da listagem.

Em condições ideais, uma equipe composta por dois elementos consegue inventariar diariamente 250 bens administrativos ou 150 bens de produção, em média. Considera-se como ideal a condição que concentra bens padronizados em um mesmo local ou em locais contíguos em quantidade superior à capacidade diária da equipe, assim como a inexistência de qualquer dificultador da sua execução. Exemplo de condição ideal é a existente em instituição de ensino que possui grande quantidade de carteiras estudantis ou bancadas de estudo do mesmo modelo em várias salas de aula contíguas. Em condições adversas, o rendimento dessas contagens pode ser reduzido em 40%, ou seja, os números acima cairiam para 150 unidades nos bens administrativos e para 90 unidades nos bens de produção.

Assim, na elaboração do cronograma devem ser considerados fatores muito adversos que podem reduzir significativamente o desempenho das equipes. Esses fatores são normalmente encontrados em atividades de:
a) captação, tratamento e distribuição de água;
b) captação, tratamento e destinação final de esgoto sanitário;
c) geração e distribuição de energia elétrica;
d) distribuição de gás canalizado;
e) prestação de serviços de apoio marítimo em plataformas de exploração e produção de petróleo e outras.

Tais fatores podem ser exemplificados por:
a) número reduzido de bens por local;
b) locais distantes um do outro;
c) dificuldade de locomoção entre os locais;
d) meio de transporte não exclusivo das equipes;
e) longos períodos de espera pelo transporte;
f) bens muito específicos e pouco comuns;
g) indisponibilidade do especialista para sanar dúvidas.

Outros fatores que prejudicam grandemente o desempenho das equipes de levantamento físico são encontrados em empresas que possuem locais com atividades confidenciais, como guarda de valores e joias; com restrição de horário para acesso; com condições operacionais periculosas etc.

As visitas às localidades fora da sede e com número reduzido de bens devem ser programadas em uma sequência racional que possibilite economia de tempo e de gastos de viagem nos deslocamentos da equipe.

Exemplo simplificado de um cronograma inicial de contagem física em um grupo de empresas utilizando duas equipes:

5 – Controle Físico

A – Rio de Janeiro – Equipe A:
1 – Empresa ABC	–	21/11 a 27/11
2 – Empresa ACB	–	28/11 a 30/11
3 – Empresa BAC	–	01/12 a 15/12
4 – Empresa BCA	–	18/12 a 29/12
5 – Empresa CBA	–	02/01 a 05/01
6 – Empresa CAB	–	05/01 a 10/01

B – Fora do Rio de Janeiro – Equipe B:
1 – São Paulo e Porto Alegre	–	28/11 a 30/11
2 – Teresina e Natal	–	01/12 a 15/12
3 – Salvador, Recife e Fortaleza	–	18/12 a 29/12
4 – Cuiabá, Brasília e Goiânia	–	02/01 a 08/01

Um exemplo de cronograma de execução do levantamento físico (tombamento) dos bens nas dependências de uma entidade utilizando três equipes (A, B e C) com 2 inventariadores em cada uma delas está montado no Anexo "C" – Cronograma de Levantamento Físico, levando em consideração a média de 200 itens inventariados por dia, por equipe.

É importante definir e cumprir as datas para início e término dos trabalhos. O acompanhamento permanente da execução do inventário em cada dependência — e a sua atualização em relação ao cronograma estabelecido — é de vital importância para o cumprimento dos prazos. Os atrasos detectados devem ser compensados imediatamente com reforço das equipes, a fim de que se possa cumprir o prazo final.

Para não interferir demasiadamente na execução das operações das empresas, a data da interrupção da movimentação física dos bens será estabelecida por dependência física de cada uma delas (endereço). Assim, a dependência que tiver a contagem física iniciada não deverá movimentar qualquer bem do ativo imobilizado (móveis, máquinas, utensílios etc.), principalmente receber quaisquer itens, até o encerramento do trabalho global, a menos que seja extremamente necessário. Nesse caso, a movimentação só se consumará após aprovação pelos responsáveis aos quais as dependências envolvidas estão subordinadas e após a emissão de uma solicitação para transferência ou baixa de bens, com o preenchimento do Documento de Movimentação de Bens Patrimoniais (Anexo "F"). A mesma providência deverá ser adotada para as aquisições efetuadas após o início do inventário. Preferencialmente, a partir dessa data todos os bens deverão já sair do almoxarifado inventariados, ou seja, descritos, identificados e localizados. Nos inventários gerais para implantação do controle, em que não existe identificação dos bens, exceção pode ser feita nas transferências para dependência cujo inventário ainda não foi iniciado, significando que, após iniciado o inventário em um órgão, ele pode ceder, mas não pode receber bens sem identificação até que o inventário global seja encerrado. A falta de observação dessa providência permitirá que bens de um órgão ainda não inventariado e que sejam transferidos para outro órgão já inventariado não sejam relacionados.

Após o início do inventário, qualquer outro bem recebido por uma dependência deverá estar identificado, ou ter sua identificação providenciada imediatamente.

5.9.3 Relatório de Contagem Física de Bens Patrimoniais (RCFBP)

Este formulário é o documento básico para a execução da etapa de levantamento físico. Ele possui dois campos distintos: uma parte superior, onde constam os dados comuns de cada dependência, e outra parte inferior, dividida em colunas onde são registrados os dados individualizados de cada bem. O preenchimento dos campos deste formulário envolverá um supervisor e os inventariadores, além da participação de elementos de cada dependência inventariada que apresentem conhecimento técnico dos bens menos comuns, auxiliando na sua descrição e especificação.

Caso não exista uma versão digital, o RCFBP será preenchido à caneta pelo integrante da equipe que possua caligrafia clara, de maneira legível e sem rasura, preferencialmente com letras maiúsculas para não permitir qualquer interpretação duvidosa. As eventuais rasuras deverão ser repetidas com clareza à margem do formulário e rubricadas, pois tais informações serão digitadas por outras pessoas nas planilhas de controle e, portanto, a sua clareza é de extrema importância.

Como referido no item **5.2 Aquisição**, e nunca é demais repetir, atenção especial deve ser dada ao registro, sem erro, dos dados de identificação do bem.

A seguir, as instruções de preenchimento dos campos do RCFBP.

PARTE SUPERIOR

1. Empresa:

No caso de um grupo de empresas, este item será informado pelo gestor do trabalho, de acordo com a distribuição das empresas do grupo pelos diversos endereços. Quando existe apenas uma empresa, obviamente este campo já estaria pré-impresso. Se houver filial, deve-se informar de qual se trata.

2. Local:

Refere-se ao endereço ou a uma referência (Sede, Filial "X", depósito "Y", Fábrica Tal) onde se encontra a dependência inventariada.

3. Órgão:

Este dado — mais analítico, subdivisão do órgão — será informado pelo chefe do órgão do local a ser inventariado e seu código é o número identificador do órgão. Normalmente ele consta de uma listagem da empresa que deve ser disponibilizada para a equipe de inventário antes do início do procedimento. Ao iniciar a contagem, o responsável indicado pela empresa deve cientificar o chefe do local sobre o trabalho a ser realizado. Caso a empresa prefira, tal tarefa deverá ficar a cargo de um dos inventariadores, que deverá obter dessa chefia todas as informações necessárias, inclusive sobre equipamentos de pequeno porte e de uso pessoal que estejam em poder dele e de seus subordinados e sobre aqueles guardados em armários.

A utilização de um mesmo formulário deve ser encerrada ao término do procedimento de contagem no local inventariado, ou seja, as mudanças de local devem ser iniciadas por novo formulário a fim de facilitar a localização dos bens nas dúvidas surgidas durante a digitação e, posteriormente, durante o cotejamento.

PARTE INFERIOR

1. Plaqueta:
A plaqueta deverá ser fixada na mesma posição em bens semelhantes a fim estabelecer uma padronização e facilitar os inventários periódicos posteriores. Assim, devem ser previstas, em manual de procedimentos, algumas regras de fixação da plaqueta de identificação. Tais regras devem ser estabelecidas em função das características dos bens, o tipo de material de fixação e o local de fixação das plaquetas de identificação. Para fixação da plaqueta de identificação em mesas, arquivos de aço, entre outros itens, devem estar claramente definidos os seguintes atributos: qual dos lados do bem (direito ou esquerdo); uma das posições (frontal, lateral ou posterior); uma das partes (superior ou inferior), e só um deles. Outras definições de locais deverão ser estabelecidas para outros tipos de bens, além de obedecer a rigorosa horizontalidade ou verticalidade da fixação.

Se o inventário é geral e referente a uma única empresa com a utilização de uma série nova de numeração para a implantação do controle, será simplesmente fixada a plaqueta, sendo que qualquer outra eventualmente existente será removida e o número de cada uma delas será anotado no RCFBP, uma vez que a anotação do número desta última será um facilitador por ocasião do cotejamento. O mesmo procedimento deve ser seguido para um grupo de empresas quando for decidida a identificação dos bens de todo o grupo com uma única numeração sequencial para todas elas e não a dos bens de cada empresa segregadamente. Nesse caso, a numeração sequencial e única será utilizada por todas as empresas indistintamente e deverá ser utilizado um logotipo comum ao grupo.

Se existe o controle e o inventário — geral ou parcial — destina-se a atualização, com a utilização da mesma sequência numérica sem remoção das etiquetas existentes, deverá ser fixada a plaqueta com o número sequencial seguinte nos bens que não a possuem, evitando a sua reconfecção, e devendo seu número ser transcrito para o RCFBP. Isso se justifica porque é muito elevado o custo de confecção de apenas uma plaqueta metálica com o número original, embora existam plaquetas não metálicas confeccionadas por sistemas informatizados cujo custo unitário para qualquer quantidade não apresenta diferença significativa, viabilizando a manutenção da sequência numérica. Nesse caso, deve ser registrada no campo seguinte do formulário de levantamento físico a letra "N" se é plaqueta nova (seguinte da numeração) ou, se utilizado o mesmo número, a letra "V", que se refere a plaqueta antiga (velha) que foi reconfeccionada, para facilitar o cotejamento. Deverá constar uma observação na ficha cadastral do bem indicando que o número atual substitui outro fixado anteriormente, caso não se consiga a confecção da plaqueta com o número anterior e a próxima plaqueta da sequência tenha que ser utilizada.

Uma preocupação que deve ser previamente investigada é se o programa informatizado de controle permite a troca do número de identificação registrado anteriormente, pois, por questão de segurança, muitos deles não aceitam de forma alguma e outros permitem apenas restritamente por pessoa autorizada, através de senha. No caso de não aceitação da troca de número sob qualquer condição, tem-se que acatar a alternativa da reconfecção da plaqueta com o mesmo número, seja a metálica (de maior custo unitário), seja a impressa em papel ou plástico (de menor custo unitário).

Ao verificar um bem durante o inventário de atualização do controle de bens de uma empresa ou de várias empresas do mesmo grupo, quatro hipóteses podem ocorrer:

a) *Não existência de identificação*
Nesta hipótese, um dos inventariadores fixará a plaqueta nova no bem. Esse número será anotado no RCFBP pelo outro inventariador;

b) *Existência de identificação com plaqueta da própria empresa*
Será anotado no RCFBP o número de identificação existente e assinalada a letra "V" ao lado do número da plaqueta, não necessitando a colocação de outra plaqueta. Havendo uma listagem, o número de identificação será localizado e anotado nessa relação. Caso não seja localizado na relação, ele será anotado no RCFBP (como descrito anteriormente) e assinalada a letra "V" ao lado, significando a existência de identificação anterior;

c) *Existência de identificação com plaqueta de outra empresa do grupo*
Esta hipótese pode ocorrer quando existe empréstimo, permuta ou doação de bens entre empresas do grupo, sem troca da identificação. Será anotado no RCFBP o número de identificação da plaqueta e assinalada a letra "V" ao lado desse número, não necessitando a colocação de outra plaqueta.
No cotejamento, verificar no sistema de controle de qual empresa está registrado e recomendar a atualização, se for o caso;

d) *Existência de plaqueta de empresa não pertencente ao grupo*
Esta situação pode ser consequência de aquisição de bem de segunda mão, com algum tempo de uso por outra empresa que não removeu a plaqueta de identificação quando alienou o bem. Será removida a plaqueta existente e o seu número será anotado em observação ou no campo da descrição para auxiliar no cotejamento. A nova plaqueta será fixada no bem e seu número será anotado no RCFBP com a indicação "N".

2. Descrição:

Este campo é preenchido concomitantemente com o campo anterior e deverá conter as características indispensáveis para a identificação do bem.

Um dos inventariadores lerá o número da plaqueta de identificação ou colocará a nova, ao mesmo tempo em que remove a existente, de acordo com uma das hipóteses do item anterior. Ele descreve o bem, efetua medições e observa as especificações ditando-as para o outro inventariador, que fará a anotação nos respectivos campos do RCFBP se não houver controle. Caso exista o controle e disponha-se de uma lista na qual o número foi localizado, será feita apenas a confirmação da descrição, corrigindo-a, se necessário.

Além dos inventariadores, esta etapa requer o acompanhamento permanente de um profissional da área a ser inventariada, a fim de descrever perfeitamente cada bem, atribuindo-lhe a denominação correta e mais adequada. Esse acompanhamento é primordial quando se tratar de uma dependência muito técnica a ser inventariada, conforme comentário anterior. As denominações muito exóticas deverão ser bem entendidas pelo inventariador e tal entendimento deve ser transcrito para o RCFBP de modo a possibilitar, na revisão do relatório final, a utilização de uma denominação entendível pelos usuários do relatório.

A descrição, apesar de sucinta, deve abranger as principais características do bem, além de seguir uma padronização a fim de impedir o uso de termos alternativos para designar o mesmo item, tais como ar-condicionado, ar-refrigerado, condicionador de ar e refrigerador de ar; ou rotuladeira e máquina de rotular; ou gaveteiro e arquivo móvel; ou respirador e ventilador pulmonar. Um dos termos de cada um dos grupos deve ser o escolhido e apenas ele deve ser utilizado. Ele deve começar pelo substantivo (simples ou composto) que designa sinteticamente o bem (mesa, motor, galpão, ar condicionado, cadeira, apartamento, casa, computador, esteira transportadora, bomba, transformador, automóvel, gleba de terra, caminhão, impressora, embaladora, torno mecânico, geladeira, prensa), seguido dos diversos adjetivos que devem indicar cor, dimensões, modelo, capacidade, número de série, ano de fabricação, tipo, marca, autor e outros mais específicos de cada tipo de bem, como localização, composição da unidade etc. Ao imputar os dados em planilha eletrônica, um recurso útil utilizado para a padronização é a divisão da descrição em duas partes:

a) a primeira — intitulada descrição principal — mais sintética, limitará a quantidade de termos a um máximo de três, utilizando os mais genéricos como o bem é popularmente designado, conforme exemplificado acima;

b) a segunda — intitulada descrição complementar — oferecerá liberdade para a quantidade de termos, embora procurando sintetizá-los e mantendo a ordenação.

Nas obras de arte (que não são imobilizadas, mas podem ser inventariadas), as medições devem ser feitas na obra propriamente dita (foto, tela, tapete, estátua) independentemente da moldura, *passe-partout*, pedestal e outros acessórios, que podem ser medidos, porém separadamente da medição restrita à obra.

Outra observação a ser seguida é a ordenação das palavras para a descrição, pois essa ordenação também deve ser padronizada. Por exemplo, não devem ser usadas alternativamente as descrições "cadeira giratória, em tecido na cor preta, com apoio de braço", ou "cadeira com apoio de braço, giratória, em tecido na cor preta" e outras combinações de palavras para descrever bens do mesmo tipo, padronizados. Uma forma prática de evitar a falta de padronização, além de agilizar o processo dando mais velocidade ao trabalho de campo, é o uso de aspas para bens idênticos e subsequentes e o uso de "(= nº xxxx)", referindo-se a um item relatado anteriormente, porém não subsequente. Este último exemplo (= nº xxxx) deve se limitar aos itens registrados na mesma folha do RCFBP devido à perda de tempo na localização de outra folha que contenha aquela informação.

Pela diversidade das equipes, a falta de padronização pode ocorrer apesar de todas as providências e advertências. Nessa hipótese, ela deve ser corrigida após a elaboração das listagens, em ordem alfabética, com a utilização de um programa informatizado, tal como o Excel, que possibilite a obtenção de relatórios ordenados nas mais variadas formas.

3. Demais colunas: (Marca/Modelo/Dimensão/Nº de Série/Fabricante)

São autoexplicativas. Deve ser feito todo esforço para preenchê-las com clareza e riqueza de detalhes, pois auxiliam sobremaneira durante o cotejamento e na pesquisa de preço no mercado, caso seja feita avaliação para o teste de recuperabilidade de valor (*impairment test*). Isso pode ser um dado importante no cotejamento de um bem cuja descrição na nota fiscal de aquisição é diferente daquela usada no inventário físico, porém possui uma das referências citadas.

4. Data:

Corresponde ao dia da efetiva execução do levantamento físico, independentemente daquele constante do cronograma. Deve ser anotada em cada página do formulário.

5. Evidência de responsabilidade:

Os inventariadores integrantes da equipe deverão assinar cada RCFBP cujo preenchimento seja de sua responsabilidade e o supervisor o assinará após a conferência e revisão. Nessa revisão devem ser observadas as rasuras, clareza da grafia e ausência de dados normalmente existentes nos bens.

5.9.4 Digitação de dados

Na sequência, digitam-se os dados no sistema de gestão patrimonial ou utiliza-se outra ferramenta (Excel) de modo a gerar listagens com diferentes possibilidades de ordenação. Os dados são obtidos do Relatório de Contagem Física de Bens Patrimoniais, do razão geral da contabilidade da entidade e, em alguns casos, dos documentos de aquisição, e constituem-se dos seguintes:

Gestão Patrimonial

- Nº da plaqueta,
- Descrição do bem,
- Conta contábil,
- Órgão/dependência e, quando identificados, mais os seguintes dados:
    ◊ Marca/modelo,
    ◊ Nº de série do bem,
    ◊ Fabricante,
    ◊ Nº da Nota Fiscal,
    ◊ Fornecedor,
    ◊ Data de Aquisição,
    ◊ Valor de Aquisição.

Geram-se duas relações impressas — uma por ordem alfabética e outra por ordem numérica — contendo esses dados, sendo que os quatro últimos só podem ser lançados apenas com referência aos bens localizados no razão ou nos documentos de aquisição quando o razão não contém uma descrição bem analítica.

Tais relações representam a existência física dos bens da entidade e constituem-se nas ferramentas básicas para se proceder o cotejamento com os registros contábeis, assunto do próximo capítulo.

5.10 Exercícios de fixação

Assinale "V" para a afirmação verdadeira e "F" para a falsa.

1 ( ) As aquisições de bens imobilizáveis podem ser efetuadas por compra, permuta e doação.
2 ( ) As aquisições só podem ser efetuadas se os bens constarem do orçamento aprovado.
3 ( ) Um equipamento acidentado essencial à produção e que não conste do orçamento aprovado pode ser adquirido após aprovação superior.

5 – Controle Físico

4 ( ) Para se efetivar uma permuta, basta um laudo de avaliação do bem a ser recebido.
5 ( ) As doações recebidas, ao contrário das cedidas, devem ser aceitas sem qualquer análise ou justificativa.
6 ( ) As baixas de bens do ativo imobilizado podem ser efetuadas por permuta, extravio ou doação, entre outros eventos.
7 ( ) Custos de recuperação que inviabilizam o reaproveitamento de um bem acidentado é razão suficiente para considerá-lo como perda total.
8 ( ) A transferência de um bem entre áreas ocorre apenas em caráter permanente.
9 ( ) Tanto as aquisições quanto as baixas e as transferências provocam a emissão de novos Termos de Responsabilidade referentes apenas ao órgão que recebeu o bem.
10 ( ) O documento de transferência de bens deve obrigatoriamente registrar a área e o centro de custo apenas do órgão que está cedendo o bem.
11 ( ) Ocorrendo divergência entre a relação de bens e a existência física o Termo de Responsabilidade deverá ser devolvido ao órgão controlador dos bens, assinalando tal divergência.
12 ( ) Cada Termo de Responsabilidade pode relacionar os bens pertencentes a mais de um órgão.
13 ( ) A emissão e distribuição do Termo de Responsabilidade é obrigação do órgão responsável pelo uso do bem.
14 ( ) A identificação de um bem do imobilizado só pode ser efetuada pela plaqueta padronizada com o nome da empresa proprietária.
15 ( ) De acordo com a característica e o valor unitário de aquisição, os bens só podem ser identificados individualizadamente.
16 ( ) A identificação adequada do bem baixado possibilita o aproveitamento de despesa dedutível, com redução de lucro tributável.
17 ( ) O controle patrimonial evita a ociosidade dos bens e permite a alocação correta de custos e despesas.

18 ( ) O controle patrimonial possibilita a manutenção de valores segurados atualizados, facilitando a liquidação de sinistros.
19 ( ) Manutenção e conservação dos bens são atividades que, de uma ou de outra forma, estão sob a responsabilidade dos órgãos usuários e de manutenção e obras.
20 ( ) O inventário físico dos bens do ativo imobilizado trata-se apenas daquele realizado na totalidade das dependências de uma entidade.
21 ( ) Apesar de as autoridades fiscais estabelecerem valor unitário de aquisição superior a R$1.200,00 e vida útil superior a um ano para a imobilização, o contador pode ignorar estas restrições sob o aspecto contábil.
22 ( ) A responsabilidade do inventário dos bens de uma entidade restringe-se ao órgão de controle do patrimônio.
23 ( ) Existem dependências nas quais os bens já existentes são tão complexos e específicos que é impossível a realização do inventário físico sem a participação do pessoal técnico lotado na própria dependência.
24 ( ) A elaboração do cronograma de contagem física deve considerar a complexidade e quantidade estimada de bens em cada dependência, assim como a quantidade de profissionais que participarão da atividade.
25 ( ) Após iniciado o inventário em uma dependência, a movimentação de bens — já inventariados ou não — pode ocorrer livremente.
26 ( ) No relatório de contagem física de bens patrimoniais, devem estar previstos campos (espaços) para descrição, modelo, marca, dimensão, número de série, capacidade e fabricante.
27 ( ) Em uma equipe de inventariadores composta de dois elementos, cada um deles descreve todos os dados do bem, fixa a plaqueta de identificação em cada item e faz todas as anotações no relatório de contagem.
28 ( ) No inventário geral para implantação do controle, o órgão no qual ele foi iniciado não pode receber nem ceder bens, emplaquetados ou não.

29 (   ) Os bens de pequeno porte e de uso pessoal não necessitam ser inventariados.
30 (   ) Em uma entidade que está implantando o controle patrimonial e identificando os bens por plaquetas, elas serão fixadas em todos os bens e as antigas serão removidas, se existentes.
31 (   ) As plaquetas de identificação são fixadas sempre do lado esquerdo dos bens para facilitar os inventários periódicos.
32 (   ) Apesar de sucinta, a descrição deve abranger as principais características do bem, seguindo uma padronização.
33 (   ) A descrição dos bens deve começar por um substantivo (motor, mesa, embaladora, prensa) e terminar por um adjetivo (dimensões, marca, número de série).
34 (   ) A padronização da descrição deve ser mantida na etapa inicial do levantamento físico porque é a única oportunidade para tal.

Solução dos exercícios de fixação:

01(V); 02(F); 03(V); 04(F); 05(F); 06(V); 07(V); 08(F); 09(F); 10(F); 11(V); 12(F); 13(F); 14(F); 15(F); 16(V); 17(V); 18(V); 19(V); 20(F); 21(V); 22(F); 23(V); 24(V); 25(F); 26(V); 27(F); 28(F); 29(F); 30(V); 31(F); 32(V); 33(V); 34(F).

6
Cotejamento

Resumo

Este capítulo trata da comparação entre os dados contábeis e aqueles apurados pela verificação física dos bens. Tal comparação é efetuada com o objetivo de tornar os dados registrados pela contabilidade coincidentes com as existências físicas observadas durante a realização do levantamento. O cotejamento consiste em comparar o que existe de fato com o que está registrado pela contabilidade, ajustando as diferenças detectadas, se houver, a fim de tornar as informações contábeis mais fidedignas. Constitui-se na fase posterior ao levantamento físico e é realizada a partir da relação gerada com o máximo de dados apurados individualizadamente para cada bem. A seleção da documentação de aquisição é uma das preocupações neste processo, aliada aos detalhes que deveriam estar registrados nos lançamentos do razão contábil. O capítulo enfatiza ainda as tentativas de desdobramento das etapas de modo a aproveitar a quantidade máxima de dados disponíveis, além de recomendar a destinação e os procedimentos adotados para as sobras físicas e as sobras contábeis eventualmente apuradas.

6.1 Considerações preliminares

Cotejar significa comparar. Entretanto, a simplicidade que o termo *comparar* sugere não deve influenciar no sentido de induzir a um relaxamento nos cuidados a serem adotados quando se tratar de cotejamento de bens do ativo imobilizado. Assim, deve-se levar em conta que o cotejamento consiste em fazer uma comparação entre uma existência física constatada hoje, com uma descrição relatada em linguagem atual, contra um registro contábil que, entretanto, foi processado no passado, com uma linguagem utilizada naquela época. A descrição física observada agora para bens encontrados nas dependências da entidade é comparada com a descrição efetuada no passado e incluída no registro contábil.

Como alguns desses eventos podem ter ocorrido em uma época em que os termos da linguagem então utilizados já caíram em desuso ou tenham seu significado modificado na época atual, além de terem sido executados por pessoas diferentes, é de suma importância empregar uma riqueza de detalhes na descrição dos bens por ocasião da realização do levantamento físico. Todos os dados e informações observados em relação a cada bem durante a etapa do levantamento físico devem ser anotados, mesmo que isto requeira mais espaço no formulário utilizado. Nesse caso, use o rodapé ou as margens. Embora deva ser mantida a preocupação com a descrição sucinta, a riqueza de detalhes será de grande ajuda para possibilitar o cotejamento de uma maior quantidade de bens.

O mesmo cuidado deve ser adotado quando do registro contábil da documentação de aquisição, melhorando a descrição nela contida, decodificando-a e discriminando cada acessório que se agrega ao bem principal, como detalhado e exemplificado no item 5.5 do capítulo anterior.

O cotejamento físico *versus* contábil é executado obrigatoriamente quando da realização de um inventário geral dos bens para implantação de um sistema de gestão. Periodicamente ele pode ser efetuado com o objetivo de testar e verificar a eficiência dos controles, selecionando determinado órgão ou tipo de bens. Eventualmente ele pode ser executado quando se tem dúvida quanto ao valor de um bem — por exemplo, se ele sofreu modificações posteriores que provocaram acréscimos ou reduções em seu tamanho ou valor e até substituições de partes — e o órgão gestor do patrimônio e a área de contabilidade não foram notificados para proceder o registro de tais ocorrências.

Será consultada a documentação referente à aquisição dos bens e dela extraídos os dados que serão transpostos para a relação da existência física, complementando-a.

6.2 Seleção da documentação

Antes do início dos trabalhos de cotejamento, deve ser verificada a documentação de aquisição dos bens, sendo recomendável que essa verificação seja realizada antes da etapa do levantamento físico para melhor orientação quanto ao nível de detalhe a ser utilizado na respectiva descrição, assim como quanto à forma de se constituir uma unidade inventariada que será descrita e identificada.

Pode ocorrer de uma empresa que está implantando um sistema de gestão tenha adotado a contabilização de seu imobilizado por itens complexos formados por diversos componentes sem distingui-los, não sendo recomendável a individualização desses componentes e sua identificação separada por ocasião do levantamento físico. É o caso de um avião, em que motores, turbinas, hélices, asas, ailerons, entre outros itens, foram contabilizados no conjunto (avião), ou de um conjunto industrial em que motores, prensas, correias transportadoras, embaladoras e outros componentes foram contabilizados no conjunto (linha de produção "A"). Nesses casos, é contraproducente segregá-los durante o inventário físico, uma vez que isso estará em desacordo com a documentação de aquisição e com o registro contábil.

Pode ocorrer ainda de a contabilização ter sido realizada considerando itens significativos, autônomos e substituíveis, em que o fornecedor segregou cada um desses itens e os separou da estrutura do bem, valorando cada um deles, quer sejam os componentes do conjunto avião ou os do conjunto linha de produção "A" citados acima. Existem casos em que o próprio órgão usuário do bem recomenda o registro desmembrado em cada uma das partes, pelo conhecimento de que alguns componentes têm vida útil diferenciada, com obrigação de substituí-los em prazos desiguais, com taxas de depreciação diferentes correspondentes a cada um deles. Nesses casos, justifica-se segregar a descrição e a identificação individualizada por ocasião do levantamento físico.

A inspeção prévia da documentação possibilita a avaliação:
a) do estado de conservação (se legível, mofado, empoeirado ou não);
b) das condições de manuseio (se fácil ou não, se segregada ou não da documentação geral);
c) da forma em que se encontra (se original, microfilmada ou digitalizada);
d) da localização do arquivo (se na própria empresa ou fora, em empresa terceirizada).

Constituem documentos suporte para se efetuar o cotejamento:
a) notas fiscais e recibos de aquisições e de baixas;
b) relatório (ficha) do razão contábil de cada conta;
c) listas de bens extraídas do razão contábil;
d) planilhas e mapas de medição de obras e reformas executadas;
e) memórias de cálculo detalhando valores faturados;
f) laudos de avaliação com descrição dos bens;
g) mapas de grandes obras, localizando os bens e indicando seus componentes agregados.

6.2.1 Nota Fiscal

É o principal documento de movimentação externa dos bens. A nota fiscal é emitida por quem detém a posse do bem e enviada, juntamente com o bem, para o seu destinatário, seja este adquirente por compra, permuta ou doação, ou ainda por empréstimo, aluguel ou arrendamento mercantil.

A nota fiscal é um documento oficial, cujo formato é padronizado pelo órgão público da jurisdição da empresa. É emitida eletronicamente com numeração sequencial e obedece a certas determinações legais, sendo as principais aquelas que apresentam segregadamente os seguintes dados:

a) natureza da operação (se venda, compra, empréstimo, beneficiamento etc.);
b) fornecedor, endereço e inscrições (já constantes do cadastro);
c) destinatário;
d) de saída ou de entrada;
e) produtos (bens), com sua descrição, quantidade, valores unitário, total e dos impostos, além do frete, seguro e outras despesas;
f) identificação do transportador e quantidade de volumes transportados.

Existem modelos específicos de nota fiscal para atender a cada atividade: industrial, comercial e de serviços. Em alguns casos, quando a empresa desenvolve mais de uma atividade, é utilizado um modelo misto para atender a todas elas. A figura 6.1 apresenta um exemplo de nota fiscal que atende aos diversos tipos de atividade.

Deve-se atentar ao fato de que o valor do Imposto sobre Circulação de Mercadorias e Serviços – ICMS já está incluso no valor do bem e o do Imposto sobre Produtos Industrializados – IPI está apartado, devendo-se proceder à inclusão deste último no valor de aquisição de bens do imobilizado e, em algumas circunstâncias, a exclusão do ICMS.

Expressão Comercial do Brasil Ltda.		Nota Fiscal – Fatura ( ) Saída ( ) Entrada		Nº 999999		1ª Via Destinatário	
Av. Megabite, xxx – R. Janeiro -RJ - CEP 99999 Fone (21) 1234-5678		CNPJ 99.999.999/9999-99		Inscr. Estadual 999/9999999		Data Limite para Emissão __/__/__	
Natureza da Operação		CFOP	Data da Emissão __/__/__	Data Saída/Entrada __/__/__		Hora Saída/Entrada __:__	
Destinatário							
Nome/ Razão Social				CNPJ/CPF			
Endereço		Bairro/Distrito/CEP	Município	Fone/Fax		Inscr. Estadual	UF
DADOS DO PRODUTO							
Código	Descrição	Class. Fiscal	S.T	Un.	Quant.	Valor Unitário	Valor Total	Alíquotas ICMS IPI	Valor IPI

Dados do Serviço			
Descrição	Inscrição Municipal 9999-9	Alíquota do ISS	Valor do ISS
		Valor Total	
CÁLCULO DO IMPOSTO			
Base de Cálculo do ICMS	Valor do ICMS	Base Cálculo do ICMS ST	Valor do ICMS ST	Valor Total dos Produtos
Valor do Frete	Valor do Seguro	Outras Despesas Acessórias	Valor Total do IPI	Valor Total da Nota
Dados do Transportador/Carga				
Nome/Razão Social		Frete por Conta 1-Emitente ( ) 2-Destinatário ( )	Placa do Veículo	UF	CNPJ/CPF
Endereço			Município	UF	Inscrição Estadual
Volumes	Espécie	Marca	Número	Peso Bruto	Peso Líquido
Dados Adicionais					

Figura 6.1 Modelo de nota fiscal

6.2.2 Razão contábil da conta

Trata-se do documento que registra toda a movimentação de aquisição e baixa dos bens, agrupando-os por natureza em uma conta específica. O razão contábil registra os mesmos dados do livro diário, sendo que a diferença entre eles é que enquanto o diário registra todos os atos e fatos ocorridos sequencialmente, porém sem qualquer segregação, os registros no razão são efetuados segregadamente em cada conta. Assim, cada grupo de bens, com as mesmas características, deve ter um razão contábil específico para o valor de aquisição e outro para a depreciação acumulada de cada conta de bens que estão

sujeitos à depreciação e deve apresentar, na parte superior, o código e a denominação da conta para sua identificação e, na parte inferior, colunas para registro dos seguintes dados de cada operação:
a) data;
b) descrição e quantidade do bem;
c) código da conta que registra a contrapartida do lançamento;
d) valor do débito;
e) valor do crédito; e
f) valor do saldo.

6.2.3 Demais documentos

Os outros documentos listados acima como suporte no processo de cotejamento (itens "c" até "g") dispensam comentários, em virtude de os próprios títulos serem autoexplicativos.

6.3 Etapas do cotejamento

O cotejamento físico *versus* contábil propriamente dito é executado manualmente, ou seja, cada bem identificado fisicamente deve corresponder a um item adquirido, constante de documento suporte. Tal documento pode ser um registro contábil que contenha todos os detalhes necessários para garantir que se refere àquele bem; quando o registro não contempla tal riqueza de detalhe, deve-se apelar para consulta ao próprio documento de aquisição. Em algumas situações, o cotejamento pode ser informatizado se a entidade possuir uma listagem cujos valores correspondem aos saldos da contabilidade em arquivo magnético. Tal lista pode ser comparada diretamente com a listagem resultante do levantamento físico e as coincidências de descrição e de número de identificação do bem devem garantir que aquele registro corresponda àquele bem.

Em qualquer das modalidades, a execução do processo de cotejamento cumprirá várias etapas, condicionadas à situação em que se encontra o controle do imobilizado em cada entidade. A segunda condição pressupõe a existência de controle, embora desatualizado. Se não existe controle correlacionado com os dados contábeis, o cotejamento deverá ser executado manualmente, ou seja, verificando cada bem relacionado com o documento de aquisição.

Portanto, para a adoção do cotejamento informatizado, é necessário que a entidade possua controle implantado — mesmo que desatualizado — e os bens estejam identificados numericamente através de plaquetas (ou de outra forma) e relacionados em uma planilha. Apesar de a listagem não estar atualizada, os valores coincidem com os registros contábeis e, portanto, refletem os dados do razão de cada conta que, por sua vez, contém os registros de cada operação de aquisição e baixa. Nessa situação, a primeira etapa do cotejamento deve ser executada concomitantemente com a verificação física, em que uma pessoa confere o número de identificação afixado no bem e outra pessoa o localiza na lista emitida em ordem numérica e lê a descrição para certificar-se de que se trata do mesmo bem. É possível, nesse momento, enriquecer mais a descrição, acrescentando dimensão, modelo, tipo, capacidade e outros detalhes, se algum deles não tiver sido registrado previamente. Caso o número do bem não seja localizado na relação, será elaborada outra lista de existência física não cotejada, da qual constarão não só esse bem, mas também todos os demais que porventura estejam sem identificação, seja por perda ou extravio da plaqueta, por ilegibilidade do número, por descrição não coincidente, entre outros motivos.

Em uma segunda etapa, os bens constantes dessa relação serão cotejados, por similaridade perfeita, com os bens ainda não cotejados, coincidindo descrição completa, modelo, número de série, ano de fabricação etc. Em uma terceira etapa, os bens remanescentes que continuam pendentes de cotejamento após as etapas anteriores deverão ser cotejados apenas por número de série coincidente, dispensando a descrição e os outros dados, ajustando-os pela descrição apurada durante o levantamento físico. Em uma etapa posterior, os bens remanescentes voltam a ser cotejados por similaridade, porém com menor rigor, coincidindo apenas algumas palavras da descrição. Essa etapa pode se subdividir em fases, determinando que na primeira fase deve ser a coincidência de maior quantidade de palavras da descrição (por exemplo, cinco), diminuindo tal quantidade nas fases seguintes até que seja aceita apenas a coincidência de uma palavra, tal como "mesa" com "mesa", independente de modelo ou dimensão. Após essa etapa, os bens restantes, em quantidade muito pequena, porém existentes no sistema de controle, deverão ser controlados fisicamente, sem registro contábil.

Outra situação é a existência de controle atualizado, que, no entanto, deve ser testado periodicamente. Nesse caso, a primeira etapa é efetuar uma verificação, cotejando o registro dos dados físicos com o registro contábil para verificar o grau de eficiência do controle. As etapas seguintes são as mesmas da situação anterior, porém nem todas elas serão necessárias, uma vez que as causas dos desajustes são poucas. Os maiores problemas devem se restringir somente a ajustes quanto a localização de bens, pois apesar de todo controle, as transferências não são informadas em sua totalidade, até pelo caráter de urgência em que algumas delas ocorrem.

Condição mais problemática é o cotejamento de bens de uma entidade que nunca teve controle e pretende implantá-lo após vários anos de operação. Nessa condição, recomenda-se a execução do levantamento físico sem inicialmente se preocupar com a documentação de aquisição ou o registro contábil, a não ser superficialmente para verificar se os bens volumosos, complexos e constituídos por diversos componentes foram contabilizados pelo conjunto ou por cada uma das suas partes, a fim de orientar melhor o procedimento a ser adotado no levantamento físico dos bens.

A partir da relação alfabética do levantamento físico, inicia-se o cotejamento, localizando nessa relação cada um dos bens existentes na documentação de aquisição, conforme a segunda etapa da primeira situação. Ao localizar o bem com as mesmas características na relação, são acrescentados os dados a ele referentes, que consistem em data e valor da aquisição, número do documento, razão social do fornecedor e outros dados existentes que possam melhorar ou complementar a descrição. Após essa etapa, será gerada uma relação de bens inventariados e sem documentação e uma relação de bens com documentos de aquisição que não foram inventariados ou, se o foram, as descrições não são coincidentes.

Nesse estágio do processo de cotejamento, a atividade será realizada de acordo com a terceira e a quarta etapas da primeira situação, que é a coincidência, na ordem, de número de série e de similaridade de várias palavras da descrição, até aceitar-se apenas uma. É aceito um menor rigor do cotejamento nessa situação, considerando-se que, ao ser adquirido, um bem pode sofrer modificações substanciais após algum período de uso e, às vezes, até antes de iniciada a sua utilização. Como exemplo, pode-se citar a remoção de prateleiras de um armário onde se pretende guardar um equipamento de dimensão maior do que o espaço disponível se as prateleiras não fossem removidas; ou a incorporação de um complemento de carroceria especial a uma caminhonete de carga; ou ainda a blindagem de segurança efetuada em um veículo. Em vista disto, pode-se admitir a ausência de certas conformidades entre as descrições levantadas em campo e aquelas registradas nos documentos, porque existirão — além das considerações acima — muitos bens com documento de aquisição cuja descrição é codificada ou muito abreviada. Assim, deve-se proceder à segunda etapa de cotejamento não só agregando componentes em bens já cotejados, mas também cotejando bens que apresentem apenas alguma semelhança com aqueles suportados por documentos, levando-se em consideração as características de cada um. Assim, mais alguns bens localizados sem documento podem ser cotejados com bens documentados e não localizados (que inicialmente não foram cotejados), reduzindo os itens das listas de sobras (físicas e contábeis). Após essa etapa, restarão ainda pendentes de cotejar uns poucos bens localizados e alguns itens documentados.

Quando o razão contábil for o documento de registro das aquisições e baixas que servirá de base para o cotejamento, cada um dos itens registrados ali será localizado na relação do levantamento físico e as seguintes anotações devem ser feitas:

a) número da nota fiscal de aquisição;
b) razão social do fornecedor;
c) data e valor de aquisição, caso esses dados tenham sido registrados por ocasião da contabilização.

Quando não houver detalhe no lançamento de aquisição, poderão ser verificados outros documentos para sanar dúvidas ou suprir deficiência na descrição do bem. A descrição limitada no razão contábil de algumas empresas é tão acentuada que a verificação de outros documentos torna-se obrigatória, lembrando, entretanto, que tal iniciativa não tem o objetivo de certificar-se da autenticidade da aquisição, mas apenas o de suprir uma deficiência por ocasião do registro.

Como pode se depreender do exposto, primeiro é executado o levantamento físico e gerada uma relação alfabética dos bens encontrados e, em seguida, são cotejados os itens dela constantes com os registros de aquisição e baixa. Entretanto, podem existir outras condições além daquelas citadas em parágrafos anteriores, em que a análise prévia da documentação pode ser a alternativa mais adequada a ser adotada. É o caso de bens de grandes dimensões ou muito extensos, com diversas datas de aquisição, constituídos por várias partes e com especificações diferentes, tais como redes de distribuição de bens e serviços — água, esgoto, combustível — com divisão entre a parte do material e a da mão de obra no documento de aquisição, bens às vezes enterrados ou submersos, que passariam despercebidos se não houver conhecimento prévio da sua existência.

Essa etapa do cotejamento é muito árdua, porém muito importante, pois é a sua qualidade que proporcionará um relatório contábil fidedigno. Assim, o sistema de controle utilizado deverá ser capaz de gerar relatórios (listagens) nas mais diversificadas ordenações, sendo algumas delas imprescindíveis, tais como, alfabética, numérica, cronológica, por conta, por órgão e por valor unitário, o que atualmente está disponível nas diversas ferramentas informatizadas.

Dessa comparação, após todas as etapas do cotejamento, ainda resultarão sobras físicas e sobras contábeis. A sobra física é resultante de bens existentes nas dependências sem a respectiva documentação hábil. Um dos motivos para isso é a classificação indevida no momento da aquisição, provavelmente levada para resultado naquele ato, sendo a solução localizar o documento e o respectivo lançamento, estornando os valores de despesa para imobilizado e procedendo aos ajustes societários e fiscais necessários. Outro possível motivo é o fato de o bem não pertencer à entidade, mas sim a outra pessoa — física ou jurídica — que o cedeu através de simples empréstimo ou comodato, ou em consignação e, como solução deve ser devolvido ao real proprietário, ou ter a respectiva cessão oficializada através de documento hábil. Por outro lado, as sobras contábeis — aqueles bens registrados pela contabilidade e não encontrados fisicamente — deverão ser baixadas sem possibilidade de dedução para efeitos fiscais, ou seja, classificadas como despesas indedutíveis ou despesas tributáveis.

Sobre itens de pequeno valor, fisicamente existentes e não cotejados, a Gerência Contábil poderá decidir, apesar de ser um procedimento pouco recomendável, controlá-los extracontabilmente, com base no fato de seu valor unitário ser imaterial, independentemente do conceito de utilização conjunta. Entretanto, tal decisão não poderá ser estendida para os demais bens não cotejados. Esses poderão ser considerados como doação recebida e lançados no ativo imobilizado, constituindo-se uma reserva no patrimônio líquido por valor apurado após laudo que os avalie e, naturalmente, desde que o doador consiga provar sua propriedade.

De qualquer forma, sugere-se que a realização da baixa dos saldos contábeis remanescentes em cada conta deve ser postergada em função da possibilidade do surgimento de algum fato novo que possa permitir a localização de um ou outro bem não localizado durante o inventário, principalmente bens de muita portabilidade, de uso pessoal e de pequeno volume como calculadoras e computadores portáteis. Somente após esgotados todos os meios de localização e cotejamento, desde que não ultrapassado um limite razoável de tempo, deve-se implementar a baixa. Tais saldos poderão ser agasalhados, temporariamente, em contas específicas para não poluir aquelas que foram cotejadas e cujos saldos estejam representando a real existência física dos bens. Poderá ser utilizado o mesmo título da conta ajustada com uma extensão "– Bens Não Cotejados".

Quando recomendável, alguns bens inventariados devem ser reclassificados para contas mais específicas, nos casos em que bens com características muito diferentes ou sob condições especiais de utilização são registrados em uma única conta. É o caso de veículos com taxas de depreciação diferentes devido a características diferentes, como veículos de carga e outros de até 10 passageiros; ou de bens da mesma espécie, mas alguns operando em apenas um turno e outros operando em mais de um turno diário. Isso facilitará a análise e a comparação dos saldos contábeis com os gerados pelo sistema de controle gerencial, principalmente quanto à depreciação. Essa decisão poderá gerar a criação de novos títulos de contas e a supressão de alguns, com lançamentos que deverão ser efetuados pela contabilidade a débito e a crédito nas contas, cujo detalhe constará em relatório suporte.

Em se tratando de inventário geral para implantação de sistema de controle gerencial e contábil individualizado, e após todas as considerações anteriores, deverão ser gerados os relatórios seguintes:

- Ficha financeira sintética;
- Ficha de bens patrimoniais (cadastro);
- Relação por ordem numérica geral;
- Relação por ordem alfabética geral;
- Relação por ordem alfabética de bens não cotejados (sobras físicas);
- Relação por dependência e conta contábil, em ordem alfabética dos bens;
- Relação de bens contabilizados e não localizados (sobras contábeis);
- Saldos contábil e cotejado;
- Termo de Responsabilidade para cada órgão, relacionando os bens de sua área.

O sistema de gestão utilizado deverá ser capaz de gerar outros tipos de relatório para atender a finalidade específica. Entre outros, podem ser emitidas relações para seguradoras, tanto para a contratação do seguro, quanto para a liquidação de sinistro; para contratantes de serviços, a fim de evidenciar a capacidade disponível em máquinas e equipamentos nas licitações para execução de obras.

Finda essa etapa, estará a contabilidade refletindo a existência física. Não é demais lembrar que o saldo cotejado deverá coincidir com o saldo contábil e será inaceitável apresentar valor superior ao registrado na contabilidade. Se ocorrer essa última hipótese, deve-se pesquisar um ou mais dos fatos citados a seguir:

a) lançamento em empresa do grupo com documento de aquisição de outra;
b) baixa contábil de bem que saiu para reparo ou para empréstimo e retornou posteriormente, sem registro.

6.4 Exercícios de fixação:

Assinale "V" para a afirmação verdadeira e "F" para a falsa.

1 ( ) Constitui-se elemento facilitador do cotejamento o fato de a linguagem usada na descrição do bem na época da aquisição ser diferente daquela utilizada na época da realização do inventário físico.

2 ( ) A descrição sucinta e sem riqueza de detalhes na etapa do levantamento físico é suficiente para facilitar o cotejamento.

3 ( ) Após o registro das baixas das sobras contábeis e das inclusões das sobras físicas, a contabilidade estará refletindo a realidade do ativo imobilizado da entidade.

4 ( ) A pobreza de descrição no razão contábil obriga a consulta a outro documento suporte de aquisição para efetuar o cotejamento.

5 ( ) Marca, modelo, número de série, fabricante, capacidade são dados importantes para a etapa de cotejamento.
6 ( ) Não basta constatar apenas os dados registrados no razão contábil, sendo indispensável a consulta ao documento de aquisição para certificar-se da autenticidade da aquisição.
7 ( ) Os relatórios gerados devem permitir ordenações alfabética, numérica, cronológica, por conta contábil, por órgão, por valor unitário etc.
8 ( ) As sobras contábeis resultantes do cotejamento deverão ser baixadas como despesas indedutíveis para fins fiscais.

Solução dos exercícios de fixação:

1 (F); 2 (F); 3 (V); 4 (V); 5 (V); 6 (F); 7 (V); 8 (V)

7
Benefícios Fiscais

Resumo

Este capítulo trata dos benefícios concedidos às empresas pelos diversos níveis de governo de modo geral e, com mais abrangência, daqueles referentes aos tributos agregados aos bens do ativo imobilizado. Assim, tanto no nível federal, estadual ou municipal, são citados os diversos tributos que podem ser utilizados com essa finalidade, esclarecendo as condições em que eles podem ser usufruídos, bem como a abrangência e as limitações de cada um, com exemplos numéricos.

7.1 Considerações iniciais

Em geral, os incentivos concedidos pelo governo atendem a objetivos específicos, seja para desenvolver determinada região, seja para alavancar certa atividade. Eles se materializam através de doação patrimonial e de participação no capital social, além de benefícios fiscal e creditício. As doações e participações no capital de uma entidade ocorrem em caráter definitivo se cumpridos certos requisitos estabelecidos no termo de doação e no contrato social; os benefícios são concedidos de forma pontual e por tempo limitado. Os incentivos podem abranger os dois grupos de aplicação de recursos na empresa (capital de giro e ativo fixo) ou limitar-se a um ou a outro deles, independentemente.

No caso dos bens do ativo imobilizado, em geral, os benefícios fiscais podem ser materializados através de isenções e reduções de alíquotas de tributos por ocasião de sua aquisição. No caso de terrenos, podem ocorrer doações para instalação de empreendimentos, e tais doações podem ser concedidas nos três níveis de governo (federal, estadual e municipal), indistintamente.

No nível federal, podem ocorrer isenções e reduções de alíquotas de IPI (Imposto sobre Produtos Industrializados) e de II (Imposto de Importação) para incentivar a modernização de parques industriais e o desenvolvimento de regiões ou de atividades econômicas. A partir de 2004, o PIS/ PASEP (Programa de Integração Social/ Programa de Formação do Patrimônio do Servidor Público) e a COFINS (Contribuição para o Financiamento da Seguridade Social) incidentes sobre a aquisição de bens do ativo imobilizado utilizados na comercialização e na produção de bens e serviços tornaram-se não cumulativos e passaram a integrar o sistema de compensação.

No nível estadual, os benefícios têm ocorrido da mesma forma e com objetivos semelhantes aos concedidos em nível federal e concentram-se na área de abrangência do ICMS (Imposto sobre Operações Relativas à Circulação de Mercadorias e sobre Prestações de Serviços de Transporte Interestadual e Intermunicipal e de Comunicação), havendo ainda a possibilidade de compensações de tributos, de acordo com determinação constitucional e, consequentemente, de forma continuada e abrangente.

No nível municipal, além da doação de terrenos, os benefícios restringem-se à isenção do IPTU (Imposto Predial e Territorial Urbano) e do ISS (Imposto sobre Serviços de qualquer Natureza) durante determinado período para incentivar a instalação de empreendimentos que possibilitem o desenvolvimento do município.

Os impostos ICMS e IPI e as contribuições PIS/ PASEP e COFINS são tributos não cumulativos nas transações intermediárias de comercialização de bens e de alguns serviços, significando que o imposto cobrado na aquisição é compensado com aquele incidente sobre a venda. Deve ser lembrado que esses benefícios são concedidos às empresas tributadas pelo lucro real; ou seja, as empresas enquadradas em outra forma de tributação (lucro presumido, SIMPLES etc.) não podem usufruir desses benefícios.

Durante muitos anos, segundo a legislação fiscal, o aproveitamento de crédito não era permitido em relação aos impostos incidentes sobre as aquisições de bens integrantes do ativo imobilizado das empresas enquadradas em qualquer dos tipos de tributação.

Essa política imposta pelas autoridades fiscais generalizou o entendimento de que um item do ativo imobilizado adquirido para utilização na produção nunca se transformaria em custo. Uma vez que só é permitido compensar impostos sobre custos e não sobre despesas, a conclusão lógica é que o imobilizado, independentemente da sua utilização (na produção ou não), teria apenas a sua depreciação considerada como despesa. Entretanto, a contabilidade faz uma distinção muito nítida do imobilizado aplicado na produção de bens e serviços daquele utilizado em outras áreas de atividade da empresa. Assim, a depreciação do primeiro grupo é classificada como custo e a dos itens utilizados em outras atividades — e apenas esta depreciação — é classificada como despesa. No entanto, esse entendimento contábil não era aceito pela fiscalização para efeito de aproveitamento de crédito de impostos, pois, da mesma forma que a aquisição de uma quantidade exagerada de material de transformação (matéria-prima) permanece no estoque com esse título e apenas as suas parcelas requisitadas para aplicar na produção são transformadas em custo, o bem do ativo imobilizado utilizado na produção também é registrado no permanente e apenas as suas parcelas "requisitadas para serem consumidas" na produção são transformadas em custo, sendo tais "requisições" representadas pela sua depreciação.

Apesar disso, o item do ativo imobilizado permaneceu no "limbo do não custo" durante todo esse tempo para efeito de compensação de impostos, quando, na verdade, ele se transforma periodicamente em despesa ou em custo através da sua depreciação, dependendo apenas de sua utilização, quer na produção de bens e serviços, quer nas outras atividades existentes na empresa. Embora a depreciação de bens do ativo imobilizado destinados às atividades de produção de bens e serviços fosse reconhecida como custo e aquela referente aos bens não utilizados na produção fosse reconhecida como despesa, o conceito da compensação dos impostos incidentes sobre a aquisição daqueles bens utilizados na produção não era aceito pelas autoridades fiscais.

Segundo essa linha de raciocínio, o justo seria — a exemplo dos materiais utilizados na produção que são estocados sem os impostos recuperáveis — imobilizar o valor das aquisições do imobilizado utilizado na produção sem os respectivos impostos que incidem sobre a comercialização dos produtos que a empresa fabrica.

De forma análoga ao lançamento dos impostos sobre os materiais aplicados na produção em contas intituladas por "impostos a recuperar" ou "impostos a compensar", aqueles incidentes sobre os bens imobilizados para uso na produção também deveriam estar segregados do valor do bem e lançados em uma conta com o mesmo título.

Apenas para estabelecer uma analogia com um bem do ativo imobilizado, se a matéria-prima for adquirida em quantidade exageradamente grande, ela será consumida em longo período (10 anos, por exemplo) e dará direito a compensar, de imediato, os impostos e contribuições incidentes sobre a totalidade do respectivo valor. A aquisição de um bem para o ativo imobilizado com o mesmo tempo para ser "consumido na produção", isto é, com vida útil de 10 anos, também deveria usufruir do mesmo direito.

Com o advento da Lei Complementar nº 87/96, o aproveitamento do ICMS sobre as aquisições de bens do ativo imobilizado a serem utilizados na comercialização e produção de bens e serviços teve o mesmo tratamento dado aos demais materiais, ou seja, aproveitamento integral do ICMS contido no ativo imobilizado adquirido. Com isso, a lei deu tratamento igualitário a coisas semelhantes.

Entretanto, deve-se reconhecer que são raras as aquisições vultosas, tanto em valor quanto em quantidade, de material para aplicação por longos períodos na produção. Por outro lado, são frequentes, e sempre em valor elevado, as aquisições de imobilizado. Logo, é aceitável que os tributos incidentes sobre a matéria-prima sejam recuperáveis integral e imediatamente — mesmo que ela ainda não tenha se transformado em custo — e aqueles incidentes sobre o imobilizado tenham a sua recuperação não de uma só vez, mas ao longo da vida útil do bem. Significa que a cada parcela da depreciação (custo de produção) seria compensada uma parcela do imposto correspondente. Assim, a Lei Complementar nº 102/00 alterou a anterior, estabelecendo que os créditos de ICMS sobre as aquisições de bens do ativo imobilizado fossem aproveitados em 48 parcelas mensais.

Posteriormente, com o advento das Leis nº 10.833/03 e nº 10.865/04, que transformaram o PIS/ PASEP e a COFINS em tributos não cumulativos, sua aplicabilidade também foi estendida aos itens adquiridos para o ativo imobilizado. Assim, através desses instrumentos legais, essa injustiça fiscal, que permaneceu durante longo tempo, foi parcialmente corrigida. E, por que parcialmente? Porque a legalização do aproveitamento ocorreu apenas em relação ao ICMS, ao PIS/ PASEP e à COFINS, mantendo o IPI não compensável. Espera-se que algum legislador se dedique ao assunto, empenhando-se em apresentar Projeto de Lei a fim de conseguir uma aprovação que repare totalmente esta exceção fiscal, igualando coisas iguais e, com isso, possibilite também a compensação do IPI em condições idênticas às que foram obtidas para o ICMS, o PIS/ PASEP e a COFINS.

7.2 Compensação de impostos

7.2.1 ICMS

Enquanto a compensação do ICMS incidente sobre as aquisições de material de produção, embalagem e outros insumos de produção pode ocorrer integralmente de uma só vez, a compensação do ICMS incidente sobre as aquisições de bens do ativo imobilizado só pode ocorrer em 48 parcelas mensais, independentemente da sua vida útil. Em outras palavras, a aquisição de imobilizado foi dissociada da sistemática aplicada ao imposto incidente sobre materiais (uma vez na aquisição) e do conceito de depreciação (vida útil do bem), fixando-a, arbitrariamente, em 48 parcelas mensais, como se a vida útil de todos os bens fosse de 4 anos.

Assim, o ICMS embutido em toda nota fiscal é segregado do valor total de aquisição e registrado em uma conta do ativo circulante e do realizável a longo prazo, de acordo com seus prazos de recuperação. E o ativo imobilizado será registrado pelo valor da aquisição sem o ICMS incidente.

A aquisição de bens do ativo imobilizado aplicados na comercialização ou na produção de bens e serviços destinados à venda pode ser efetuada diretamente de empresas industriais ou de empresas comerciais, ou seja, revendedoras não contribuintes do IPI, constando da nota fiscal apenas o ICMS. No caso das indústrias, o IPI vem destacado do valor do bem e integra a base de cálculo do ICMS, devendo o adquirente alertar o fornecedor para o fato, de modo que ele proceda corretamente ao cálculo do ICMS.

Segue abaixo um exemplo com a venda de uma máquina por uma empresa comercial a ser integrada ao ativo imobilizado operacional de outra empresa, pelo valor de R$400.000,00. O PIS (de 1,65%), a COFINS (de 7,6%) e o ICMS (de 18%) integram o preço do bem e a nota fiscal teria a seguinte discriminação:

```
Máquina XPTO..........................................................R$400.000,00
ICMS (18% × R$400.000,00) = R$72.000,00
Total da nota...........................................................R$400.000,00
```

A memória de cálculo seria:

Dados	R$
Valor da compra...400.000,00	
ICMS sobre o valor total (18%)....................................72.000,00	
PIS sobre o valor total (1,65%)......................................6.600,00	
COFINS sobre o valor total (7,6%)...............................30.400,00	
Valor líquido da máquina..291.000,00	

7 – Benefícios Fiscais

Admitindo-se que a aquisição desse bem tenha sido realizada em 1º de julho de X1, com ICMS a recuperar de R$72.000,00, significa que a sua recuperação ocorrerá em 48 meses, até 30 de junho de X5, em parcelas no valor de R$1.500,00 cada uma. Na data da aquisição, serão efetuados dois lançamentos: o total a recuperar até o final do exercício seguinte (R$27.000,00) será lançado na conta "ICMS sobre ativo imobilizado a recuperar" do ativo circulante, e o valor restante, no total de R$45.000,00, será registrado no realizável a longo prazo do ativo não circulante, em subconta com o mesmo título. No final do primeiro mês (julho de X1), a parcela de R$1.500,00 será lançada a débito da conta "ICMS a recolher", contra o crédito na conta "ICMS sobre ativo imobilizado a recuperar" do ativo circulante, reduzindo seu saldo a cada parcela recuperada.

No início do exercício seguinte (1º de janeiro de X2), mais 12 parcelas de R$1.500,00 (R$18.000,00) serão transferidas do ativo não circulante para o ativo circulante, correspondentes aos 12 meses do novo curto prazo, que termina no final do exercício seguinte. Lembrando que já estaria no primeiro dia do novo exercício e o curto prazo passou a ser de 24 meses, praticamente. Com isso, reduz-se o total do ativo não circulante no mesmo valor, resultando em 24 parcelas no curto prazo (12 do presente exercício e 12 do próximo) e 18 no longo prazo, já que seis parcelas foram compensadas no exercício em que o bem foi adquirido.

Assim, o balanço patrimonial do final do ano de aquisição do bem (31 de dezembro de X1) apresentará no curto prazo um saldo de 12 parcelas de R$1.500,00, no valor total de R$18.000,00, uma vez que 6 delas foram compensadas no ano, e no longo prazo o saldo será de 30 parcelas, no valor total de R$45.000,00. Uma vez que eventos de curto prazo são considerados aqueles com vencimento até o final do exercício seguinte, 12 das parcelas classificadas no longo prazo deverão passar para o curto prazo no início do exercício seguinte, reduzindo o saldo do longo prazo. Assim, em 1º de janeiro de X2, início do exercício seguinte ao da aquisição, a conta "ICMS sobre ativo imobilizado a recuperar" do ativo circulante apresentará o saldo de

R$36.000,00 (24 × R$1.500,00) e a do ativo não circulante registrará o valor de R$27.000,00 (18 × R$1.500,00).

Em resumo, durante os exercícios em curso, após o primeiro lançamento, movimenta-se somente a conta do ativo circulante.

Se a venda mencionada anteriormente fosse efetuada por uma empresa industrial, o preço deveria ser menor para compensar o IPI que a empresa comercial embute no seu preço de venda, além do lucro. Entretanto, para efeito comparativo, a máquina a ser integrada ao ativo imobilizado operacional de outra empresa foi adquirida por R$400.000,00 com IPI de 10%, não incluso no preço, PIS de 1,65%, COFINS de 7,6% e ICMS de 18%, estes últimos inclusos no preço. Assim, a nota fiscal teria a seguinte discriminação:

```
Máquina XPTO..................................................R$400.000,00
ICMS (10% × R$400.000,00) = R$40.000,00
Total da nota....................................................R$440.000,00
ICMS (18% × R$440.000,00) = R$79.200,00
```

A memória de cálculo seria:

Dados	R$
Valor da compra...400.000,00	
IPI sobre a compra (10%) – destacado do valor da compra..40.000,00	
Valor total da nota fiscal............................... 440.000,00	
ICMS sobre o valor total (18%).....................................79.200,00	
PIS sobre o valor total (1,65%)..7.260,00	
COFINS sobre o valor total (7,6%).............................33.400,00	
Valor líquido da máquina...320.100,00	

Se a aquisição desse bem foi efetuada na mesma data, em 1º de julho de X1, com ICMS a recuperar no valor de R$79.200,00, significa que a sua recuperação ocorrerá em 48 meses, até 30 de junho de X5, em parcelas no valor de R$1.650,00 cada uma. Na data da aquisição, serão efetuados dois lançamentos: R$29.700,00 (18 × R$1.650,00) no ativo circulante, na conta "ICMS sobre ativo imobilizado a recuperar", e R$49.500,00 no ativo não circulante (longo prazo), em conta com o mesmo título. No final do primeiro mês (julho de X1), a parcela de R$1.650,00 será lançada na conta "ICMS a recolher", contra a conta "ICMS sobre ativo imobilizado a recuperar" do ativo circulante.

As mesmas observações do exemplo anterior devem ser repetidas no uso das contas de curto e longo prazos. Assim, o balanço patrimonial teria no final do ano de aquisição do bem (31de dezembro de X1) um saldo de 42 parcelas a recuperar no valor total de R$69.300,00, já que 6 delas foram compensadas no ano, e destas, 12 parcelas são de curto prazo e 30 de longo prazo. Ao se iniciar o novo ano, 12 parcelas são transferidas do longo prazo para o curto prazo, repetindo-se a mesma sistemática.

7.2.2 PIS/ PASEP e COFINS

O PIS/ PASEP (Programa de Integração Social/ Programa de Formação do Patrimônio do Servidor Público) e a COFINS (Contribuição para o Financiamento da Seguridade Social) incidentes sobre bens do ativo imobilizado — sejam eles máquinas, equipamentos etc. ou edificações e benfeitorias em imóveis próprios ou de terceiros — adquiridos para utilização na comercialização ou na produção de bens destinados à venda ou na prestação de serviços são considerados não--cumulativos e geram compensação com os mesmos tributos incidentes sobre a venda de tais bens e serviços.

Tais tributos podem ser compensados no mesmo prazo da vida útil do bem, ou seja, sobre as suas parcelas de depreciação. Isso significa aplicar as respectivas alíquotas de 7,6% e 1,65% sobre os encargos de depreciação apurados no período. Essa forma de compensação do PIS/ PASEP e da COFINS é mais coerente com os preceitos contábeis de competência dos exercícios, uma vez que a compensação é feita durante a vida útil do bem, isto é, durante todo o período em que ele pode gerar benefícios para a empresa. Assim, os prazos de recuperação dessas contribuições podem ser diferentes. Se a vida útil do bem é de 10 anos, a recuperação será em 120 meses; se ela é de 5 anos, a recuperação será em 60 meses, e assim para cada período diferente de vida útil.

Além disso, a legislação permite ainda a opção de compensar esses tributos em 48 meses, igualando seu prazo de compensação ao do ICMS. Dessa forma, aplicam-se as alíquotas sobre o valor total de aquisição do bem e aproveita-se 1/48 deste valor em cada mês. Essa opção é mais benéfica para o contribuinte, tendo em vista que a redução do prazo de aproveitamento aumenta o valor das parcelas, antecipando a recuperação.

Não existe uma metodologia definida para controle dos créditos sobre as aquisições. Recomenda-se uma sistemática semelhante à do controle do ICMS, em que sobre o valor de aquisição do bem aplicam-se 9,25% (1,65% de PIS e 7,60% de COFINS), lançando em uma conta de "Tributos a recuperar" do ativo circulante a parte correspondente aos meses restantes do exercício mais a parte referente aos 12 meses do exercício seguinte; na conta do ativo não circulante (longo prazo), é lançado o valor correspondente aos demais meses do prazo total da vida útil remanescente, que é então subtraído do valor referente à aquisição, sendo registrada no imobilizado a diferença, que corresponde a 90,75% do valor do bem. É bom lembrar que deve ser considerada ainda a dedução referente ao ICMS, tratada no item anterior, provocando uma imobilização efetiva menor.

Trabalhando com os mesmos exemplos utilizados para o ICMS, tem-se a venda, por uma empresa comercial, de uma máquina a ser integrada ao ativo imobilizado operacional de outra empresa por R$400.000,00. O PIS (de 1,65%), a COFINS (de 7,6%) e o ICMS (de 18%) integram o preço do bem e nota fiscal teria a seguinte discriminação:

Máquina XPTO..R$400.000,00
ICMS (18% × R$400.000,00) = R$72.000,00
Total da nota..R$400.000,00

A memória de cálculo seria:

Dados	R$
Valor da compra..400.000,00
ICMS sobre o valor total (18%).....................................72.000,00
PIS sobre o valor total (1,65%).......................................6.600,00
COFINS sobre o valor total (7,6%)................................30.400,00
Valor líquido da máquina...291.000,00

Admitindo-se que a aquisição desse bem tenha sido realizada em 1º de julho de X1 por R$400.000,00, desprezando-se o ICMS a recuperar, significa que o valor do PIS/ PASEP e da COFINS a recuperar será de R$37.000,00 (9,25% × R$400.000,00). A recuperação desse valor ocorrerá em 60 parcelas mensais de R$616,67 (R$37.000,00 ÷ 60), considerando-se que a vida útil do bem adquirido é de 5 anos e se encerrará em 30 de junho de X6. Serão lançados R$11.100,00 na data da aquisição no ativo circulante, na conta "PIS/ PASEP e COFINS sobre ativo imobilizado a recuperar" e R$25.900,00 no realizável a longo prazo do ativo não circulante, em subconta com o mesmo título. No final do primeiro mês (julho de X1), a parcela de R$616,67 será lançada a débito da conta "PIS/ PASEP a recolher", contra a conta "PIS/ PASEP sobre ativo imobilizado a recuperar" do ativo circulante.

Repetindo a sistemática usada para o ICMS, no início do exercício seguinte (1º de janeiro de X2), mais 12 parcelas (totalizando R$7.400,00) devem ser transferidas do ativo não circulante para o ativo circulante, correspondentes aos 12 meses do novo curto prazo, que termina no final do exercício seguinte, reduzindo o total do ativo não circulante no mesmo valor. Com isso, 24 parcelas comporão o curto prazo (12 do presente exercício e 12 do próximo) e 18 permanecerão no longo prazo, considerando as seis parcelas que foram compensadas no exercício em que o bem foi adquirido.

Se a vida útil do bem adquirido fosse de 10 anos, a recuperação seria em 120 parcelas de R$308,33 (R$37.000,00 ÷ 120) cada uma, com a recuperação encerrando-se em 30 de junho de X11. Seriam lançados R$5.550,00 na data da aquisição no ativo circulante, na conta "PIS/ PASEP e COFINS sobre ativo imobilizado a recuperar" e R$31.550,00 no ativo não circulante (longo prazo), em conta com o mesmo título. No final do primeiro mês (julho de X1), a parcela de R$308,33 será lançada a débito da conta "PIS/ PASEP a recolher", contra a conta "PIS/ PASEP sobre ativo imobilizado a recuperar" do ativo circulante.

No início do exercício seguinte (1º de janeiro de X2), mais 12 parcelas de R$308,33 (R$3.700,00) serão transferidas do ativo não circulante para o ativo circulante, correspondentes aos 12 meses do novo curto prazo, que termina no final do exercício seguinte. Assim, reduz-se o total do ativo não circulante no mesmo valor, resultando em 24 parcelas no curto prazo (12 do presente exercício e 12 do próximo) e 18 no longo prazo, já que seis parcelas foram compensadas no exercício em que o bem foi adquirido.

Continuando a analogia com os exemplos utilizados no ICMS, será considerado o segundo exemplo em que a venda foi efetuada por uma empresa industrial. A nota fiscal teria a seguinte discriminação:

```
Máquina XPTO.....................................................R$400.000,00
ICMS (10% × R$400.000,00) = R$40.000,00
Total da nota........................................................R$440.000,00
ICMS (18% × R$440.000,00) = R$79.200,00
```

7 – Benefícios Fiscais

A memória de cálculo seria:

Dados	R$
Valor da compra	400.000,00
IPI sobre a compra (10%) – destacado do valor da compra	40.000,00
Valor total da nota fiscal	440.000,00
ICMS sobre o valor total (18%)	79.200,00
PIS sobre o valor total (1,65%)	7.260,00
COFINS sobre o valor total (7,6%)	33.400,00
Valor líquido da máquina	320.100,00

Admitindo-se que a aquisição desse bem por R$440.000,00 tenha sido realizada na mesma data (1º de julho de X1), desprezando-se o ICMS a recuperar, significa que o valor do PIS/ PASEP e da COFINS a recuperar será de R$40.700,00 (9,25% × R$440.000,00). A recuperação desse valor ocorrerá em 60 parcelas mensais de R$678,33 (R$40.700,00 ÷ 60), considerando-se que a vida útil do bem adquirido é de 5 anos e se encerrará em 30 de junho de X6. Serão lançados R$12.210,00 na data da aquisição no ativo circulante, na conta "PIS/ PASEP e COFINS sobre ativo imobilizado a recuperar" e R$28.490,00 no ativo não circulante (longo prazo), em conta com o mesmo título. No final do primeiro mês (julho de X1), a parcela de R$678,33 será lançada a débito da conta "PIS/ PASEP a recolher", contra a conta "PIS/ PASEP sobre ativo imobilizado a recuperar" do ativo circulante.

No início do exercício seguinte (1º de janeiro de X2), mais 12 parcelas (totalizando R$8.140,00) serão transferidas do ativo não circulante para o ativo circulante, correspondentes aos 12 meses do novo curto prazo, que termina no final do exercício seguinte. Com isso, reduz-se o total do ativo não circulante no mesmo valor, resultando em 24 parcelas no curto prazo (12 do presente exercício e 12 do próximo) e 18 no longo prazo, já que seis parcelas foram compensadas no exercício em que o bem foi adquirido.

Gestão Patrimonial

Se a vida útil do bem adquirido fosse de 10 anos, a recuperação seria em 120 parcelas de R$339,17 (R$40.700,00 ÷ 120) cada uma, com a recuperação encerrando-se em 30 de junho de X11. Seriam lançados R$6.105,00 na data da aquisição no ativo circulante, na conta "PIS/ PASEP e COFINS sobre ativo imobilizado a recuperar" e R$34.595,00 no ativo não circulante (longo prazo), em conta com o mesmo título. No final do primeiro mês (julho de X1), a parcela de R$339,17 será lançada a débito da conta "PIS/ PASEP a recolher", contra a conta "PIS/ PASEP sobre ativo imobilizado a recuperar" do ativo circulante.

No início do exercício seguinte (1º de janeiro de X2), mais 12 parcelas de R$339,17 (R$4.070,00) serão transferidas do ativo não circulante para o ativo circulante, correspondentes aos 12 meses do novo curto prazo, que termina no final do exercício seguinte. Assim, reduz-se o total do ativo não circulante no mesmo valor, resultando em 24 parcelas no curto prazo (12 do presente exercício e 12 do próximo) e 18 no longo prazo, uma vez que seis parcelas foram compensadas no exercício em que o bem foi adquirido.

Se a empresa optar pela compensação em 48 parcelas, que a lei faculta e lhe é mais benéfica, o procedimento é semelhante, alterando o valor de cada parcela que, no exemplo, seria de R$847,92, o valor da recuperação, que seria de R$15.262,50 no curto prazo, e a diferença seria de R$25.437,50 no longo prazo.

7.3 Proporcionalidade das saídas

A compensação de impostos só é permitida para a parte correspondente às saídas tributadas, devendo ser estabelecida a proporcionalidade entre o valor destas e o valor total das saídas. Isso significa que a parcela das saídas não tributadas sobre o total geral corresponderá à proporção incidente sobre o tributo que não poderá ser compensada. Apesar de as saídas para a exportação não serem tributadas, elas equiparam-se àquelas tributadas para efeito de apuração da proporcionalidade, segundo a legislação.

7 – Benefícios Fiscais

A determinação da proporcionalidade será efetuada por um dos seguintes métodos:
a) apropriação direta, inclusive em relação aos custos, por meio de sistema de contabilidade de custos integrada e coordenada com a escrituração; ou
b) rateio proporcional, aplicando-se aos custos, despesas e encargos comuns a relação percentual existente entre a receita bruta sujeita à incidência não-cumulativa e a receita total, auferidas em cada mês.

O método utilizado para a determinação do crédito será aplicado consistentemente por todo o ano-calendário.

Suponha a aquisição de apenas um bem do ativo imobilizado para ser utilizado na produção ou comercialização, em cuja nota fiscal consta a seguinte discriminação:

Preço do bem.. R$300.000,00
IPI destacado (10%)... R$ 30.000,00
Valor total da nota fiscal... R$330.000,00
Observação: ICMS incluído no preço à alíquota de 18%, no valor de R$54.000,00.

O ICMS a recuperar será de R$59.400,00, correspondentes a R$54.000,00 incluídos no preço e R$5.400,00 incidentes sobre o IPI, ambos à alíquota de 18%. A incidência do ICMS sobre o IPI ocorre porque o bem não se destina à comercialização nem à industrialização, ou seja, não será comercializado diretamente nem sofrerá transformação para compor outro bem. Seu destino é a imobilização para aplicação na produção e comercialização de outros bens.

O valor a imobilizar é de R$270.600,00, resultante de R$300.000,00 referentes ao preço do bem, mais R$30.000,00 a título de IPI (não recuperável), menos R$59.400,00 (18% de

Gestão Patrimonial

R$330.000,00) de ICMS contidos tanto no preço quanto no IPI. Assim, o valor de R$270.600,00 será depreciado pela vida útil do bem e o valor de R$59.400,00 será compensado nas 48 parcelas mensais. Portanto, supondo uma vida útil desse bem equivalente a 10 anos (120 meses), o valor da depreciação mensal seria de R$2.255,00 e o valor da recuperação mensal (48 meses) do ICMS seria de R$1.237,50 se a totalidade das saídas for tributada.

Suponha que nos 1º, 2º e 3º meses após a aquisição desse bem só tenham ocorrido saídas tributadas e que nos 4º, 5º e 6º meses subsequentes tenha havido saídas não tributadas nos valores respectivos de R$500.000,00, R$2.000.000,00 e R$600.000,00 e saídas tributadas nos valores de R$3.500.000,00, R$6.000.000,00 e R$7.400.000,00, perfazendo saídas totais nos valores de R$4.000.000,00, R$8.000.000,00 e R$8.000.000,00, respectivamente. Nesse caso, a proporcionalidade das saídas mensais tributadas em relação às saídas totais mensais e aplicada sobre o valor da parcela a compensar será de 100,0% (1º mês), 100,0% (2º mês), 100,0% (3º mês), 87,5% (4º mês), 75,0% (5º mês) e 92,5% (6º mês). Significa que nesses seis meses foram compensados R$1.237,50, R$1.237,50, R$1.237,50, R$1.082,81, R$928,13 e R$1.144,69, respectivamente. As diferenças correspondentes à proporcionalidade das saídas não tributadas sobre as saídas totais — nos valores de R$154,69 (4º mês), R$309,37 (5º mês) e R$92,81 (6º mês) — não poderão ser compensadas.

As importâncias não recuperáveis do imposto serão transferidas da conta de impostos a recuperar para a conta correspondente do imobilizado, aumentando o valor a depreciar a partir da data em que tal fato ocorrer. Obviamente, o valor das parcelas mensais de depreciação aumentará, embora seja mantida a mesma taxa. Com isso, deve ser aumentado o prazo de vida útil, tendo em vista que "deve ser observado o limite máximo da taxa e o mínimo do prazo", ou seja, o prazo da depreciação pode aumentar e a taxa diminuir. Caso contrário, isto é, depreciar os acréscimos apenas pelo restante da vida útil do bem, faria com que a taxa de depreciação ultrapassasse o limite superior estabelecido pela legislação fiscal.

7 – Benefícios Fiscais

É possível visualizar um exemplo numérico na tabela abaixo:

Mês	Base depreciação	Parcela depreciada	Depreciação acumulada	Adição	Saldo a depreciar
1	270.600,00	2.255,00	2.255,00	0	268.345,00
2	270.600,00	2.255,00	4.510,00	0	266.090,00
3	270.600,00	2.255,00	6.765,00	0	263.835,00
4	270.754,69	2.256,29	9.021,29	154,69	261.888,09
5	271.064,06	2.258,87	11.280,16	309,37	260.093,27
6	271.156,87	2.259,64	13.539,80	92,81	257.709,88
7	271.156,87	2.259,64	15.799,44	0	255.357,43
8	271.156,87	2.259,64	18.059,08	0	253.097,79
...					
...					
9 a 120	271.156,87	253.079,68	271.138,76	0	18,05
121	271.156,87	18,05	271.156,87	0	0

O mesmo raciocínio é aplicado em relação ao PIS/ PASEP e à COFINS. Significa que no exemplo anterior, R$30.525,00 (9,25% × R$330.000,00) seriam segregados e divididos pelo número de meses da vida útil do bem. O valor final a imobilizar seria de R$240.075,00, após a dedução de R$59.400,00 de ICMS e de R$ 30.525,00 correspondentes ao PIS/ PASEP.

7.4 Período de compensação dos créditos

O aproveitamento do crédito desses tributos cessa nas operações de transferência do estabelecimento e de baixa do bem. O aproveitamento será reiniciado no outro estabelecimento que o receber, se contribuinte desses tributos.

No caso do ICMS, cujo aproveitamento é no prazo de 48 meses a partir da entrada do bem no estabelecimento, algumas e até todas as parcelas podem ter sua compensação prescrita. Isso pode ocorrer nos casos em que o estabelecimento estiver em fase de implantação, isto é, sem produção, venda e geração de imposto a recolher, porém com aquisição de bem imobilizado, pois só pode haver compensação nos períodos de venda com geração de imposto.

A mesma situação é verificada nos estabelecimentos que tenham sua atividade de comercialização interrompida, seja por paradas longas para manutenção e reparos, seja por entressafra dos insumos de sua operação (empresas agrícolas e extrativas ou processadoras na fase imediatamente posterior). Nesses períodos em que o imposto não pode ser compensado porque não existe venda e, portanto, não há ICMS a recolher, os respectivos valores devem ser acumulados e compensados extemporaneamente no período em que houver venda, com a aplicação da proporcionalidade para esse período, conforme tratada no item anterior, e respeitado o período de prescrição, que é de cinco anos. Deve-se planejar para que esses créditos extemporâneos sejam compensados nos períodos cujo imposto a recolher apresente um valor superior aos créditos.

7.5 Livro de Controle

O aproveitamento dos créditos de ICMS está sujeito ao controle em livro específico, denominado Controle de Crédito de ICMS do Ativo Permanente – CIAP. O "permanente" era a designação anterior do grupo de contas, que passou para ativo imobilizado com a reforma da Lei das Sociedades por Ações.

Basicamente, o livro é composto por dois modelos de fichas.

O modelo "C" (ver Anexo "H" com algumas colunas suprimidas) é um resumo de todos os bens em cujas colunas estão registrados, entre outros dados:

a) número do bem;
b) data da contabilização;
c) número da nota fiscal;
d) descrição resumida;
e) complemento da descrição;
f) entrada (crédito passível de apropriação);
g) saldo acumulado (base do crédito a ser apropriado);
h) crédito mensal a ser apropriado (48 colunas).

7 – Benefícios Fiscais

Após o registro de todos os bens nas linhas, o valor a ser aproveitado em cada mês é somado no final de cada coluna. Esse valor é compensado integralmente se todas as vendas do mês tiverem sido tributadas. Caso haja venda não tributada, deverá ser calculada a proporcionalidade entre as vendas tributadas e as vendas totais e o índice resultante será aplicado sobre o valor da linha "h" do mês correspondente.

Ao tomar como exemplo um valor mensal a compensar no total de R$50.000,00, considerando vendas totais de R$1.200.000,00, incluindo as isentas no valor de R$300.000,00, significa que as tributadas somaram R$900.000,00, que correspondem ao índice de 0,75 (R$900.000,00 ÷ R$1.200.000,00) a ser aplicado sobre o valor a compensar no mês. Isso define o valor de R$37.500,00 (0,75 × R$50.000,00) a ser aproveitado no mês. A diferença não compensada (R$12.500,00) será reintegrada ao valor do bem, ou bens que compuseram aquele valor, e passará a compor o valor da depreciação do mês.

O modelo "D" (ver Anexo "I") é basicamente uma ficha de controle individual dos bens que compõem o outro modelo, onde se registram:

a) número de ordem;
b) número sequencial do item;
c) número de identificação do bem;
d) nome do contribuinte;
e) número de inscrição no CNPJ;
f) descrição do bem;
g) nome do fornecedor;
h) número da nota fiscal;
i) número do livro de registro de entrada;
j) número da folha do livro de registro de entrada;
k) data da entrada;
l) valor do crédito;
m) número da nota fiscal de saída, modelo e data da saída;
n) tipo do evento (perda ou baixa) e data;

o) demonstrativo de apropriação mensal, constituído por um quadro com quatro colunas correspondentes aos quatro anos e cada um deles subdividido em quatro colunas (parcela, mês/ano, fator e valor).

O Ato Declaratório Executivo – ADE nº 15, emitido pela Coordenação de Orientação e Fiscalização (COFIS) em 23 de outubro de 2001, estabelece o formato dos arquivos informatizados para registro das diversas contas da empresa. O item 4.7.1 – Arquivo do Cadastro de Bens do referido Ato é um dos mais amplos, uma vez que contempla todos os detalhes de cada bem, distribuídos por 18 campos. Esse arquivo deve incluir todos os bens do imobilizado da pessoa jurídica, inclusive os baixados no curso do período a que se refira, e a sua periodicidade deve coincidir com o ano-calendário. O modelo estabelecido está reproduzido no Anexo "J".

7.6 Exercícios de fixação

1 – Os benefícios fiscais, de modo geral, concedidos às empresas podem ser em nível:
(A) federal, estadual e municipal.
(B) federal e estadual, apenas.
(C) federal e municipal, apenas.
(D) estadual e municipal, apenas.

2 – Os benefícios fiscais relacionados aos bens do ativo imobilizado são concedidos às empresas na forma de:
(A) isenção ou redução de alíquota incidente nas aquisições.
(B) compensação nos períodos de depreciação.
(C) compensação em período definido.
(D) todas as alternativas acima.

7 – Benefícios Fiscais

3 – Em cada período, podem ocorrer saídas por vendas tributadas, isentas e exportadas. A compensação da parcela do ICMS e do PIS/PASEP e da COFINS sobre as aquisições de imobilizado, em cada período, será integral nas vendas:
(A) totais (tributadas, isentas e exportadas).
(B) apenas o percentual correspondente às tributadas.
(C) apenas o percentual correspondente às exportadas.
(D) apenas o percentual correspondente às tributadas e às exportadas.

4 – A parcela dos tributos não compensada em cada período terá o seguinte destino:
(A) reintegrada ao valor do bem.
(B) considerada receita extraordinária.
(C) considerada despesa tributável.
(D) considerada uma perda.

5 – A resposta correta da questão anterior provoca o seguinte:
(A) aumento do percentual de depreciação do bem.
(B) aumento da vida útil do bem.
(C) redução do percentual de depreciação do bem.
(D) redução da vida útil do bem.

6 – Na ficha de Controle de Crédito de ICMS do Ativo Permanente – CIAP, modelo C, os bens são registrados por:
(A) total constante do documento de aquisição.
(B) classe contábil adquirida no mesmo documento de aquisição.
(C) unidade adquirida.
(D) órgão usuário de cada bem.

7 – Considerando que em determinado mês o valor do ICMS sobre aquisição de ativo imobilizado a recuperar seja de R$1.000,00 e a receita teve a seguinte composição:

Gestão Patrimonial

Vendas internas tributadas..................R$ 76.000,00
Vendas internas isentas......................R$ 10.000,00
Vendas externas isentas (exportação)...R$ 14.000,00
Vendas totais....................................R$100.000,00

O valor a recuperar da parcela de ICMS será de:
(A) R$1.000,00.
(B) R$ 900,00.
(C) R$ 860,00.
(D) R$ 760,00.

8 – Se as vendas da empresa do exercício anterior fossem:
Vendas internas tributadas   R$ 50.000,00
Vendas internas isentas'   R$ 50.000,00
Vendas totais   R$100.000,00
O valor a recuperar da parcela de ICMS seria de:
(A) R$1.000,00.
(B) R$ 900,00.
(C) R$ 500,00.
(D) zero.

9 – Se as vendas da empresa do exercício anterior fossem:
Vendas internas tributadas   R$ 50.000,00
Vendas externas isentas (exportação) R$ 50.000,00
Vendas totais   R$100.000,00
O valor a recuperar da parcela de ICMS seria de:
(A) R$1.000,00.
(B) R$ 900,00.
(C) R$ 500,00.
(D) zero.

Solução dos exercícios de fixação:

1 (A); 2 (B); 3 (D); 4 (A); 5 (B); 6 (C); 7 (B); 8 (C); 9 (A)

8
Patrimônio Líquido

Resumo

O presente capítulo repete, com mais abrangência, a conceituação de patrimônio líquido feita no capítulo 1 e relaciona os seus principais componentes, definindo cada um e subdividindo alguns deles. Apresenta sua constituição e sua destinação, de acordo com a legislação e o estatuto ou o contrato de constituição da entidade e suas alterações posteriores. Enfatiza a diferenciação entre reserva e provisão, considerando a similaridade entre essas contas. São relacionados os componentes do patrimônio líquido e discriminadas a origem e a finalidade dos recursos que constituem as reservas, ou seja, como elas são formadas e em quais condições podem ser utilizadas ou revertidas. É dada ênfase especial àquelas reservas cujas origens e destinações estão relacionadas ao ativo imobilizado, ou seja, a integralização de capital e as doações constituídas por bens classificáveis no imobilizado.

8.1 Conceituação

Como comentado no capítulo 1, o patrimônio líquido é o grupo que representa os recursos dos proprietários da entidade e origina-se das integralizações de capital, dos lucros não distribuídos e dos valores resultantes de doações recebidas. Ele é subdivido nas contas denominadas capital social, reservas, ajustes de avaliação patrimonial, ações em tesouraria e prejuízos acumulados. As reservas são segregadas nas subcontas reservas de capital e reservas de lucros, sendo que estas últimas comportam ainda subdivisões, como será visto adiante. O patrimônio líquido resulta do patrimônio bruto — bens e direitos da entidade — após a subtração das suas obrigações, representadas pelos compromissos com terceiros. Se o valor do ativo é maior do que o do passivo, o patrimônio líquido é positivo; se, ao contrário, o valor do ativo é menor do que o do passivo, ele é negativo; e, se ambos são iguais, obviamente o patrimônio líquido é igual a zero, ou nulo. O patrimônio líquido negativo é chamado de passivo a descoberto, podendo também ser designado como acervo líquido negativo, uma vez que quando positivo pode ser chamado de acervo líquido positivo.

O patrimônio líquido representa a verdadeira riqueza dos proprietários da entidade. Serão aqui abordados alguns aspectos genericamente e com mais abrangência no limite da sua relação com a parcela influenciada pelo ativo imobilizado.

8.2 Capital social

O capital social da entidade é representado por ações, nas empresas constituídas sob a forma de sociedade anônima, ou por cotas, naquelas constituídas sob a forma de sociedade limitada. A sua função é a de garantir os compromissos assumidos com os seus credores, sendo tal garantia limitada à participação de cada proprietário do título — acionista ou cotista — na composição do capital social subscrito. Tendo em vista os estágios em que ele se encontra, quanto à subscrição ou à realização, o capital social pode apresentar várias subdivisões, com as consequentes diferentes designações, tais como:

a) subscrito, ou a subscrever;
b) integralizado ou a integralizar;
c) realizado ou a realizar; e
d) autorizado.

Inicialmente, o capital social é formado por recursos aportados pelos proprietários para a constituição da empresa. Os aportes podem ser efetuados com recursos monetários ou por incorporação de direitos e bens suscetíveis de avaliação em dinheiro, que podem vir a integrar o ativo imobilizado da empresa. A integralização do capital social através de bens deverá estar suportada por laudo técnico emitido segundo o que preceitua a lei, conforme definido no capítulo 3 e nos itens do capítulo 5 referentes à permuta e doação de bens. De acordo com o Item II do art. 80 da Lei das Sociedades Anônimas, a integralização de pelo menos 10% do valor subscrito em dinheiro deve ser efetuada imediatamente, através de depósito em estabelecimento bancário autorizado pela Comissão de Valores Mobiliários – CVM.

Quando não totalmente integralizado, o capital deve ser demonstrado sempre com a segregação do valor subscrito e o do valor integralizado, evidenciando-se assim o valor a integralizar (pela diferença entre os dois). Significa que o capital social subscrito corresponde ao valor total das ações ou quotas subscritas e está dividido em duas parcelas. Uma delas, chamada integralizada ou realizada, corresponde à entrada efetiva de recursos; a outra, designada por a integralizar ou a realizar, corresponde ao compromisso dos seus proprietários e equivale a uma dívida deles perante a entidade, representada por documento com sua assinatura. Portanto, a subscrição de capital não corresponde à efetiva entrada do recurso, mas apenas ao compromisso de sua ocorrência em um futuro certo e definido. A quitação desse compromisso, seja em recursos monetários, seja em bens e direitos suscetíveis de avaliação monetária, é que corresponde à integralização.

Cada aumento de capital social subscrito deverá ser aprovado em assembleia geral dos acionistas, com a respectiva alteração no estatuto social, fazendo constar o novo valor. Exceção deve ser feita em relação às sociedades com capital autorizado, em que o estatuto social da entidade autoriza o Conselho de Administração a aumentar o capital social até o valor autorizado, independentemente de alteração estatutária. Esse mecanismo, estabelecido legalmente, evita o compromisso de integralização dos recursos em prazos definidos, uma vez que o capital não está subscrito e, por outro lado, dá mais flexibilidade para a injeção de novos recursos em épocas de expansão das atividades da empresa, sem a burocracia e os custos envolvidos na realização de nova assembleia, assim como nas publicações e nos registros de tais atos nos órgãos oficiais.

O valor do capital autorizado pode ser informado no topo das demonstrações contábeis, logo abaixo da razão social, e o valor do capital a subscrever pode ser determinado pela diferença entre o autorizado e o subscrito, sendo que no patrimônio líquido seriam discriminados o capital subscrito, o capital integralizado e o capital a integralizar. Outra forma de apresentação consiste em discriminar todos eles no patrimônio líquido, como no exemplo a seguir:

Capital autorizado..................R$1.000,00
Capital a subscrever...............R$ (400,00)
Capital subscrito....................R$ 600,00
Capital a integralizar..............R$ (100,00)
Capital integralizado..............R$ 500,00

Assim, o capital subscrito está evidenciado no valor de R$600,00 e o capital integralizado totaliza R$500,00.

Nas necessidades de recursos em diversas etapas, o capital subscrito e o integralizado podem atingir R$1.000,00; o capital a subscrever e o capital a integralizar passariam a zero, sem a necessidade de cumprir as exigências burocráticas e nem incorrer nos custos de convocação e instalação de assembleia, dos registros nos órgãos oficiais e das publicações.

O capital social subdivide-se em ações, no caso das sociedades anônimas, ou em quotas, no caso das sociedades limitadas. Ele pode ser aumentado, por decisão dos seus proprietários, com o ingresso de novos recursos ou por incorporação de reservas e de lucros.

8.3 Diferença entre reservas e provisões

As reservas representam a diferença entre o patrimônio líquido e o capital integralizado, após acrescidos os prejuízos acumulados, se houver, e são constituídas como contas do patrimônio líquido de acordo com determinações legais e estatutárias ou contratuais, sendo uma delas resultante de apropriações do lucro. Elas se destinam a cobrir perdas ou prejuízos potenciais ainda não incorridos, garantindo parte das responsabilidades ainda não identificadas pelas quais a entidade pode vir a responder perante terceiros e cujo fato gerador ainda não tenha ocorrido. A reserva resultante da apropriação de parcelas do lucro que seria distribuído como dividendo reduz, consequentemente, a remuneração dos proprietários. Ocorrendo ou não o evento esperado, no todo ou em parte, a parcela remanescente será revertida em exercício futuro e passa assim, a integrar a base de cálculo do dividendo. O montante da perda — total ou parcial — é registrado diretamente no resultado do exercício, reduzindo-o.

As provisões são contas evidenciadoras dos compromissos da entidade perante terceiros e são classificadas no passivo circulante ou não circulante, dependendo do prazo de cumprimento do compromisso. Elas se destinam a cobrir perdas ou despesas resultantes de um fato gerador já ocorrido, mas cuja data ou cujo valor exato do correspondente desembolso ainda não são conhecidos.

As parcelas mensais do décimo terceiro salário e das férias devidas aos empregados são exemplos de provisões, pois o fato gerador já ocorreu. Entretanto, o valor e a data do pagamento não são definitivos, pois, uma vez que correspondem a uma fração da remuneração do trabalho mensal do empregado, tanto o valor a ser pago pode ser modificado em função de reajustes salariais concedidos no período, como a data do pagamento pode variar por imposição legal ou por política estabelecida pela própria entidade. Assim, os valores provisionados devem ter os seus saldos ajustados toda vez que os salários forem alterados.

De acordo com o regime de competência, a provisão deve ser reconhecida na data da ocorrência do fato gerador e evidenciada pela contabilidade, sendo uma apropriação ao resultado do exercício. Deve ser constituída independentemente de haver lucro ou prejuízo e de ser reconhecida ou não como dedutível para efeito de tributação.

Em resumo, a provisão corresponde a uma "obrigação" ainda sem valor exato ou data definida para seu cumprimento, ao passo que a obrigação em si é um fato ocorrido com ambas as condições acima, certas e definidas. Podem ser citados como exemplos clássicos de provisão os valores que devem ser provisionados mensalmente, uma vez que se constituem em obrigação real da entidade para com seus empregados, embora o valor possa ser, e normalmente é, alterado e a data do pagamento pode variar.

8.4 Reservas de capital

As reservas de capital são valores destinados a reforçar o capital social sem depender de esforço da empresa com a entrega de bens ou de serviços. Portanto, representam ingresso de recursos que não transitam pelo resultado como receitas. Elas são constituídas pelo excesso do valor nominal nas subscrições de ações, assim como pela parte do preço de emissão das ações sem valor nominal que ultrapassar a importância destinada à formação do capital social. Como parte das reservas de capital, podem ser citados ainda o lucro na alienação de ações próprias (ações em tesouraria), os bônus de subscrição, o produto da alienação de partes beneficiárias, os prêmios recebidos na emissão de debêntures, as doações e as subvenções para investimentos.

Quando as doações ocorrem na forma de bens, eles podem integrar o ativo imobilizado da entidade se preencherem os requisitos para a imobilização.

O capital social pode ser aumentado pela incorporação destas reservas, sendo que elas também podem ser utilizadas para absorver prejuízos — quando eles superarem as reservas de lucros — ou para pagamento de dividendos a ações preferenciais — se previsto no estatuto.

8.5 Reservas de lucros

São resultantes de subtrações do lucro obtido pela empresa e, portanto, redutoras do montante a ser distribuído aos seus proprietários.

Tendo em vista o seu conceito e as definições da própria Lei das Sociedades por Ações, as reservas de lucros podem se subdividir nas seguintes reservas específicas:
a) Reserva legal;
b) Reserva estatutária;
c) Reserva para contingências;
d) Reserva de lucros a realizar;
e) Reserva de lucros para expansão;
f) Reserva especial para dividendo obrigatório não distribuído.

8.5.1 Reserva legal

Trata-se de uma reserva que tem por finalidade assegurar a integridade do capital social. Como o título já identifica, a reserva legal é estabelecida pela Lei das Sociedades por Ações e é constituída por 5% do lucro líquido de cada exercício social, até completar 20% do capital social integralizado, quando a sua constituição poderá ser descontinuada se assim desejar a administração. A descontinuidade poderá ocorrer também quando a soma do seu saldo com o das reservas de capital exceder a 30% do capital social.

A reserva legal só pode ser utilizada para aumentar o capital social ou para absorver prejuízo, sendo a última utilização efetuada somente após a absorção dos saldos das contas das demais reservas de lucros.

8.5.2 Reserva estatutária

Como seu título sugere, a reserva estatutária é aquela estabelecida segundo o estatuto da empresa, que deve obrigatoriamente:
a) indicar a sua finalidade, de modo preciso e completo;
b) fixar os critérios para determinação da parcela anual dos lucros líquidos que a constituirá; e
c) estabelecer seu limite máximo.

Esta reserva não poderá ser constituída em exercício cuja distribuição do dividendo obrigatório seja prejudicada.

8.5.3 Reserva para contingências

Por proposta da administração, a assembleia geral poderá destinar parte do lucro líquido para a formação da reserva para contingências, com a finalidade de compensar a redução do lucro de exercícios futuros em decorrência de perdas julgadas prováveis, cujo valor possa ser estimado. A perda deverá ser prevista e a causa justificada; além disso, as razões de prudência que a recomendem deverão ser indicadas. No exercício em que cessarem as razões que justificaram a sua constituição ou em que ocorreu a perda, a reserva deverá ser revertida.

A constituição desta reserva evita a distribuição do lucro como dividendo em exercícios em que possam ocorrer fatos futuros que o reduzam. Ela permite a uniformidade da distribuição de dividendo em relação a atividades ou regiões sujeitas à ocorrência de fenômenos sazonais que influenciem o resultado, além de possibilitar a reparação de danos a terceiros com probabilidade de ocorrer em função de acidentes operacionais.

Devem integrar estas reservas os recursos subtraídos do lucro para garantir — pelo menos em parte — os reparos, as indenizações e as multas em decorrência de potenciais acidentes ambientais, ou a ocorrência de fenômenos da natureza que prejudiquem ou impossibilitem as operações.

8.5.4 Reserva de lucros a realizar

Entende-se como lucro a realizar o aumento do valor dos investimentos efetuados em coligadas e controladas e o lucro nas vendas a ser realizado a longo prazo. A reserva de lucros a realizar poderá ser constituída pela assembleia geral no exercício em que os lucros a realizar ultrapassarem o total das deduções neles efetuadas para constituição das demais reservas de lucros.

O objetivo da sua constituição é evidenciar a parcela do lucro ainda não realizada financeiramente, além de não distribuir o percentual sobre essa parcela do lucro como dividendo obrigatório.

8.5.5 Reserva de lucros para expansão

A reserva de lucros para expansão, designada pela legislação simplesmente por *retenção de lucros*, poderá ser constituída pela assembleia geral por proposta da administração para fazer face à expansão futura, desde que prevista em orçamento de capital anteriormente aprovado pela própria assembleia. Tal orçamento deverá discriminar todas as fontes de recursos e aplicações de capital — seja em imobilizações, seja em outros grupos do ativo. O prazo do orçamento poderá abranger até cinco exercícios, salvo para os projetos de investimentos com execução em prazo maior e será revisado anualmente quando houver duração superior a um exercício social.

Esta retenção não poderá ser constituída no exercício em que seu registro possa afetar a distribuição do dividendo obrigatório.

8.5.6 Reserva especial para dividendo obrigatório não distribuído

Quando houver dividendo obrigatório a distribuir e não houver disponibilidade financeira para tal, deverá ser constituída esta reserva com o valor correspondente ao dividendo obrigatório não pago. Tais dividendos serão pagos em exercícios futuros em que a situação financeira permita.

8.5.7 Considerações gerais sobre as reservas

A soma dos saldos das demais reservas de lucros — com exceção das reservas para contingências e de lucros a realizar — não poderá ultrapassar o valor total do capital social. Após esse limite, o excedente deverá ser utilizado na integralização ou aumento do capital social, ou na distribuição de dividendos, por deliberação da assembleia.

Outra característica das reservas, exceto a legal, é que a existência de saldo suficiente nelas é condição indispensável para permitir que a empresa adquira, até o limite da soma de tais saldos, ações próprias para simples manutenção em tesouraria ou futuro cancelamento.

8.6 Prejuízos Acumulados

Os prejuízos acumulados representam o saldo remanescente de prejuízos, após dedução do valor das reservas e dos dividendos distribuídos. É a conta de ligação entre o balanço patrimonial e a demonstração do resultado do exercício.

Interpretando o art. 196 da Lei 6.404/76, a CVM[27] admite que, na ocorrência de prejuízo, ele será obrigatoriamente absorvido pelas reservas de lucros, pela reserva legal e pela reserva de capital, nessa ordem.

8.7 Exercícios de fixação

1 – Os recursos que constituem o patrimônio líquido podem se originar de:
(A) doações, reservas de lucros e integralizações de capital.
(B) bens, direitos de uso e obrigações.
(C) reservas, provisões e obrigações.
(D) nenhuma das alternativas acima.

2 – Podem compor a grupo do patrimônio líquido as seguintes contas:
(A) capital social, investimentos e reservas de lucros.
(B) imobilizado, prejuízos acumulados e capital social.
(C) capital social, reservas estatutárias e prejuízos acumulados.
(D) prejuízos acumulados, reserva legal e investimentos.

---

27 CVM – Comissão de Valores Mobiliários – Instrução nº 59, de 22/12/86.

8 – Patrimônio Líquido

3 – As contas de reservas podem se subdividir em reservas de:
(A) capital, lucros e estatutária.
(B) emergência, recuperação e capital.
(C) lucros, preservação e monitoração.
(D) prejuízos, abastecimento e resolução.

4 – O patrimônio líquido negativo, também chamado passivo a descoberto, é resultante de:
(A) obrigações iguais aos bens.
(B) passivo maior que os bens.
(C) passivo igual aos direitos.
(D) passivo maior que o ativo.

5 – O capital social pode ser integralizado inicialmente com:
(A) bens imobilizáveis, direitos e doações.
(B) bens imobilizáveis, direitos e recursos financeiros.
(C) recursos financeiros, bens de revenda e doações.
(D) todas as alternativas acima.

6 – O capital a integralizar é resultante de capital:
(A) autorizado menos capital integralizado.
(B) subscrito menos capital integralizado.
(C) autorizado menos capital subscrito.
(D) autorizado menos capital a subscrever.

7 – O capital subscrito é resultante de capital:
(A) autorizado menos capital a integralizar.
(B) subscrito menos capital integralizado.
(C) autorizado menos capital integralizado.
(D) autorizado menos capital a subscrever.

8 – O capital integralizado é resultante de capital:
(A) autorizado menos capital a integralizar.
(B) subscrito menos capital a integralizar.

(C) autorizado menos capital subscrito.
(D) autorizado menos capital a subscrever.

9 – O capital a subscrever é resultante de capital:
(A) autorizado menos capital a integralizar.
(B) subscrito menos capital integralizado.
(C) autorizado menos capital subscrito.
(D) autorizado menos capital a subscrever.

10 – O capital subscrito tem uma parte integralizada e outra a integralizar, esta última correspondendo a:
(A) entrada futura de recursos.
(B) dívida dos proprietários.
(C) direitos contra os proprietários.
(D) todas as alternativas acima.

11 – O valor das reservas é constituído pela parte do patrimônio líquido após subtrair o:
(A) capital integralizado e o prejuízo.
(B) capital integralizado e somar o prejuízo.
(C) capital subscrito e o prejuízo.
(D) nenhuma das alternativas acima.

12 – Nem reservas nem provisões têm data ou valor certo para sua liquidação. A diferença entre elas é que enquanto a provisão registra um fato:
(A) já ocorrido, a reserva registra aquele ainda por ocorrer.
(B) ainda por ocorrer, a reserva registra aquele já ocorrido.
(C) já ocorrido, a reserva não tem nada a ver com o fato, ocorrido ou não.
(D) ainda por ocorrer, a reserva não tem nada a ver com o fato, ocorrido ou não.

13 – Uma doação recebida na forma de um bem que pode ser imobilizado deve ser registrada diretamente na conta:
(A) capital social.
(B) reservas de capital.
(C) reservas de lucros.
(D) nenhuma das alternativas acima.

14 – Se o valor recuperável for menor do que o valor contábil de um bem do ativo imobilizado, a diferença deve ser registrada na conta:
(A) capital social.
(B) reservas de capital.
(C) reservas de lucros.
(D) ajustes de avaliação patrimonial.

15 – As subcontas reserva legal, reservas estatutárias e reservas para contingências pertencem à conta:
(A) capital social.
(B) reservas de capital.
(C) reservas de lucros.
(D) nenhuma das alternativas acima.

16 – A subconta reserva legal é constituída exclusivamente por:
(A) 5% do lucro líquido de cada exercício.
(B) 5% do saldo da conta capital integralizado.
(C) 20% do lucro líquido de cada exercício.
(D) 5% do saldo da conta prejuízos acumulados.

17 – Além de ser estabelecida em estatuto, a constituição de reservas estatutárias deverá obedecer ao seguinte:
(A) definição de seu limite máximo.
(B) indicação da sua finalidade.
(C) definição da parcela do lucro líquido anual com esta destinação.
(D) todas as alternativas acima.

18 – Os recursos subtraídos do lucro para garantir reparos, indenizações e multas em decorrência de potenciais acidentes ambientais devem ser registrados na seguinte subconta da conta reserva de lucros:
(A) reserva legal.
(B) reserva estatutária.
(C) reserva para contingência.
(D) reserva de lucros a realizar.

19 – A subconta reserva de lucros para expansão, também designada retenção de lucros, só poderá ser constituída se satisfizer a seguinte condição:
(A) o lucro do exercício for superior a 30% do capital integralizado.
(B) o item a receber o recurso deve constar de orçamento aprovado pela assembleia geral.
(C) a reserva legal deve ter ultrapassado 20% do capital integralizado.
(D) não houver distribuição de dividendo no exercício.

20 – Exceto as reservas para contingências e de lucros a realizar, a parcela da soma dos saldos das demais reservas de lucros que ultrapassar o capital social deverá ser obrigatoriamente utilizada para:
(A) integralização do capital social ou distribuição de dividendos.
(B) aplicação em itens do orçamento para expansão.
(C) transferida para reserva de capital.
(D) transferida para lucros ou prejuízos acumulados.

21 – Não compõem o valor que limita a aquisição de ações próprias os saldos das seguintes subcontas da conta de reservas de lucros:
(A) reservas legal e estatutária.
(B) reservas estatutária e de lucros para expansão.
(C) reservas para contingência e estatutária.
(D) reservas de lucros a realizar e para contingências.

8 – Patrimônio Líquido

22 – No exercício em que ocorrer prejuízo, ele será obrigatoriamente absorvido pelo saldo das contas de reservas de lucros, sendo a última delas a ser utilizada a:
(A) de lucros para expansão.
(B) estatutária.
(C) legal.
(D) para contingências.

Solução dos exercícios de fixação:

1 (A); 2 (C); 3 (A); 4 (D); 5 (B); 6 (B); 7 (D); 8 (B); 9 (C); 10 (D); 11 (B); 12 (A); 13 (B); 14 (D); 15 (C); 16 (A); 17 (D); 18 (C); 19 (B); 20 (A); 21 (A); 22 (C).

Anexos

Anexo "A" – Relatório de Contagem Física de Bens Patrimoniais (RCFBP)

RELATÓRIO DE CONTAGEM FÍSICA DE BENS PATRIMONIAIS (RCFBP)							
GRUPO EMPRESARIAL: _____							
EMPRESA: _____			FILIAL: _____				
LOCAL: _____			ANDAR: ____ SALA: _____				
ÓRGÃO: _____			CÓDIGO: _____				
Plaqueta	N/V	Descrição principal	Descrição complementar	Marca/ Modelo	Nº de Série	Fabricante	
DATA: / /		EQUIPE:		SUPERVISOR:		
N = Nova; V = Velha							

Anexo "B" – Cronograma das etapas do inventário físico

ETAPAS/PRAZOS - DIAS ÚTEIS	0	6	12	18	24	30	36	42	48	54	60	66	72	78
1 - Plano de trabalho														
1.1 - Desenvolvimento do formulário de inventário		■												
1.2 - Elaboração de minuta de comunicação de trabalho		■												
1.3 - Mobilização da equipe			■											
2 - Levantamento físico														
2.1 - Identificação física dos bens				■	■	■	■	■						
2.2 - Conferência dos dados				■	■	■	■	■						
2.3 - Preenchimento do formulário de levantamento				■	■	■	■	■						
3 - Tombamento														
3.1 - Plaquetamento				■	■	■	■	■						
4 - Relatórios														
4.1 - Digitação dos dados						■	■	■						
4.2 - Emissão dos relatórios parciais									■					
4.3 - Análise e revisão dos dados									■					
4.4 - Emissão dos relatórios finais de inventário									■					
4.5 - Emissão dos relatórios finais de cotejamento													■	
5 - Cotejamento														
5.1 - Análise do relatório de controle existente									■					
5.2 - Comparação do relatório físico X controle existente										■	■			
6 - Saneamento														
6.1 - Crítica do resultado												■		
6.2 - Sugestão para correção												■		
7 - Baixa e inclusão de bens														
7.1 - Seleção da alternativa													■	
7.2 - Lançamentos de ajuste														■

Gestão Patrimonial

Anexo "C" – Cronograma de levantamento físico

Dependências	Qte. Itens	EQ.	1	2	3	4	5	6	7	8	9	10	11	12	13	14	15	16	17	18	19	20
ABC - F1	800	A	A	A	A	A																
ABC - F2	2.100	B	B	B	B	B	B	B	B	B	B	B	b										
ABC - F3	300	B											b	B								
ABC - F4	900	A					A	A	A	A	a											
ACB - F1	800	B													B	B	B	B				
ACB - F2	400	B																	B	B		
ACB - F3	1.000	A									a	A	A	A	A	a						
BAC - F1	700	A														a	A	A	A			
BAC - F2	400	B																				B	B
BCA - F1	300	A																		A	a		
BCA - F2	300	A																				a	A
CAB - F1	1.500	C	C	C	C	C	C	C	C	c												
CBA - F1	300	C						c	C													
CBA - F2	1.400	C										C	C	C	C	C	C	C				
CBA - F3	500	C																	C	C	c	
CBA - F4	300	C																				c	C
SOMA	**12.000**																						

Legenda:

EQ. = Equipe
A, B, C = Jornada integral
a, b, c = Jornada parcial

Anexos

Anexo "D" – Comunicado da realização de inventário físico

CIRCULAR SOBRE INVENTÁRIO FÍSICO (CIF)

Ao
(..................../Departamento/Setor/ Órgão)
Atenção: Sr (a).

(Local e data) ...., xx de .... de 20xx

Assunto: Comunicado de Realização de Inventário Físico
dos Bens Patrimoniais

Comunicamos que durante os próximos......dias, a partir de .../..../.....procederemos ao Inventário Físico de Bens Patrimoniais em todas as nossas dependências, período em que as transferências de bens só poderão ocorrer após comunicação à Gerência de Controle Patrimonial através do Documento de Movimentação de Bens Patrimoniais (DMBP).

A empresa contratada para a sua execução é a .... que auxiliará a Gerência de Controle Patrimonial neste trabalho. Não é demais ressaltar a importância do procedimento, que, ao seu término, deverá atingir os seguintes objetivos:

1 - Ajustar a posição contábil do imobilizado de acordo com o resultado do inventário;

2 - Proporcionar maior controle físico e contábil, em decorrência da correta localização de cada bem, assim como o responsável pela sua adequada utilização e guarda;

3 - Identificar corretamente a carga de depreciação embutida nos custos de cada órgão/serviço/produto/tarefa, de modo a repassá-la efetivamente para cada um;

4 - Melhorar a nossa estrutura fiscal, com reconhecimento das taxas diferenciadas de depreciação, reduzindo a carga tributária;

5 - Facilitar a comprovação da existência física quando da solicitação de indenização de sinistro em caso de acidente, com valor mais fidedigno.

A duração global do trabalho, que envolve não só o inventário físico mas também o cotejamento com os registros contábeis e a avaliação, é de ...... dias úteis, sendo muito importante que cada área envolvida colabore, facilitando a obtenção de dados técnicos de equipamentos e o acesso a cada dependência.

Desde já, agradecemos a colaboração e o apoio.

_____
Diretor Administrativo – Financeiro

Anexo "E" – Termo de Responsabilidade

TERMO DE RESPONSABILIDADE

Para: (Responsável de cada órgão)
Da: Gerência de Controle Patrimonial

Atenção: Sr (a). ....

Ref.: Termo de Responsabilidade

A seguir, a relação dos bens existentes na (o) (sala .... ou órgão ....), contendo (quantidade ....) bens, cuja guarda e zelo estão sob sua responsabilidade.

A transferência de qualquer dos bens constantes da relação só poderá ser processada após comunicação expressa à Gerência de Controle Patrimonial através do Documento de Movimentação de Bens Patrimoniais (Anexo "F").

Solicitamos a conferência dos mesmos e devolução da segunda via com a sua ciência ou a devolução de ambas as vias com as divergências anotadas para providenciarmos as alterações e efetuarmos nova remessa.

Atenciosamente,
Gerência de Controle Patrimonial

RELAÇÃO DE BENS

Nº Plaqueta	Descrição

Responsável pela Dependência

_____   Data: __/__/__

Anexo "F" – Documento de Movimentação de Bens Patrimoniais (DMBP)

DOCUMENTO DE MOVIMENTAÇÃO DE BENS PATRIMONIAIS (DMBP)

Órgão de Destino:	Código:
Denominação:	
Local:	Tel./Ramal:

Órgão Detentor:	Código:
Denominação:	
Local:	Tel./Ramal:

Tipo de Movimentação:
( ) Transferência ( ) Baixa ( ) Venda ( ) Doação ( ) Permuta ( ) Outras

Justificativa:

Nº Plaqueta	Descrição

Órgão Cedente:	Código:

Autorizações:

Cedente:	Destino:	Controle Patrimonial:

Data: ___/___/___

Anexo "G" – Ficha de Controle de Bens Patrimoniais (FCBP)

FICHA DE CONTROLE DE BENS PATRIMONIAIS – FCBP

DEPARTAMENTO			
Código:	Denominação:		
SETOR			
Código:	Denominação:		
DADOS DO BEM			
Plaqueta:	Descrição Sucinta:		
Nº Série:	Marca:	Modelo/Autor:	
Valor da Aquisição:	Data da Aquisição: __/__/__	Valor Residual:	
Valor Contábil:	Nº da Nota Fiscal:	% da Depreciação:	
Valor da Depreciação:	Depreciação Acumulada:		
Complemento da Descrição:			
CONTA CONTÁBIL			
Código:	Denominação:		
FORNECEDOR			
Nome:			
Endereço:			
Contato:			
E-mail:		Tel:	

Anexos

Anexo "H" – Controle de Crédito de ICMS do Ativo Permanente (CIAP) – Modelo "C"

Ajuste SINIEF 03/01

CONTROLE DE CRÉDITO DE ICMS DO ATIVO PERMANENTE
CIAP – MODELO C

1 - IDENTIFICAÇÃO DO CONTRIBUINTE

Nome: R G D   Endereço: Rua X, nº 50

2 - DEMONSTRATIVO DA BASE DO CRÉDITO A SER APROPRIADO

IDENTIFICAÇÃO DO BEM

N.º ou Cód.	Data / Cont	Nota Fiscal	Crédito Total Aprop.1/48	Créd. 2021 8	Créd. 2021 9	Créd. 2022 1	Créd. 2022 2	Créd. 2022 7	Créd. 2022 9	ICMS Recuperar até 10/23
3055	27/8/21	38651	446,60	9,30	9,30	9,30	9,30	9,30	9,30	269,82
3056	27/9/21	14522	392,63	-	8,18	8,18	8,18	8,18	8,18	229,03
3058	22/10/21	81513	201,60	-	-	4,20	4,20	4,20	4,20	113,40
3059	22/12/21	21474	577,25	-	-	12,03	12,03	12,03	12,03	300,65
3060	10/1/22	11605	136,80	-	-	2,85	2,85	2,85	2,85	68,40
3061	13/5/22	89676	276,00	-	-	-	5,75	5,75	5,75	115,00
3063	28/7/22	42627	17.297,28	-	-	-	-	360,36	360,36	6.486,48
3064	28/7/22	42628	18.665,67	-	-	-	-	388,87	388,87	6.999,63
3065	29/7/22	27079	500,98	-	-	-	-	10,44	10,44	187,87
3066	8/8/22	74451	174,00	-	-	-	-	-	3,63	61,63
3067	9/8/22	30142	120,60	-	-	-	-	-	2,51	42,71
3068	9/8/22	27653	21,36	-	-	-	-	-	0,45	7,57
3069	9/8/22	27704	120,00	-	-	-	-	-	2,50	42,50
3070	22/8/22	31985	98,88	-	-	-	-	-	2,06	35,02
3071	22/8/22	28956	234,00	-	-	-	-	-	4,88	82,88
3072	23/8/22	19627	58,29	-	-	-	-	-	1,21	20,64
TOTAL			39.321,94	9,30	17,48	36,56	42,31	801,98	819,22	15.063,22

Gestão Patrimonial

Anexo "I" – Controle de Crédito de ICMS do Ativo Permanente (CIAP) – Modelo "D"

CONTROLE DE CRÉDITO DE ICMS DO ATIVO PERMANENTE – CIAP MODELO D	Nº de ordem 162	Item/Agregado 186/0000	Chapa

1 – IDENTIFICAÇÃO

Contribuinte	Inscrição
R G D	00.111.222/3333-44

Bem   BOMBA YAMADA CER EX 030/02

2 – ENTRADA

Fornecedor INDÚSTRIA DE BOMBAS LTDA.			Nº da Nota Fiscal 38651
Nº do LRE 2003	Folha do LRE 005	Data da Entrada 27/08/2021	Valor do Crédito 446,60

3 – SAÍDA

Nº da Nota Fiscal	Modelo	Data da Saída / /

4 – PERDA OU BAIXA

Tipo do Evento	Data da Saída / /

5 – DEMONSTRATIVO DA APROPRIAÇÃO MENSAL DO CRÉDITO

1º ANO				2º ANO				3º ANO				4º ANO (Omitido)
Parc	Mês/Ano	Fator	Valor	Parc	Mês/Ano	Fator	Valor	Parc	Mês/Ano	Fator	Valor	
1ª	08/21	0,0208	9,30	1ª	08/22	0,0208	9,30	1ª	08/23	0,0208	9,30	
2ª	09/21	0,0208	9,30	2ª	09/22	0,0208	9,30	2ª	09/23	0,0208	9,30	
3ª	10/21	0,0208	9,30	3ª	10/22	0,0208	9,30	3ª	10/23	0,0208	9,30	
4ª	11/21	0,0208	9,30	4ª	11/22	0,0208	9,30	4ª	11/23	0,0208	9,30	
5ª	12/21	0,0208	9,30	5ª	12/22	0,0208	9,30	5ª	12/23	0,0208	9,30	
6ª	01/22	0,0208	9,30	6ª	01/23	0,0208	9,30	6ª	01/24	0,0208	9,30	
7ª	02/22	0,0208	9,30	7ª	02/23	0,0208	9,30	7ª	02/24	0,0208	9,30	
8ª	03/22	0,0208	9,30	8ª	03/23	0,0208	9,30	8ª	03/24	0,0208	9,30	
9ª	04/22	0,0208	9,30	9ª	04/22	0,0208	9,30	9ª				
10ª	05/22	0,0208	9,30	10ª	05/23	0,0208	9,30	10ª				
11ª	06/22	0,0208	9,30	11ª	06/23	0,0208	9,30	11ª				
12ª	07/22	0,0208	9,30	12ª	07/23	0,0208	9,30	12ª				

ANEXO "J" – Arquivo de Cadastro de Bens (ADE 15 – COFIS)

Item	Campo	Posição inicial	Tamanho	Formato	Observações
1	Número de Cadastro do Bem	1	20	C	
2	Natureza do bem	21	1	C	Preencher com "1" para bem original, "2" para reserva de reavaliação ou "3" para outros acréscimos.
3	Número de Cadastro do Bem Principal	22	20	C	Informar apenas quando o bem for agregado a outro.
4	Identificação do Bem	42	45	C	Modelo, marca e outras características necessárias a sua individualização.
5	Código da Conta Analítica do Bem	87	28	C	Conforme Tabela de Plano de Contas (4.9.2).
6	Código da Conta Analítica de Depreciação Acumulada	115	28	C	Conforme Tabela de Plano de Contas (4.9.2).
7	Data de Aquisição	143	8	N	
8	Tipo do Documento de Aquisição	151	3	C	Nota fiscal, ordem de produção etc. (de forma abreviada).
9	Série/ Sub série do Documento	154	5	C	
10	Número do Documento	159	12	C	
11	Valor de Aquisição do Bem	171	17	N	Valor original de aquisição em moeda da época, sem sinal, pontos ou vírgulas e com 2 casas decimais.
12	Valor em Reais	188	17	N	Valor de aquisição em reais, sem sinal, pontos ou vírgulas e com 2 casas decimais.
13	Número de Arquivamento	205	12	C	Destinado à identificação e localização do documento rastreador da operação.
14	Data de Início de Depreciação	217	8	N	
15	Taxa de Depreciação / Amortização / Exaustão	225	5	N	Percentual anual, com 2 casas decimais (14% é gravado como 01400).
16	Depreciação Acumulada no Início do Período	230	17	N	Soma dos encargos de depreciação lançados antes do início do período, sem pontos ou vírgulas e com 2 casas decimais.
17	Depreciação Lançada no Curso do Período	247	17	N	Soma dos encargos de depreciação do período, sem sinal, pontos ou vírgulas e com 2 casas decimais.
18	Data da Baixa	264	8	N	

Bibliografia

ARRUDA, Luiz H. B. de. *Processo Administrativo Fiscal*. 2 ed., São Paulo: Editora Resenha Tributária, 1994.

BANCO CENTRAL DO BRASIL – BACEN – Resolução nº 2.283, alterada pela Resolução 2.669, de 25/11/99.

BANCO CENTRAL DO BRASIL – BACEN – Resolução nº 2.309, de 28/08/96.

BRAGA, Hugo R. *Demonstrações Financeiras*. São Paulo: Editora Atlas, 1987.

BRASIL. Lei nº 6.404, de 15 de dezembro de 1976. Dispõe sobre as Sociedades por Ações.

BURNS, Edward M. *História da civilização ocidental*: do homem das cavernas até a bomba atômica, o drama da raça humana. Porto Alegre: Globo, 1970.

CARRO, Rodrigo. *Airbus aposta na América Latina*. São Paulo: Jornal: Valor – Seção: Empresas & Tecnologia – Edição Nacional de 20/10/03.

COMITÊ DE PRONUNCIAMENTOS CONTÁBEIS – CPC. Interpretação Técnica ICPC 01 – *Contratos de Concessão*.

COMITÊ DE PRONUNCIAMENTOS CONTÁBEIS – CPC. Interpretação Técnica ICPC 10 – *Interpretação sobre a Aplicação Inicial ao Ativo Imobilizado e à Propriedade para Investimento*.

COMITÊ DE PRONUNCIAMENTOS CONTÁBEIS – CPC. Pronunciamento Técnico CPC 04 – *Ativo Intangível*.

COMITÊ DE PRONUNCIAMENTOS CONTÁBEIS – CPC. Pronunciamento Técnico CPC 06 – *Operações de Arrendamento Mercantil*.

COMITÊ DE PRONUNCIAMENTOS CONTÁBEIS – CPC. Pronunciamento Técnico CPC 18 – *Investimento em Coligada, em Controlada e em Empreendimento Controlado em Conjunto*.

COMITÊ DE PRONUNCIAMENTOS CONTÁBEIS – CPC. Pronunciamento Técnico CPC 27 – *Ativo Imobilizado*.

COMITÊ DE PRONUNCIAMENTOS CONTÁBEIS – CPC. Pronunciamento Técnico CPC 28 – *Propriedade para Investimento*.

COMITÊ DE PRONUNCIAMENTOS CONTÁBEIS – CPC. Pronunciamento Técnico CPC 46 – *Mensuração do Valor Justo*.

DELANEY, Patrick R.; EPSTEIN, Barry J.; FORAN, Michael F.; ADLER, James R. *Interpretation and application of GAAP – Generally Accepted Accounting Principles*. New York: John Wiley & Sons, 1998.

Bibliografia

DOBB, Maurice H. *A evolução do capitalismo*. São Paulo: Abril Cultural, 1983. (Os economistas).

DRUCKER, Peter. *The Coming of the New Organization. Harvard Business Review*, n. 66, 1988.

FINANCIAL ACCOUNTING STANDARDS BOARD – FASB. (Comitê Norte-Americano de Normatização de Contabilidade Financeira).

FIPECAFI – Fundação Instituto de Pesquisas Contábeis, Atuariais e Financeiras, USP; IUDÍCIBUS, Sérgio de; et al. *Manual de Contabilidade das Sociedades por Ações*. 4 ed. São Paulo: Editora Atlas, 1995.

FIPECAFI – Fundação Instituto de Pesquisas Contábeis, Atuariais e Financeiras, USP & Arthur Andersen. *Normas e Procedimentos Contábeis no Brasil*. 2 ed. São Paulo: Editora Atlas, 1994.

GLAUTIER, M. W. E.; UNDERDOWN, B. *Accounting theory and practice*. 5 ed. London: Pitman Publishing, 1994.

GRAHAM, Benjamin; DODD, David. *Security Analysis*: the classic 1940 edition. McGraw-Hill; 2ª ed. 2002.

HENDRIKSEN, Eldon S.; VAN BREDA, Michael F. *Teoria da Contabilidade (Tradução da 5 ed. Americana)*. São Paulo: Editora Atlas, 1999.

IBRACON – Instituto Brasileiro de Contadores. *Princípios Contábeis*. 2 ed. São Paulo: Editora Atlas, 1994.

IBRACON – Instituto Brasileiro de Contadores. *Princípios Contábeis, Normas e Procedimentos de Auditoria*. Atlas, 1988.

IUDÍCIBUS, Sérgio de; et al. *Contabilidade Introdutória*. 7 ed. São Paulo: Editora Atlas, 1995.

IUDÍCIBUS, Sérgio de. *Teoria da Contabilidade*. 5 ed. São Paulo: Editora Atlas, 1997.

LAMDEN, Charles W.; et al. *Accounting for depreciable assets*. New York: AICPA (American Institute of Certified Public Accountants), 1975.

NAKAMURA, Patrícia. *Reparação é novo nicho para múltis no país*. São Paulo: Jornal: Valor – Seção: Empresas & Indústria – Edição Nacional de 10/08/06.

NORMAS INTERNACIONAIS DE CONTABILIDADE, 2001. Tradução: INSTITUTO DOS AUDITORES INDEPENDENTES DO BRASIL – IBRACON. São Paulo: IBRACON, 2002.

RECEITA FEDERAL DO BRASIL – Instrução Normativa nº 1.700/17.

SFAS – Statements Financial Accounts Standard (Procedimentos Norte Americanos de Contabilidade Financeira).

STEWART, Thomas. *Capital Intelectual*. Rio de Janeiro, Editora Campus, 3 ed. 1998.

WEIGANDT, Jerry; KIESO, Donald E.; KELL, Walter G. *Accounting principles*. 4 ed. New York: John Wiley & Sons, 1996.